LES

SOUVENIRS

D'UN ARTISTE

PARIS. — IMPRIMERIE DE E. MARTINET, RUE MIGNON, 2.

Heliog. Dujardin.
Imp. Lemercier et Cie Paris

LES
SOUVENIRS
D'UN ARTISTE

PAR

Antoine ÉTEX

PARIS

E. DENTU, ÉDITEUR

LIBRAIRE DE LA SOCIÉTÉ DES GENS DE LETTRES

PALAIS-ROYAL, 17 ET 19, GALERIE D'ORLÉANS

1877.

PRÉFACE

Auguste Comte pense que, tous tant que nous sommes, petits ou grands, riches ou pauvres, nous sommes tenus d'écrire et de publier notre vie.

Ce qu'Auguste Comte croyait, nous le croyons; c'est effectivement le meilleur moyen de moraliser les hommes que de les contraindre à raconter sincèrement et loyalement, jour par jour, heure par heure, leur vie à leurs familles et à leurs concitoyens.

Nous pouvons affirmer que de nos jours il n'y a de vraie grandeur et de vraie noblesse que dans les services rendus.

Le plus beau titre à léguer à la famille est l'exemple d'une vie laborieuse et sans reproche.

Heureux celui qui, en écrivant le testament obligatoire pour tout citoyen, pourra se dire avec fierté : « N'ayant rien à cacher, je n'ai eu rien à taire ! »

La vraie république n'existera dans le monde que lorsque chacun sera obligé de dire publiquement : « Voilà d'où je suis parti, où je suis arrivé, et par quels moyens je suis arrivé ! »

LES

SOUVENIRS

D'UN ARTISTE

I

Je suis né à Paris, le 20 mars 1808. Le surlendemain de ma naissance, je fus baptisé à l'église de Saint-Nicolas-des-Champs sous les prénoms de Jean et d'Antoine.

Mon parrain était un camarade intime de mon père à l'École centrale des Arts de Lyon. Il était venu à Paris avec mon père chercher la fortune et la gloire. Il se nommait Jean-Baptiste Guillon ; ma marraine, sa femme, était Antoinette Devienne, nièce du compositeur Devienne, auteur de la musique de l'opéra des *Visitandines*.

Mon père était sculpteur, ma mère avait elle-même un talent remarquable pour la broderie, surtout pour la broderie appliquée à la peinture ; mon parrain et ma marraine étaient aussi artistes.

Je suis donc né au milieu des Muses, comme disaient les poëtes du premier Empire.

A peine j'étais né, que ma mère fut obligée de se séparer de moi. Condamnée à ployer son corps nuit et jour sur son métier, elle devait aujourd'hui broder un habit de général, puis demain une robe de cour, exécuter enfin toutes sortes de commandes qui ne souffraient pas de retard.

Je fus confié à une brave nourrice, qui n'était plus jeune et qui, je le crois bien, m'a fort peu nourri de son lait; mais elle avait grand soin de son nourrisson, qui poussait comme un champignon au village de Charenton, qu'elle habitait.

A l'âge de dix-huit mois, je revins à la maison paternelle. J'y étais assez turbulent et souvent j'eus maille à partir avec les ouvrières qui travaillaient chez ma mère.

Celle-ci était d'une bonté de cœur inépuisable, mais d'un caractère très-irritable et d'une excessive sensibilité, que les souffrances de son enfance rendaient un peu maladive.

Dès l'âge le plus tendre, elle avait dû assister aux cruelles épreuves du siége de Lyon en 1792.

Comme mon père, ma mère était née à Lyon; ses beaux yeux noirs et doux étaient parfaitement le miroir de son âme. Et quelle âme c'était que celle de ma mère! Il y a bien longtemps que je l'ai perdue, et cependant je ne puis écrire ces souvenirs de mon enfance sans me sentir sous le charme de sa tendresse et sans verser de douces larmes. C'est avec un sentiment profondément religieux que je me rappelle ces nuits laborieuses où, seule, ployée sur son métier, elle me faisait rêver au son de sa douce voix, qui chantait avec un accent juste et vrai les romances de Dalayrac, si pleines de mélancolie.

Sans doute, le labeur auquel elle se livrait était cruel et pénible; cependant il nous fallait le bénir; c'était encore du bonheur, si nous le comparions aux jours de chômage. Quand il arrivait ce maudit chômage, ma mère versait des larmes et nous faisait de touchantes confidences, nous exprimant la peur qu'elle avait de ne pas arriver à satisfaire à nos besoins par son travail et celui de mon père.

Tout était poétique chez notre pauvre mère.

Né en pleine gloire impériale, je me rappelle naturellement le naïf enthousiasme qu'excitait chez le peuple de Paris le nom de Napoléon. Mais je me souviens aussi d'une certaine promenade que mon père me fit faire de compagnie avec lui, un jour de dimanche, aux prés Saint-Gervais.

Je n'avais pas encore tout à fait six ans; mais la scène dont je fus témoin ne s'est jamais effacée de ma mémoire.

Mon père me tenait par la main; nous suivions la foule qui, sortant de la rue du Temple, traversait le boulevard pour monter le faubourg du Temple. C'était dans l'après-midi, à l'heure où les ouvriers endimanchés montaient à la Courtille, chez le père Desnoyers. Un de ces gros fiacres jaunes et lourds, dont la jeune génération ne peut avoir l'idée, traîné par deux maigres chevaux efflanqués, montait le faubourg, au pas. Ce fiacre était occupé par cinq ouvriers. Deux soldats, deux vainqueurs du temps, s'approchent du cocher et lui intiment l'ordre de s'arrêter; puis, ouvrant la portière, ils or-

donnent aux ouvriers de descendre du fiacre. Un d'eux
veut résister ; je vois un sabre dégaîné, puis, au même
moment un poignet pendant au bras ensanglanté de l'ouvrier qui résistait, et une main d'homme tombe à mes
pieds, dans la rue. La foule recule, épouvantée, et ouvre
le passage aux deux soldats furieux que la vue du sang
qu'ils viennent de répandre a rendus plus furieux encore.
Ils s'élancent au pas de course dans le faubourg du Temple, brandissant leurs sabres au-dessus de leur tête.

Un seul homme, dans cette foule, eut le courage de
poursuivre ces forcenés.

Cet homme, c'était mon père !

Il pourchassa ces furieux jusqu'à la caserne du faubourg du Temple, où ils furent arrêtés.

Quand mon père vint me chercher, il me trouva, dans
la foule, à la place où il m'avait laissé, immobile et
comme cloué par l'épouvante, pâle d'horreur, mais ne
versant pas de larmes.

En 1814, eut lieu la première invasion. Enfant du
peuple, j'étais naturellement avec le peuple, prenant
parti contre l'étranger pour Napoléon, qui alors aux
yeux du peuple français personnifiait la France.

J'étais trop jeune pour comprendre le mouvement de
l'Allemagne de 1813. Excitée par ses poëtes, ses artistes et ses penseurs, cette Allemagne allait se relevant.
Elle avait à se venger de nos victoires, qui comme toujours n'aboutissaient qu'à exciter contre nous la jalousie des autres peuples.

Certains hommes politiques de profession, qui de nos
jours ont des imitateurs, vendirent alors la France aux

Anglais, aux Prussiens, aux Autrichiens et aux Russes, et cela pour de l'argent, des décorations et des honneurs. Et quels honneurs !

De 1814 à 1815, l'on apportait chez ma mère les habits décousus des grands dignitaires de l'Empire, qui devenaient les grands dignitaires du Royaume. On changeait seulement tous les ornements; les abeilles faisaient place aux fleurs de lys, le blason des Bourbons recouvrait tant bien que mal les armoiries de l'Empire et les aigles.

II

Avec 1815, arrive la nouvelle du débarquement de
l'île d'Elbe : l'Empereur couche aux Tuileries.

Le lendemain, mon père et d'autres sculpteurs d'ornements sont appelés à leur grande joie pour gratter
les L majuscules, et sculpter des N à leur place. Oubliant
que pour Napoléon il n'avait été que de la chair à canon,
le peuple français adorait toujours également cet
homme fatal. Son nom conserva un tel prestige, que,
quinze ans après, d'anciens soldats, sculpteurs d'ornements qui travaillaient chez mon père, croyaient toujours voir revenir Napoléon et ne l'appelaient que *mal
mort*.

Le plus grand désir de mon père était de faire de mon
frère et de moi des hommes de talent.

Il mourut, en 1850, à Lyon où il s'était retiré auprès de
nos tantes, après la mort de notre mère. Il ne se passait
presque pas de jour qu'il n'allât faire son pèlerinage
au musée Saint-Pierre et s'asseoir devant le groupe en
marbre de *Caïn* et de sa race maudite de Dieu.

Lors de la première invasion, en 1814, j'avais six ans, et j'étais loin de me douter que moins de vingt ans plus tard je serais chargé de sculpter à l'Arc de Triomphe deux grands groupes représentant allégoriquement ces deux époques historiques si importantes : 1814 et 1815.

Je me rappelle l'anxiété où était alors plongée la population de Paris. Dans chaque famille on cachait tout, on enfouissait tout. Tout ce qui avait quelque valeur, l'argenterie, les pendules, les bijoux, tout était enterré dans les caves, scellé dans les murs, sous les lambris, dans les cloisons. On s'ingéniait à imaginer de bonnes cachettes.

Tandis que les uns s'occupaient fiévreusement de ce travail conservateur, d'autres, grimpés sur les toits des maisons, armés de longues-vues, cherchaient à suivre et à deviner les chances du combat qui se livrait sous les murs de Paris, lequel à cette époque n'était pas fortifié.

Cette première invasion produisit une impression profonde sur ma jeune imagination.

Lors de la seconde invasion, en 1815, j'avais sept ans. Je n'avais alors qu'une pensée : aller me battre contre l'étranger. Un jour, j'accompagnai une petite bonne de ma mère, qui allait faire une commission rue du Temple. Précisément en ce moment vinrent à passer, fifres en tête et tambours battant, des fédérés qui se rendaient aux buttes Chaumont.

L'occasion était trop belle pour ne pas commencer patriotiquement ma vie aventureuse. Je profitai d'un moment où la petite bonne causait ou plutôt s'ébahissait des cancans des bonnes femmes du quartier, pour me mettre, avec d'autres gamins de Paris dont le plus âgé n'avait pas douze ans, à la tête de la colonne en marche, au milieu des fifres et des tambours.

Nous arrivâmes aux buttes Chaumont, en ordre de bataille.

Tous ces enfants demandèrent alors en chœur à être incorporés pour se battre contre les Cosaques. Voir battre ces affreux Cosaques qui nous épouvantaient si fort, telle était l'idée fixe des enfants de Paris.

On voulait bien nous faire faire des commissions et nous employer un peu parfois aux travaux des petites redoutes que l'on construisait.

Cette vie active des camps avait pour moi un attrait extraordinaire. Que de scènes pittoresques au milieu de ce désordre qui tentait de devenir de l'ordre! Là, c'était de la terre et des pierres que l'on amoncelait; ici on éventrait une muraille pour y placer des canons. C'était pour des enfants un spectacle tout à fait nouveau, sans compter que l'on se disait à part soi que l'on était des soldats, puisque l'on mangeait à la gamelle avec les fédérés.

Cette jeune et joyeuse garde avait pourtant ses jours tristes.

Cela arrivait quand une brave mère en pleurs venait chercher son *polisson*, qui se croyait un héros. Quant à moi, j'étais heureux et fier de mon rôle. Mais un jour je sentis une main vigoureuse me pincer avec force l'oreille gauche.

C'était mon père qui venait me tirer de mon rêve de gloire, pour rassurer ma mère, qui me croyait

perdu. Mon père était depuis assez longtemps à ma recherche, lorsqu'un horloger de la rue du Temple, dont
la boutique faisait face aux bains Chinois, lui dit qu'il
m'avait vu passer au milieu des fifres et des tambours
des fédérés, et que je devais être avec eux.

Ma mère m'accabla de reproches et de... baisers.

Malgré les efforts des hommes de cœur, Paris fut livré
par les politiques de profession dont nous parlions tout
à l'heure.

A quelque temps de là le peuple de Paris allait en
pèlerinage aux buttes Chaumont où s'était si bien
conduite l'École polytechnique, dont la popularité date
de cette époque. Mes parents m'y conduisirent moi-
même, et j'eus sous les yeux le triste spectacle d'une
ville conquise : les maisons de plaisance démolies ou
brûlées, des jardins bouleversés, des bois hachés, des
guinguettes en ruine.

Les longues journées du siége de Paris en 1815
étaient bien tristes. On rencontrait des convois de prisonniers, ayant l'air si triste, si fatigués, que l'on voyait
des femmes, oubliant que parmi ces hommes il y en
avait qui avaient tué leurs pères, leurs époux, leurs
frères ou leurs fils, leur apporter du pain, du vin et de
l'argent.

Les troupes alliées firent leur entrée triomphale dans
Paris rendu ou, plus justement, vendu. A leur tête, entourés d'un brillant état-major, chevauchaient l'empereur Alexandre 1er de Russie et le roi de Prusse.

Le peuple de Paris était triste, mais les dames du faubourg Saint-Germain et les filles publiques dansèrent

ensemble dans le jardin des Tuileries. Les nobles personnes avaient pour vis-à-vis des officiers autrichiens, russes, anglais, bavarois, saxons, prussiens, hongrois, etc.

Et l'on s'étonne que quinze années plus tard il y ait en France une révolution de 1830 !

III

Deux ou trois mois après notre visite faite en famille
aux buttes Chaumont, un régiment de Cosaques était
campé au marché du Temple, et dans une des rues voi-
sines j'allais comme externe suivre les cours d'un pen-
sionnat. J'avais conservé toute ma haine contre les
Cosaques ; mais c'était plus fort que moi, j'avais un
goût passionné pour leurs petits chevaux noirs, que je
contemplais longtemps le matin en allant à l'école et le
soir en revenant à la maison.

Les Cosaques étaient d'une saleté repoussante. Le
suif jouait un rôle considérable dans leur existence. Ils
se servaient de chandelles de suif pour pommader leur
barbe et leurs cheveux ; ils plongeaient les mêmes chandelles, en les tenant par la mèche, dans la marmite où
cuisait leur soupe, ou bien ils les étalaient sur un plat
délicat composé de choux et de cerises cuites. Cette
horrible cuisine, son odeur insupportable et surtout la
terreur que m'inspiraient ces grands Cosaques, tout

cela aurait dû me faire fuir : eh bien ! pas du tout, l'attrait des petits chevaux de l'Ukraine me tenait là immobile, comme sous l'effet d'un charme.

Que de fois, dans mes rêves d'enfant, j'avais cru me voir monté sur un beau petit cheval, en habit de général, et donnant des ordres en caracolant.

Parmi les petits chevaux des Cosaques, il y en avait un que j'aimais particulièrement et pour lequel j'avais une vraie passion. Un jour, en sortant de la classe, je vis le petit cheval se promenant librement dans la rue, traînant sa longe dans le ruisseau et gambadant. Je m'élançai à sa poursuite et fis inutilement mille tours et détours pour le saisir. Les passants riaient, mais personne aussi fort que le vieux Cosaque, le maître du petit cheval, qui serrait à deux mains sa ceinture de cuir, pour ne pas étouffer. Essoufflé et suant à grosses gouttes, je posai à terre mon panier d'écolier et m'efforçai longtemps en vain de saisir la corde qui traînait sur le pavé. J'y réussis à la fin, mon petit cheval y mettant sans doute quelque complaisance, et, fier de mon triomphe, je l'amenai à son maître qui, pour ma récompense, me mit à califourchon sur son dos. En ce moment, j'oubliai tout, ne m'apercevant ni des caresses de l'horrible Cosaque, ni même de sa puanteur.

Dès lors le suprême bonheur fut pour moi d'être monté sur le petit cheval du Cosaque, qui finit par avoir la bonté de me laisser le mener à l'abreuvoir et me permit de me promener aussi dans le quartier.

Combien de punitions me valut mon goût pour le petit cheval ! mais je le trouvais si beau avec son poil

noir et sa longue crinière qui couvrait des yeux pleins
de feu !

Pour expliquer la tendresse du vieux Cosaque pour
un enfant de sept ans, il est naturel de croire que le
pauvre homme avait laissé en Russie un petit garçon de
mon âge, pour venir en France tuer des Français, comme
les Français avaient tué des Russes à Austerlitz.

IV

Depuis l'invasion, l'intérieur de la famille était devenu de plus en plus triste. Plus de métier de broderie dans l'atelier de ma mère, mon père gagnait vingt sous pour la confection des bois de fusils. Le pain était cher. Nous avions un petit frère chétif, malingre, qui demandait beaucoup de soins; ma mère avait malgré cela recueilli chez elle par bonté d'âme une petite orpheline de mon âge.

Pour comble de malheur, une somme considérable, toute la fortune de la famille, due à mon père sur les travaux d'ornements de l'arc de triomphe du Carrousel, lui fut volée par un infidèle associé, qui alla mourir en Russie.

Mes parents se virent donc forcés de me retirer de ma pension, ne pouvant plus payer le maître. Ils étaient désolés, ne pouvant ni l'un ni l'autre se décider à m'envoyer à l'école des frères de la doctrine chrétienne.

En ce temps-là, personne parmi les travailleurs ayant conservé quelque dignité n'admettait qu'il lui fût possible d'envoyer ses enfants à cette école gratuite.

L'homme et la femme ayant le respect d'eux-mêmes n'ont jamais recours à l'aumône.

Mes parents sentaient également, l'un et l'autre, que l'instruction et le travail peuvent seuls donner l'indépendance.

Aussi furent-ils tout heureux lorsqu'une amie vint leur proposer de me faire inscrire à une succursale de l'école d'enseignement mutuel dirigée par l'abbé Gautier.

Ce fut à l'école de la rue Popincourt que je fus inscrit. Pour un enfant de Paris le chemin était trop long de la rue Neuve-Saint-Laurent à la rue de Popincourt. Le trajet, surtout en hiver, devint pour moi très-pénible, lorsque je dus remorquer mon petit frère, de deux ans et demi plus jeune que moi.

Il est vrai qu'il y avait des distractions sur la route : c'étaient d'abord les boutiques de pâtissiers qui pour le sou de notre déjeuner nous régalaient de gâteaux rassis et de miettes, c'étaient ensuite les parades du célèbre Bobèche et de son ami Galimafré.

Bobèche, en habit bourgeois, ressemblait énormément à Philipon, le caricaturiste.

Son costume de parade était celui de Jannot, portant une énorme perruque blonde et roussâtre. Il était coiffé d'un tricorne à part, se rapprochant de celui des gardes françaises du temps de Louis XV. Bobèche excellait surtout dans la naïveté.

Il me semble le voir encore avec sa face épanouie, son habit rouge à gros boutons, un énorme bouquet de violettes artificielles à la boutonnière, sa culotte jaune serin, ses bas bleus et ses souliers à boucles.

Ainsi affublé, Bobèche était adoré du public du boulevard, d'autant plus qu'il était libéral ou bonapartiste, ce qui, pour les imbéciles, voulait dire absolument la même chose.

Quant à Galimafré, bien qu'ayant son genre d'originalité, il ne s'occupait qu'à faire briller son ami, en lui donnant la réplique.

Je ne saurais dire au juste quel était le genre de farce des deux amis. Je me souviens seulement que leurs parades attiraient la foule, et qu'il y avait chaque jour un certain nombre de spectateurs qui, arrivés le matin, ne quittaient la place que le soir assez tard, pour aller se coucher, et après la dernière parade, en ayant eu soin d'apporter dans leurs poches des vivres pour la journée. Dès que Bobèche se montrait sur ses tréteaux, les promeneurs accouraient en foule, et ceux qui se trouvaient trop loin pour entendre ses lazzis, lesquels frisaient presque toujours par de fines allusions la politique du moment, se contentaient de la pantomime des deux acteurs en plein vent. Mais le sel des paroles était la partie la plus intéressante de ces scènes dialoguées qu'ils improvisaient, paraît-il, avec un talent rare.

Aussi, l'opposition assistait-elle le plus souvent et en masse aux parades de Bobèche et Galimafré.

En hiver, il n'y avait plus de parades sur le boulevard du Temple, mais il y avait les glissades, lesquelles avaient pour moi un attrait irrésistible.

Quelle exubérance de vie je dépensais dans cet exer-

cice qui nous grisait tous et demandait de la force en
même temps que de l'adresse ! Mon plaisir était, il est
vrai, troublé par la vue de mon petit frère qui, trop jeune
pour se livrer à l'exercice de la glissade, restait assis
près du panier des vivres, où il n'y avait plus que des
cahiers et des livres, grelottant de froid, soufflant dans
ses mains et ayant faim !

Et puis une autre préoccupation me tourmentait : je
tremblais de voir subitement apparaître mon père, qui
était impitoyable quand, par extraordinaire, il nous sur-
prenait jouant sur le chemin de l'école.

Je ne tardai pas à me faire remarquer à l'école mu-
tuelle. Je fus nommé moniteur général, n'ayant pas encore onze ans. Du reste, j'étais précoce sous tous les
rapports.

Je me souviens d'avoir éprouvé un amour véritable
pour une jolie petite fille de huit ans, mon âge, qui se
nommait Elzbiska et habitait sur notre palier.

Quelques années après arriva le jour solennel de ma
première communion. On me disait que celui qui faisait
une bonne première communion en ressentait les effets
toute sa vie.

J'étais d'une violence et d'une vivacité de caractère
qui donnaient de l'inquiétude à mes parents. Je ne pouvais me corriger malgré mes efforts de ce maudit défaut, mon péché capital, dont j'avais surtout à souffrir
quand il m'arrivait de m'emporter contre mon petit
ami Guillon, le fils de mon parrain et de marraine.

Cet enfant était difforme, bossu, presque toujours
souffrant ; mais il était extraordinaire par l'intelligence et

par le cœur. Mon amitié pour cet enfant était le seul frein qu'on pût opposer à l'impétuosité de mon caractère. Ni punitions, ni coups même n'y pouvaient rien. Il fallait, pour triompher de ma colère, me parler de ma mère malade ou de Guillon fâché contre moi. Alors mon emportement s'apaisait comme par enchantement et je fondais en larmes. Mon unique ami mourut bien jeune. Sa perte, qui me causa un profond chagrin, me fit penser sérieusement à l'autre vie et, pour la première fois, aux anges du ciel.

M'étant mis en colère le matin du jour de ma première communion, je ne me rendis à l'église que pour obéir à ma mère. J'allai trouver mon confesseur et lui dis que je m'étais mis en colère le matin même, et que j'étais indigne de recevoir le sacrement. Il me donna l'absolution, mais je ne pouvais me décider à communier; il lui fallut me porter pour ainsi dire au pied de l'autel, et je communiai avec Dieu seul.

En 1862, à Rome, à l'âge de cinquante-quatre ans, je communiai de nouveau, mais cette fois avec les hommes.

La communion comprise ainsi dans le sens de la fraternité entre les hommes est assurément un des plus grands sacrements que nous puissions recevoir.

A Rome, je reçus la communion deux fois, la première fois de la main de Monseigneur de Dreux-Brézé, étant seul dans l'immense basilique de Saint-Paul, et l'autre fois à la messe particulière de Notre Saint-Père le Pape Pie IX, étant seul encore, dans sa chapelle, à Porto-d'Anzio.

Dans les deux cas, je priais avec ferveur en pensant à

ma mère et à mon fils, officier d'artillerie de marine, alors aux colonies ; mais je dois avouer que, bien que faites avec sincérité et malgré le prestige du lieu et des circonstances, ces deux communions furent tout autre chose qu'une première communion dans la modeste église de Saint-Nicolas-des-Champs, faite à onze ans.

Ma première communion faite, je pris part à un concours entre les élèves de l'enseignement mutuel, dont l'objet était une bourse à l'institution de M. Nyon,

A la suite des épreuves, je tombai gravement malade d'une fluxion de poitrine ; si bien que le jour où j'étais proclamé vainqueur et où je devais être couronné par M. de Chabrol, préfet de la Seine, on me croyait mort. On avait placé sur ma tête la couronne du concours. Ma pauvre mère passa la nuit à prier auprès de mon lit. Le lendemain, je revenais miraculeusement à la vie.

Ma convalescence fut si longue, que je ne pus d'abord profiter de mon succès au concours, et que ce fut mon jeune frère qui commença par aller à ma place à la pension de M. Nyon.

Longtemps après j'allai l'y rejoindre ; la pension de M. Nyon, qu'il dirigeait lui-même honnêtement et paternellement, devint bientôt célèbre.

M. Nyon avait parmi ses élèves les deux fils du général Pajol, le fils du général Morand, les enfants des artistes Brocas, peintre, et Mozin, professeur de Piano au Conservatoire ; il avait encore Albouy, le fils du grand entrepreneur de charpentes, les frères Guillemot, Goupil, devenu le chef de la fameuse maison Goupil, Billard le pianiste, élève et ami de Herz.

Beaucoup des externes de la pension appartenaient comme moi aux familles les plus modestes ; c'étaient des fils de boutiquiers du quartier, de bouchers, d'épiciers et de parfumeurs. Les pensionnaires, au contraire, étaient de familles plus riches. De ce groupe d'enfants, plusieurs ont acquis une certaine célébrité dans diverses carrières.

A l'âge de quatorze ans, je quittai la pension Nyon pour me mettre sérieusement au travail. J'aidai mon père, et en fort peu de temps je fus en état de me suffire à moi-même.

Après avoir suivi très-peu de temps les cours de dessin de l'École des Arts-et-Métiers du Conservatoire, puis un peu plus longtemps ceux de l'école de dessin de la rue de l'École-de-Médecine, je me mis en devoir de travailler pour mon compte, n'ayant eu en réalité pour premiers maîtres que mon père et M. Péron, oncle de M. Nyon, que je retrouvai professeur à l'école de dessin de la rue de l'École-de-Médecine.

Avant de prendre ce parti extraordinaire, mais raisonnable, j'avais essayé de faire une folie : celle de m'engager dans un régiment, comme cavalier, bien entendu ; mais on ne voulut pas de moi, même comme trompette. Prenant bravement mon parti de ce refus, j'allai travailler à la basilique de Saint-Denis où tant de fois, étant enfant, j'avais accompagné mon père quand il travaillait à la restauration des tombeaux des rois de France.

Je sculptais des chapiteaux gothiques à la nouvelle sacristie ayant vue sur la grande cour de la maison de

la Légion d'honneur ; je jetais des regards singulière-
ment curieux sur chaque pensionnaire qui traversait la
cour.

Dans la maison de la rue Pastourelle où demeurait ma
mère à l'époque où je fus couronné mourant, habitait
une dame, veuve d'un colonel, qui avait une jolie fille de
seize ans que j'admirais beaucoup lorsqu'elle venait
voir ma mère pendant les vacances. J'avais souvent
joué avec sa petite sœur, belle brunette de dix à onze
ans.

L'une d'elles, l'aînée, qui est restée parmi les dames
dignitaires de la maison, fut, vingt-cinq ans plus tard,
une protectrice pour ma fille aînée. La plus jeune est
morte de la poitrine à la maison de Saint-Denis, où elle
remporta les plus grands succès.

Qui m'eût dit alors que ma fille aînée terminerait en
partie son éducation dans cette maison, et que je l'en
retirerais. avec éclat après le coup d'État du 2 décembre 1851 !

Quand je me rappelle les souvenirs de ma vie passée,
j'y trouve la confirmation de cette vérité : c'est qu'une
volonté persévérante arrive à des résultats tels, que le
rêve même est souvent au-dessous de la réalité.

Ce qui m'était le plus pénible, ce n'était pas de
sculpter de mauvais petits chapiteaux gothiques par un
froid de 7 à 8 degrés, mais de vivre avec les sculpteurs
d'ornements, hommes grossiers dont les mœurs m'inspiraient une profonde répugnance. Dès que mon court
repas était fini, au lieu de rester à boire avec ces messieurs, je m'enfermais dans mon petit cabinet, où j'étu-

diais l'anatomie dans un vieil exemplaire de Tortebat qui avait appartenu à mon père.

J'avais fait mon apprentissage de sculpteur d'ornements en aidant mon père aux chapiteaux de la Bourse, à la chapelle expiatoire de Louis XVI, chez le sculpteur Romagnesi, frère du compositeur de romances.

J'avais aussi travaillé au Père-Lachaise, avec mon père, à un tombeau qu'il exécutait sur les dessins et sous la direction de l'architecte amateur Duponchel.

Un jour, chez le grand tragédien Talma, où mon père exécutait des ornements dans le salon de son hôtel de la rue de Larochefoucauld, la conversation tomba sur les spectacles gratuits. Un amateur attaquait l'idée de donner du Corneille en pâture aux ignorants. Le grand artiste se révolta :

« Jamais, disait-il, je n'ai été ni mieux compris, ni mieux apprécié, et jamais je n'ai mieux joué que les jours de spectacles gratuits. Quelle différence, ajoutait-il, avec le parterre de rois dont je fus honoré à Erfurt! Quelle froide salle! ma langue se collait à mon palais, mon gosier se rétrécissait, j'étais gêné; aussi je fus mauvais, oui, vraiment mauvais, ce jour-là. »

V

J'avais suivi attentivement, dans le *Constitutionnel*, le procès des quatre sergents de La Rochelle, qui furent condamnés à mort.

Le jour de l'exécution, ayant quitté le travail à dix heures du matin, je descendais la rue de La Harpe en songeant au moyen de sauver ces quatre malheureux jeunes gens : j'étais bien convaincu que leurs amis politiques ne les laisseraient pas exécuter.

Je me plaçai en face du Pont-au-Change. Quand la silhouette des deux fatales charrettes se dessina sur le ciel au milieu du pont, il y eut un mouvement de pression de la foule, auquel je contribuai de mon mieux. Mais en ce moment, des canonniers, conduisant deux pièces, mèches allumées, tournaient l'angle du quai, et, sur le pont, deux bataillons de la ligne éloignèrent le public des condamnés.

Au moment où ils passaient à l'angle du quai, du balcon d'un café au-dessous duquel je m'étais placé, des jeunes gens leur crièrent :

« Adieu ! mes amis, adieu !

— Adieu ! mes amis, adieu ! » répondirent de leurs charrettes les quatre condamnés.

Chacun des quatre sergents avait conservé devant la mort son caractère particulier : Raoux, qui était enthousiaste, se leva debout sur la charrette; Borie, plus stoïquement calme, fit un simple mouvement de tête.

Je remontai tristement chez ma mère. Tout, dans Paris, me semblait morne et froid, ce jour-là.

Comme c'est l'habitude des enfants élevés dans les privations, je brûlais de connaître ce qu'on appelle la vie, et spécialement les bals de Paris. Ayant pris des leçons de danse pendant deux ou trois mois, je fus un des coryphées des bals les plus renommés du dimanche et des jours de fête de la capitale.

Je n'eus, avec les demoiselles que je rencontrai dans ces bals, d'autres rapports que ceux de la galanterie réduite à l'amour platonique. Du reste, après quelques mois, je renonçai au plaisir de la danse, qui n'avait plus d'attrait pour moi.

Je fis dans mes habitudes une réforme plus importante. Je renonçai aux travaux lucratifs du sculpteur d'ornements pour me livrer aux études sérieuses, aimant mieux gagner deux ou trois francs, c'est-à-dire mon pain, en modelant, que quinze et vingt francs en sculptant des ornements.

Je me fis inscrire à l'École des Beaux-Arts, comme élève de M. Bosio, qui était aussi laid et aussi bègue qu'il avait de talent pour la sculpture; il voulut bien à l'École des Beaux-Arts, le mois qu'il professait, ne me donner d'autres conseils que ceux qu'il bégayait aux autres élèves.

Je rencontrai à l'École des Beaux-Arts M. Dulac, professeur de dessin, adjoint à M. Péron son maître.

Ce fut pour moi un rude et laborieux hiver que celui de 1823-1824. Je logeais chez ma mère, rue du faubourg Saint-Martin. Je partais de là avant le jour pour y revenir à dix heures du soir, ayant travaillé toute la journée, là à modeler, ici à dessiner.

Je dus songer à me rapprocher du centre de mes études. Dulac m'offrit un cabinet attenant à la chambre qui lui servait d'atelier de peinture ; ma mère me donna mon lit, et je m'installai rue du Four.

Nous formions là un vrai phalanstère. Au bout de quelques mois, je renonçai à cette vie commune, peu attrayante pour moi ; une petite chambre se trouva libre dans la maison où logeait Dulac : je la pris.

Je rencontrai dans cette maison le bon Gérard-Séguin, qui, depuis mes premiers essais en peinture, aussi bien qu'en sculpture et en architecture, ne cessa jamais de me prodiguer les encouragements, j'oserai même dire son admiration, et cela, pendant toute sa vie.

Je ne dois pas oublier une figure étrange que je rencontrai dans ce milieu de la bohême de 1824. C'était un certain Bangnat, musicien et mathématicien, qui se disait fils de la reine Hortense et du général Bonaparte. Il me donnait des leçons de guitare à quinze sous la leçon. Je l'ai retrouvé *modèle* et contre-basse dans un théâtre de la banlieue. Il gagnait ainsi sa vie fort honnêtement, malgré sa haute naissance et sa ressemblance frappante avec la reine Hortense, de Morny et Louis-Napoléon.

Pour payer mon loyer, j'étais allé travailler aux Menus-Plaisirs pour les funérailles de Louis XVIII, et quelques mois après chez M. Guersant, chargé de la statuaire décorative pour le sacre de Charles X, à Reims.

A notre arrivée à Reims, on me confia tout de suite la direction des travaux, ce qui excita l'envie contre moi, au point que l'on mettait des planches en bascule pour me faire tomber du haut de la cathédrale.

A la dernière heure, il manquait la chose principale : le chiffre du Roi, sculpté sur le milieu du blason, qui était le centre de la décoration du trophée qui couronnait le motif d'architecture où était placé le trône.

C'était le matin, une heure avant l'entrée du Roi dans l'Église.

Il s'agissait de trouver quelqu'un d'assez léger et dont la tête fût assez solide pour n'avoir pas le vertige.

Personne ne se présentant, je m'offris. Deux gaillards solides montèrent avec moi sur le pont volant suspendu au milieu de la nef, un simple madrier placé sur des cordes attachées aux colonnettes de la galerie.

Il s'agissait d'accrocher à sa place un grand ovale de six pieds, qui était le blason où se trouvait sculpté en relief le chiffre du Roi, et très-saillant, et cela pendant que les ouvriers me tenaient en l'air. Le coup manqué, l'ovale se renversait sur nous trois, et nous étions précipités dans le vide.

A ce moment tout travail avait cessé, un silence

complet régnait dans la cathédrale. Réunissant tout ce
que j'avais de forces en ce moment suprême, par un
mouvement heureux je réussis à accrocher du premier
coup le fameux blason.

Tous les spectateurs qui suivaient d'un œil inquiet
cette délicate et dangereuse opération respirèrent plus
librement. Les marteaux des menuisiers et tapissiers se
remirent à l'œuvre et firent entendre des coups de plus
en plus pressés.

Car l'heure était venue, les invités prenaient leurs
places dans les tribunes, le Roi allait paraître.

Charles X parut, en effet, en costume de satin blanc,
très-collant, coiffé de la toque noire ornée d'une plume
blanche, et parfaitement ridicule.

Je compris, une fois de plus, que la nature dans sa
simplicité est plus forte et plus belle que le factice et que
la fantaisie de commande.

L'intérieur de l'église avait été transformé par des
décorations extravagantes. Des milliers de bougies, brillant dans des lustres de cristal, des peintures décoratives excellentes, la toilette éclatante des dames du
faubourg Saint-Germain, les flots de dentelle qu'elles
étalaient et leurs diamants de famille, tout cela formait
un spectacle éblouissant; ajoutez à cela la richesse des
habits sacerdotaux, les uniformes brodés d'or, les pla-
ques, les grands cordons, les décorations innombrables.

A midi précis, la porte principale de l'Église fut ouverte au peuple, qui s'y précipita en se ruant sur ceux
qui lui jetaient de petites pièces de monnaie d'argent.
La tradition le voulait ainsi.

Mais toute cette pompe ne valait pas un simple rayon de soleil, qui, brillant à travers les vitraux, éclaira splendidement la vieille basilique, surtout au moment où la grande porte fut ouverte au public.

Le lendemain, avant de rentrer à Paris, je visitai les caves royales en compagnie du tonnelier en chef, chez qui je logeais à Reims. Il me fit un panier de douze bouteilles de champagne préparé à mon intention, que je portai à mon maître, M. Dupaty, qui venait d'épouser une fort belle personne de vingt ans à l'âge de cinquante-deux ans, six mois avant sa mort.

VI

Pendant mon séjour de deux mois à Reims, l'atelier Dupaty s'était décidé à prendre le modèle vivant. C'était la première fois que je voyais la nature d'aussi près, car à l'École des Beaux-Arts le modèle était toujours placé, soit en plâtre, soit le modèle vivant, à une assez grande distance des élèves.

Pour exciter l'émulation, on décida qu'à la fin de la semaine des places seraient données à chaque élève en raison du mérite de son étude.

M. Dupaty avait un grand faible pour M. Simart, pensionnaire de la ville de Troyes, à qui je rendais justice, mais dont je n'approuvais pas la manière de faire. Il travaillait surtout à sa figure quand le modèle avait quitté la table; moi, au contraire, je comprenais qu'il fallait s'appliquer à bien copier, le modèle étant présent.

Le samedi venu, M. Dupaty donna la première place à Simart et la seconde à moi, à ma grande surprise.

Ce qui m'étonna plus que tous les autres élèves, c'est que M. Dupaty fit passer mon étude dans son atelier particulier, et qu'il mourut au moment où il modelait.

de grandeur naturelle, une figure dans la même pose et d'après le même modèle qui avait servi à l'atelier des élèves ; ce qui prouve une fois de plus que le vrai, le naïf, sera toujours préférable au *chic*, au faux, puisqu'il s'impose même aux maîtres par les élèves.

Nous étions plusieurs à l'atelier Dupaty qui avions le courage de gagner par des travaux industriels les frais de nos études d'art et de faire à nos estomacs une guerre dont les effets se firent sentir toute notre vie. Mais je suis convaincu que ceux qui, comme moi, soutenaient cette lutte, avaient le cœur plus haut et plus digne de comprendre les grands côtés de l'art que ceux qui vivaient d'une pension le plus souvent mendiée par leurs parents.

En 1824, à l'atelier de M. Dupaty, je vis débarquer M. Ingres, rapportant d'Italie son fameux tableau du *Vœu de Louis XIII*, qui lui ouvrit les portes de l'Institut. Il avait peint ce tableau à Florence, dans l'atelier de son ami Bartolini, le sculpteur.

Lorsque ces deux grands artistes étaient élèves de l'École des Beaux-Arts, et mettant au concours du grand prix de Rome, les deux amis avaient entre eux des entretiens comme celui-ci :

« Oh ! toi, Ingres, tu es le premier peintre du siècle, disait Bartolini.

— Toi, tu es le premier sculpteur, » disait Ingres.

Parmi les habitués de l'atelier Dupaty, il y avait M. de Forbin et plus souvent encore M. Broc, ancien élève de David, qui est mort de misère et de la métaphysique de l'art. Le vieux Broc nous donnait la comédie à nous gamins, qui admirions les peintures de Gros, même lorsque nous l'entendions dire à notre maître : « Ce pathos de Gros! » avez-vous vu sa coupole du Panthéon qui l'a fait baron.

Je retrouvai aussi, à l'atelier Dupaty, mon ancien professeur, M. Péron. Nous répétâmes tous en chœur le calembour de Carle Vernet sur la coupole du Panthéon : « c'est plus *Gros* que nature. »

M. Cortot, successeur de M. Dupaty, notre maître qui mourut en 1825, ne m'inspirant aucune sympathie, je me contentai de travailler dans ma chambre, en suivant l'École des Beaux-Arts sans professeur.

Je me risquai à modeler, d'après une peinture de Dulac, le buste d'une dame Chasles et qui mourut laissant M. Chasles, notaire, veuf inconsolable de cette perte. Je réussis bien au delà de mes espérances dans l'essai de mon premier buste.

Je me vois encore pataugeant dans la boue, l'eau glacée et noire d'un dégel et la neige fondue et les ruisseaux qu'il fallait sauter en serrant sur ma poitrine, la veille du premier de l'an, le billet de banque de cinq cents francs que venait de me remettre M. Chasles en payement du buste de sa chère et défunte épouse.

Je plaçai 300 francs à la Caisse d'épargne, pour peu de temps, il est vrai, car c'était pour faire face aux exigences de mes études.

Ayant copié une assez jolie tête d'enfant, étude de Dulac, j'essayai de peindre d'après nature, et ce premier essai fut le portrait de ma blanchisseuse, qui était jeune, mais pas jolie du tout, cela pour lui payer sa note, se

montant à 10 ou 13 francs. Cette peinture, naïvement
faite, me fit proclamer coloriste par notre ami Gérard
Séguin et toute la colonie d'artistes du n° 40 de la rue
du Four.

Sans m'en douter, je me trouvais dans la légion des
romantiques admirant Ingres, Prud'hon, Gros, Eugène
Delacroix, et surtout Géricault, dont une vente à l'hôtel
Bullion venait de révéler le génie vigoureux et le tempérament puissant. Lui seul a su faire vivre et faire
agir les chevaux dans toutes leurs allures, chose tout à
fait nouvelle.

Vers cette époque, j'assistai à l'enterrement du professeur Girodet, le peintre d'*Endymion*, du *Déluge* et
d'*Atala*. Je fus très-ému de voir Gros réfuter devant la
fosse béante de son camarade les calomnies répandues
pour les diviser du vivant de Girodet. Il fut sublime de
naïveté et de génie.

Quand Gros, s'embrouillant dans ses sanglots, s'écria :
« Je ne sais pas parler. » « Vous savez peindre, » répondit la foule des artistes présents.

Se conformant à l'usage qui existait à cette époque, de
faire des libations pour honorer les morts, les élèves des
Beaux-Arts et quelques autres artistes se rendirent chez
le restaurateur Morel, rue des Amandiers, et chantèrent
des hymnes bachiques en buvant leur petit vin bleu et
mangeant du pain avec du fromage de Brie.

Le soir, avant neuf heures, j'étais rentré dans ma
chambrette, tout fier et tout heureux d'avoir compté
parmi les vrais artistes.

Un petit modèle en cire d'*Un jeune Grec moderne*

mourant sur les ruines de l'ancienne Grèce, que je
vendis 100 francs à un fabricant de bronze, me valut la
visite de M. Pradier. Je l'aidais alors à réparer un modèle en plâtre de son excellente statue commandée par
la ville pour la façade de la Bourse de Paris. Tant qu'il
s'agit des ornements de certaines grappes de raisin,
j'osai toucher à l'œuvre du maître, prenant mon courage à deux mains; mais quand il fallut réparer le nu et
les plis de draperies merveilleusement modelées par
lui, le cœur me manqua et je n'osai pas continuer.
Alors Pradier m'encouragea en prenant et maniant
l'outil avec sa merveilleuse facilité.

Pour lui prouver combien j'étais enthousiaste de son
beau talent je ne signai plus, dans les concours de
l'École, que comme élève de Pradier. Cela me coûta
cher, comme on le verra tout à l'heure. En agissant
ainsi j'avais blessé M. Bosio et M. Cortot, et bien plus
encore tons les professeurs, gens à l'esprit étroit et mes-
quin, qui tous étaient membres de l'Institut; et Pradier,
en 1825, n'était ni professeur de l'École, ni membre
de l'Institut, honneurs qu'il n'obtint qu'en 1828.

VII

Pour des raisons que tout à l'heure on comprendra
sans peine, chaque fois que je concourais, j'étais mis
hors de concours ; cela dura jusqu'en 1830, époque où
je quittai l'École des Beaux-Arts.

En 1828, M. Pradier donnait le sujet pour le concours
des esquisses ; le succès de l'esquisse faisait admettre à
la figure, et celui de la figure donnait le droit de concourir pour le prix de Rome.

A la fin de la journée laborieuse des esquisses, comme
cela arrivait à chaque concours, ce fut à qui entrerait
dans ma loge pour voir ce que j'avais fait. A un moment
où je fus obligé de quitter ma loge toute remplie d'élèves, un de mes envieux avisa, placé au milieu de mes ébau-
choirs le petit croquis passé à l'encre, qui m'avait servi
pour modeler mon esquisse en terre. Ce croquis, je
l'avais fait, comme je le faisais d'habitude pour chaque
esquisse que je modelais. J'avais observé que faisant
ainsi, j'allais plus vite et mieux que mes camarades.

On perd beaucoup de temps à barboter dans la terre,

en cherchant, sans un dessin arrêté, une composition en bas-relief composée de plusieurs figures.

Toujours est-il qu'à leur honte les élèves sculpteurs de l'École, en ce temps-là, se laissèrent entraîner par un affreux drôle à une très-mauvaise action.

Les professeurs furent encore plus coupables qu'eux, lorsqu'après m'avoir entendu, ils me mirent, comme toujours, hors du concours, juste au moment, grave pour moi, où j'allais tirer au sort pour la conscription.

Voici comment se passa la scène qui eut lieu en pleine séance des professeurs réunis à l'École des Beaux-Arts.

Ni M. Pradier, dont j'étais alors le seul élève, ni moi, nous ne nous doutions de l'intrigue qui se tramait contre nous, à cause de ce croquis perdu auquel je ne pensais pas plus que s'il n'eût jamais existé.

J'attendais dans la cour de l'École la décision des professeurs, lorsque M. Pradier sortit furieux, faisant siffler sa badine dans sa main.

« — Ils vous ont encore mis hors du concours, me dit-il en me prenant le bras.

— Pourquoi, demandai-je ?

— Pour votre croquis que les élèves ont pris et colporté chez les membres de l'Institut et chez les professeurs. »

Puis se saisissant de mon cahier de croquis que j'avais sous le bras, M. Pradier me dit : « Suivez-moi. » Je le suivis.

Alors étant entré furieux, il jeta mon cahier de croquis

sur le tapis vert de leur grande table, en leur disant, à ces messieurs :

« Voilà les croquis que je lui ai vu faire à mon atelier et dont il se sert avant de modeler chacune de ses esquisses ; voyez et comparez. »

Le vieux et vertueux Cartelier prit alors la parole et dit : « Messieurs, qui nous dit que ces dessins sont de l'élève Étex ? Pour moi, je le soutiens, Michel-Ange reviendrait sur la terre, qu'il ne ferait pas, en un seul jour, et le dessin et le bas-relief modelé par lui. »

Messieurs, m'écriai-je, venant au secours de mon maître, vous ne pouvez nier que l'esquisse soit modelée par moi, puisque le fond vide et la terre sont examinés à leur entrée dans les loges. C'est le dessin seul qui vous a dicté votre décision. Il y a un moyen bien simple de vous assurer que le dessin est bien de moi ; le sujet donné pour le concours des esquisses était une églogue de Virgile ; dictez-moi une autre églogue, et avant une heure, tandis que vous continuerez votre séance, je me fais fort de vous fournir ma nouvelle composition, passée à l'encre tout comme le dessin contesté.

Ces messieurs refusèrent.

Subitement pris pour eux d'un souverain mépris, et sortant avec M. Pradier, je leur jetai à la face ces mots :

« Ah ! vous refusez la lumière, messieurs, alors votre jugement est inique, et je m'en moque. »

Et je sortis indigné, mais triomphant et fier de ma nouvelle épreuve.

Deux jours après, M. Mérimée, secrétaire de l'École

des Beaux-Arts, chez qui j'étais invité à me rendre, me disait :

« Monsieur Étex, je n'ai ni le pouvoir ni le droit de vous faire reprendre votre place au concours ; mais pour votre honneur, et surtout pour l'honneur de l'École, voulez-vous demain matin, jeudi, venir ici, dans mon cabinet, à l'heure où l'on entre en loge pour les concours d'esquisse. J'accepte votre défi, et je vous donnerai à traiter un nouveau sujet tiré de Virgile. »

J'acceptai avec reconnaissance le sujet que me dicta M. Mérimée sur : « Pan apprenant à jouer de la flûte à Apollon, » et à six heures, c'est-à-dire deux heures plus tôt qu'au dernier concours, je lui livrais et mon esquisse modelée et le dessin-croquis de ma composition, passé à l'encre, que M. Mérimée montra aux professeurs de l'École.

J'étais vengé, mais accablé de chagrin et d'ennui, découragé par cette persistance à me nuire.

Déjà, l'année précédente, en 1827, M. Ingres avait été si content de mon esquisse qu'il vint le lendemain de l'exposition publique chez M. Pradier, mon maître, que j'aidais à modeler un groupe de *Bacchantes*, pour lui faire compliment de son élève. M. Pradier en me montrant lui dit : « Le voilà. »

« Monsieur, fit M. Ingres, en s'adressant à moi, vous êtes assurément reçu le premier, et vous obtiendrez le prix de Rome, car vous êtes, à mes yeux, de beaucoup le plus fort des élèves sculpteurs de l'École en ce moment.

— Non-seulement, répondis-je à M. Ingres, je ne

suis pas reçu le premier, mais sur seize élèves reçus, j'ai complétement échoué. »

M. Ingres s'emporta et me pria de faire mouler pour lui et à ses frais, mon esquisse ; il m'offrit son amitié, ses conseils, et son atelier d'élèves pour travailler d'après nature.

Pour être plus près de M. Pradier, j'avais loué une chambre au palais abbatial, rue de l'Abbaye, n° 3. Là, je fis trois parts de mon temps : la première fut pour l'École des Beaux-Arts, la deuxième pour l'atelier de M. Ingres, et la troisième pour celui de M. Pradier.

Dans le logement que j'occupais ensuite au cinquième étage de la maison n° 8 de la place Furstemberg, je peignis, d'après nature, une étude de femme nue, une baigneuse de demi-grandeur naturelle, en compagnie de mon ami Gérard-Séguin. Un jour, Alexandre Dumas, ayant gravi mes cinq étages, vit ce tableau qui lui plut, et l'emporta tout encadré. Quelques mois après, je fus bien étonné de me voir exposé, malgré moi, comme peintre, avant d'avoir rien exposé comme sculpteur.

Alexandre Dumas, qui commençait sa vie aussi expansive qu'aventureuse, mit ce petit tableau à l'exposition payante, que l'on fit au profit des Grecs, au moment de la guerre entreprise pour leur indépendance.

Mon œuvre fut ainsi exposée en public, au milieu des chefs-d'œuvre d'Ingres, d'Eugène Delacroix, de Scheffer, de Deveria, de Bonnington, de C. Roqueplan, de Steuben et de David d'Angers, qui avait à cette exposition deux forts beaux bustes en marbre : ceux de Lamartine

et de Châteaubriand et sa jolie statue de la jeune Grecque au tombeau de Botzaris, son chef-d'œuvre selon
moi, donné par lui au musée d'Athènes. Aussi, étais-je
fou de bonheur quand, dans un article de Jal, je vis
mon nom et mon œuvre cités avec bienveillance, avec
les noms et les ouvrages célèbres que je viens de nommer.

VIII

Entre Ingres et Pradier, de 1827 à 1828, j'avais fait
de grands progrès. Tout cela fut jeté par-dessus bord...
Bien désolé de l'infamie et de l'injustice des élèves et
des maîtres, je fis un voyage de consolation à Lyon, pour
voir mon père qui logeait chez ses sœurs. Mes bonnes
tantes me remontèrent le moral de leur mieux, et de plus
me payèrent un voyage en Suisse, que je brûlais de
faire, mais que je n'osais espérer.

Malgré l'intérêt que m'inspiraient les bords pittoresques du Rhône que j'observais du haut de l'impériale de
la diligence de Lyon à Genève, je ne pouvais distraire
mon esprit de mes malheurs d'élève. Je me disais :
« L'honneur est sauf, après tout. »

Je me rappelais les bonnes sympathies de quelques
nobles cœurs que j'avais rencontrés, la protestation de
mes camarades Gras et Colin, enfin la lettre écrite aux
professeurs de l'École par les élèves peintres Debacq,
Amiel et Bézard, où l'un disait m'avoir prêté sa plume
et l'autre son encre pour faire mon croquis, où enfin un
autre affirmait courageusement m'avoir vu faire le croquis et modeler l'esquisse en terre.

Avec ces idées plus tristes qu'encourageantes, j'arrivai au bord des eaux bleues du lac de Genève.

Le lendemain de mon arrivée, je me mis en route pour Chamonix, à pied, sac au dos, afin de voir ce fameux mont Blanc, que j'apercevais de Lyon. Les journées qui précédèrent mon arrivée à Chamonix furent très-belles, mais le soir il plut horriblement. Le chemin que je gravissais péniblement, armé de mon bâton ferré, était un vrai torrent.

Je rencontrai subitement un voyageur en blouse grise, un jeune Allemand, blond et de chétive apparence, qui, voyant ou plutôt sentant passer près de lui une blouse bleue, me saisit la main pour que je l'aidasse à sortir d'un mauvais pas. Nous aidant mutuellement, nous arrivâmes à l'hôtel de Chamonix, trempés comme des canards. Il était près de onze heures du soir.

Pendant notre souper, on vit venir le fameux Jacques Balma, qui, avec son frère, nous promit de venir nous prendre pour tenter l'ascension du mont Blanc. Nous étions les premiers voyageurs de l'année qui entreprenions ce voyage assez périlleux alors...

Le compagnon de voyage que j'avais rencontré dans le chemin creux m'apprit qu'il s'appelait Weber, et qu'il était le neveu du fameux auteur du *Freyschütz*. Nous devînmes amis immédiatement.

Le neveu de Weber était un jeune savant, musicien en même temps, entêté comme un Allemand. Avant quatre heures l'on vint frapper à notre porte. C'étaient les guides.

En nous éveillant, nous vîmes de notre fenêtre le cône pyramidal du mont Blanc, qui se modelait sur un beau ciel bleu, et paraissait si près de nous, que nous croyions pouvoir y toucher avec la main.

Nous partîmes marchant avec des crampons de fer, nous accrochant de notre mieux aux aspérités du rocher.

Malheureusement le neveu de Weber avait moins de souplesse dans le corps que de volonté dans l'âme; spécialement sur la mer de glace, il nous arrêtait court ; nos guides étaient obligés de le ficeler comme un simple colis et de le tirer avec des cordes.

Il faisait tellement froid à cette hauteur, en plein midi, que j'avais peine à tenir mon crayon pour dessiner.

Nous revînmes à Chamonix n'ayant rien de cassé, chose qui parut merveilleuse à nos guides.

Le lendemain, nous descendîmes pour aller à Sion, à la cascade de la Pissevache. Je me séparai de M. Weber, qui montait vers le Bernau-Berland, tandis que j'allais gagner le bateau qui devait me laisser à Vevay. Je visitai le célèbre château de Chillon, et j'aperçus en passant celui de Clarens, mais je ne le visitai pas. Quoique jeune et assez ignorant, j'avais une aversion instinctive pour le philosophe J.-J. Rousseau, qui, sous prétexte de confessions, fait une franche coquine de sa maîtresse, Mme de V. Malgré ses prétendus talents, il ne sera jamais pour moi, ni un grand homme, ni un honnête homme, mais un simple pédant, égoïste et immoral, jusqu'à mettre ses enfants à l'hospice des Enfants trouvés.

Cet homme est un lâche qui s'est suicidé par honte de son passé, et c'était justice !

Cette petite excursion en Suisse fut comme un temps d'arrêt dans ma malheureuse existence.

Quand j'arrivai à Lyon, mes tantes me proposèrent d'aller à Montbrison peindre le portrait de la femme du maire de cette ville, leur cliente. Je fis le portrait de la femme et aussi celui de son mari, après qu'il eut vu celui de sa femme.

Avec l'argent que je gagnai en faisant ces deux peintures, je pus entreprendre un petit voyage en Auvergne. Je visitai le mont Dore. Étant un jour assis sur une pierre et dessinant, je vois tout à coup arriver en chaise de poste un parisien en habit noir, et chaussé de fins escarpins. C'était un jeune amateur, un M. Leconte, que j'avais vu à l'atelier des élèves de M. Ingres. Je lui fis compliment de sa tenue de voyage, surtout de sa chaussure si commode pour gravir les rochers et marcher sur la lave.

Il allait, me dit-il, dîner, le soir, chez le préfet. « Celui-là est bien moins heureux que moi, » pensai-je, en entendant les grelots des chevaux qui emportaient au galop la chaise de poste.

Revenu à Paris, quelques jours après, je revoyais mes deux maîtres Ingres et Pradier.

Je voyais peu les élèves de l'École en dehors des cours, excepté Barye et Champmartin. Celui-ci était très-moqueur, et quand je le rencontrais aux expositions publiques, j'avais plaisir à l'entendre critiquer avec esprit les ouvrages mis sous les yeux du public. Un jour, n'ayant pas rencontré, chez lui, Pradier, à son retour de Jérusalem, il écrivit à la craie sur la porte de l'atelier de mon maître : « Champmartin, peintre de la Sublime Porte. »

Nous assistions aux premières représentations des pièces de Victor Hugo, d'Alexandre Dumas, et même de Casimir Delavigne. A l'une des représentations de *Marino Faliero*, il m'arriva une aventure, que je tiens à raconter. M'étant absenté un instant, j'attachai mon foulard à ma place.

Quand je voulus la reprendre, elle était occupée par un grand monsieur de six pieds, qui portait la rosette de la Légion d'honneur. Je le priai poliment de me rendre ma place, il ne fit pas mine de m'entendre.

« Voulez-vous, oui ou non, me rendre ma place ? » lui répétai-je avec énergie, en me plaçant carrément devant lui. Il me répondit par deux coups de poing dans la poitrine et me saisit par les deux devants de mon habit noir, que je mettais pour la première fois. Je lui allongeai un soufflet qui le renversa en arrière entre les deux banquettes, mais les morceaux de mon habit lui restèrent dans les mains. Je pus ainsi reprendre ma place, mais la filasse sortait de la doublure de mon habit ; je dus pendant toute la représentation tenir les deux bras croisés.

« J'ai reçu un soufflet, dit l'acteur à un certain moment de la pièce.

— Et moi aussi », ajouta tout haut le grand monsieur qui s'était contenté de rester debout en face de moi à l'angle de l'orchestre.

Ce qu'il y eut de plus bizarre, c'est que le lendemain il vint seul chez moi et me provoqua en duel.

« Vous n'avez qu'une chose à faire, lui répondis-je ; c'est de me payer mon habit déchiré. »

Hippolyte Bellangé était chez moi ; le grand monsieur s'emporta et me proposa un duel au fusil, au canon, à la hache.

Je finis par lui dire : « Quand vous aurez payé mon habit, nous nous battrons au pistolet, si vous voulez ; mais avec un seul pistolet chargé, et nous tirerons au sort pour savoir qui l'aura.

» Vous êtes, dites-vous, monsieur, ajoutai-je, officier supérieur d'artillerie, vous avez six pieds, et vous venez m'offrir quoi ? de m'assassiner, oui de m'assassiner et lâchement encore. »

Entendant cela, le grand monsieur sortit furieux de chez moi.

En résumé, mon habit ne me fut pas payé, et je ne me battis pas en duel.

Quelques mois après, dans une exposition publique à l'École des Beaux-Arts, où figurait mon *Hyacinthe*, ce même grand monsieur vint me présenter ses compliments.

Il est vrai que quelques journaux avaient imprimé mon nom et avaient dit du bien de mon œuvre.

IX

L'année 1828-1829 fut une des plus laborieuses, mais aussi une des meilleures de ma vie. Pendant cette année, j'ai fait connaissance avec la nature dans ce qu'elle a de plus grandiose, en gravissant les Alpes et le mont Blanc; je connus également ce que l'art a de plus magnifique en littérature et en musique : les symphonies de Beethoven, *Don Juan* de Mozart, chanté par Garcia, la Malibran sa fille, la Sontag, Lablache et Rubini, puis le *Freyschütz* de Weber et *Guillaume Tell* de Rossini.

Il est vrai que, pour goûter ces jouissances, nous dînions souvent pour treize sous chez Clément, surnommé l'*Aquatique*, à cause des énormes carafes pleines d'eau étalées sur ses tables.

Parmi les élèves d'Ingres se trouvait un nommé Sansonnetti, fils d'un magistrat de Nancy, bon enfant, laid et grêlé, mais vantard jusqu'à l'extravagance.

Chaque matin, à l'heure où les élèves se livraient à leurs études du modèle vivant, Sansonnetti arrivant deux heures après les autres, leur racontait bien haut ses bonnes fortunes de la veille au soir. Nous savions qu'il

mentait et qu'il ne connaissait aucune des demoiselles
de théâtre dont il se vantait d'avoir obtenu les faveurs.
Nous résolûmes de lui donner une bonne leçon.

L'occasion s'étant naturellement présentée, je lui
montai une *scie* et le poussai au point qu'il me provoqua
en duel. Sansonnetti étant sorti pour mettre ordre à ses
affaires, avant l'heure du combat qui devait avoir lieu
dans l'après-midi du même jour, il fut décidé que tous
les élèves se rendraient dans la plaine de Montrouge où
devait avoir lieu l'affaire, et qu'après il y aurait un
dîner chez Tonnellier.

Quand Sansonnetti revint à l'atelier, il fut convenu
que le duel aurait lieu au pistolet. Hautier, le massier
de l'atelier, fut l'un de mes témoins; Sansonnetti, comme
il convenait dans une affaire où il s'agissait de sa vie,
prit pour témoins les deux élèves les plus sérieux et les
plus vieux, Cornu de Lyon, et M. Lorient, un lieutenant
de l'armée, deux jeunes gens graves, qui parlaient rare-
ment et qu'on n'avait jamais vus rire.

De la rue des Marais, aujourd'hui rue Visconti, où
était l'atelier d'Ingres, jusqu'à la plaine de Vanves, Sansonnetti, accroché aux bras de ses témoins, écouta attentivement leurs conseils. Nous les suivions, ne perdant pas un mot de ce qu'ils se disaient.

On choisit pour le théâtre du duel un pan de muraille,
au milieu de la plaine; le ciel était gris et brumeux; il
faisait assez froid. On mesura les pas, les témoins chargèrent les pistolets avec des balles de liége, roulées
dans de la mine de plomb. L'imitation, œuvre d'Hautier,
était parfaite.

Je n'oublierai jamais le sérieux des témoins de Sansonnetti ; M. Lorient lui conseillait de se déshabiller complétement jusqu'à la ceinture, et d'ôter même sa chemise, disant qu'il était dangereux qu'aucune parcelle d'un corps autre que la balle pénétrât dans la blessure. Désigné par le sort pour tirer le premier, j'ajustai lentement mon adversaire, m'y prenant à plusieurs reprises, abaissant et relevant plusieurs fois mon pistolet. Le corps de Sansonnetti était bleu. Le coup partit, je vis Sansonnetti chanceler ; l'émotion, l'imagination frappée lui avaient fait croire qu'il était touché ; je l'avais si bien visé !

Se remettant à sa place de combat avec l'aide de ses témoins, il me mit en joue ; moi, les bras croisés, calme et le fixant hardiment, j'attendais son coup de feu. Mais, pris subitement d'un beau sentiment, élevant son bras au-dessus de la tête, Sansonnetti tira en l'air. Nous nous précipitâmes dans les bras l'un de l'autre. Pendant que nous étions étroitement enlacés, les élèves, qui s'étaient tenus pendant le combat à quelque distance, revinrent vers nous et se mirent à féliciter Sansonnetti de son action si noble, si généreuse.

Nous gagnâmes gaiement la maison Tonnellier, où était servi pour nous un dîner d'une trentaine de couverts, et dont le prix avait été fixé d'avance à deux francs par tête.

Sansonnetti avait été mis au milieu de la table à la place d'honneur, et moi en face de lui. La plus bruyante gaieté régna parmi les convives ; on chanta beaucoup au dessert, et, pour que la leçon fût complète, j'improvisai, sur l'air du chœur du *Solitaire,* une facétie où le duel était raconté tout au long, y compris bien entendu les balles de liége. A la fin de chaque couplet, je disais : Qui a fait cela, messieurs? c'est le sansonnet, sansonnet, sansonnet... au lieu de chanter : c'est le solitaire qui sait tout, qui fait tout... A la reprise du chœur, c'était du délire... Ah! la jeunesse, la jeunesse !...

Sansonnetti avait ses ridicules, mais il était bon enfant. A un moment, je le vis pâlir, je lui tendis mon verre en proposant de cimenter notre amitié par un verre de champagne; tout le monde applaudit. Sansonnetti, un peu remis, commençait à comprendre la leçon qu'il avait reçue; il s'exécuta de si bonne grâce, qu'étant riche relativement à la plupart de ses camarades, il voulut leur offrir le champagne ; je demandai à en payer la moitié, comme engagé dans la partie autant que Sansonnetti.

Le lendemain, la tenue de ce dernier à l'atelier prouva qu'il était assez intelligent pour comprendre la leçon qui lui avait été donnée par ses camarades.

Les cruautés d'étudiants valent souvent mieux pour former des hommes que les conseils les plus solennels du pédant le plus grave.

X

En 1829, je fus enfin admis à concourir au prix de Rome. Le sujet du concours était beau à traiter, mais difficile : c'était *Hyacinthe renversé et tué par le palet d'Apollon*.

Le jour de l'esquisse, je pensai que le fond de l'idée était dans le mot *renversé*, et j'abordai franchement ce qui me paraissait être la difficulté de la statue à composer. Quand je confiai à mes deux maîtres Ingres et Pradier mon idée, et le parti que j'avais cru devoir prendre, tous deux, sans s'être consultés, me blâmèrent fort.

« Ne vous avisez pas de révéler au public que vous êtes mon élève, » me dit Pradier au moment où l'on allait exposer les figures.

Ingres, lui, me dit que c'était une statue d'étude que l'Institut voulait et aurait à juger, non une œuvre à mouvement dramatique, et que je m'étais complétement trompé. Il me pria plusieurs fois de lui faire dans ma loge des dessins d'après ma figure en cours d'exécution ;

je tentai à plusieurs reprises de lui obéir, mais au moment de dessiner cette terre ébauchée, informe, je m'apercevais de ses défauts de construction, et j'abandonnais mon crayon, pour tâcher de corriger mon travail d'après le modèle vivant.

Ingres furieux ne me parlait plus, quand je le rencontrais; et voilà comment, après trois mois passés dans ma loge, à faire et à défaire, j'arrivai au jour maudit où je vis, du cinquième étage, suspendu à une corde passée dans une double poulie, mon pauvre petit *Hyacinthe* en terre glaise molle, d'un mètre de hauteur, se balançant dans l'espace.

Les ouvriers, qui venaient de boire la goutte, par un faux mouvement, pouvaient aplatir le bonhomme en terre glaise, comme ils disaient gaiement entre eux.

O bêtise humaine, combien de fois, dans ces *Souvenirs*, aurai-je à constater ton influence ou plutôt ta toute-puissance !

La preuve que c'est la bêtise humaine qui a présidé à la construction de l'École des Beaux-Arts, c'est que ni M. Debret avec son talent hors ligne, ni M. Duban avec son goût raffiné et son habileté, mon maître avec son goût et son génie, n'ont jamais eu pour l'École un plan général, approprié aux besoins des élèves. C'est ainsi qu'en dépit du bon sens, les loges, les petits ateliers des sculpteurs se trouvent placés à un cinquième étage ; il faut, chaque année, descendre de là les huit compositions des sculpteurs concourant pour le prix de Rome, au risque de les voir s'*aplatir* sur le sol comme cela s'est vu plus d'une fois.

Décidément, il manque à mes chers compatriotes une chose sérieuse : le sens pratique, ou le bon sens, si l'on aime mieux.

MM. Debret et Duban sont des architectes pleins de talent, et même de génie, mais ni l'un ni l'autre n'ont su faire des bâtiments répondant aux besoins de ceux qui les occupent.

Il faut ajouter, pour être vrai, qu'en France tout se fait par coteries, et comme par hasard. Et les commissions donc !!!

D'ailleurs, nous devons le dire ici bien haut, car c'est le fond de notre pensée, l'art, pour faire des progrès, n'a aucun besoin d'une grande école officielle des Beaux-Arts.

Revenons à notre figure du concours.

Dès qu'il fut exposé en public, mon *Hyacinthe*, paraît-il, produisit un assez bon effet. Quand, le soir, je rentrai chez moi on me dit que MM. Ingres et Pradier étaient venus plusieurs fois pour me voir. Je me couchai, et le lendemain, à cinq heures du matin, j'étais éveillé par de violents coups de sonnette. C'était M. Ingres qui m'apportait le journal *l'Universel*, où avait paru un article très-bien fait, de M. Miel, sur le concours de sculpture. Dans cet article, et à mon sujet, M. Ingres me fit lire cette phrase : « Ainsi s'élance dans la carrière l'homme que la nature a fait artiste. »

Ce fut un succès tel en sculpture, que jamais élève à l'école n'en avait obtenu de pareil. M. le comte de Turpin de Crissé, qui avait vu ma figure à l'exposition publique, me demanda ma statue en marbre pour le prix de 3000 francs ; Gérard, premier peintre du Roi, me la demanda en bronze. C'était une assez jolie réponse à mes persécuteurs, à mes envieux.

Je n'eus pourtant pas le premier grand prix; Pradier était furieux. « Ils le tueront », répétait à tout propos M. Ingres, tout à fait inconsolable à mon égard en ce moment.

Grâce aux intrigues de son père et à la faiblesse de caractère du peintre Gros, ce fut un Hollandais d'origine qui eut le premier grand prix.

Quand donc, en France, serons-nous Français, avant tout? Plus j'avance dans la vie pratique, et plus je trouve vraie et profonde la morale contenue dans ces trois termes : Famille, Patrie, Humanité. La patrie est notre seconde famille, et nous devons songer à nos concitoyens avant de songer aux étrangers, qui viennent nous dévo rer et nous trahir à l'occasion, comme vient de le prou ver la dernière guerre.

A la séance solennelle de l'Institut, où eut lieu la distribution des grands prix, mon nom fut acclamé par les élèves et par le public choisi qui remplissait la salle. Les applaudissements redoublèrent lorsque mes deux maîtres Ingres et Pradier, des larmes dans les yeux, m'enlacèrent de leurs bras.

Au sortir de la salle, j'embrassai mon père et ma mère qui assistaient à cette séance mémorable. Mon frère, Jules Etex, plus jeune que moi de deux ans, avait été admis au concours pour le grand prix de peinture. Son tableau du concours de 1829 valait bien mieux que celui qui plus tard, en 1832, envoyait à Rome Hippolyte Flandrin, son auteur.

L'État paye ainsi une pension de cinq années à bien des artistes médiocres, qui, se targuant de leurs grands prix, se croient des droits à toutes les faveurs.

On aura beau dire et beau faire, le faux, le convenu, le chic sont choses inhérentes à toute école des beaux-arts, officielle ou non, de tous les siècles et de tous les pays.

Celui qui se sent artiste n'a qu'à suivre ses instincts et à travailler dans l'atelier d'un maître, pour apprendre ce qui est du métier ; et cela fait, il doit voler de ses propres ailes. C'est que toute œuvre d'art n'existe que par la spontanéité, le cachet individuel, la naïveté. Or, toute école anéantit fatalement cette virginité de l'art, qui seule peut produire ce qu'on appelle des œuvres de génie. D'où j'arriverai à dire que le tombeau de l'art est dans l'énervante influence des écoles. L'instinct de l'artiste né lui fait découvrir en lui-même, en même temps que les secrets de l'art, les beautés des ouvrages de génie. Cela est si vrai que l'artiste vraiment doué arrive à produire telles œuvres qui font penser à tels ou à tels chefs-d'œuvre antiques qu'il ne connaissait pas. Tandis que les lauréats des écoles ne produisent que des œuvres médiocres, sans cachet, sans originalité, et toujours un calque des ouvrages de ceux des élèves qui obtiennent des récompenses, afin de faire comme l'on fait à l'École, y avoir des succès.

XI

J'en suis fâché pour les lecteurs qui voudront trouver dans ces *Souvenirs* les épisodes d'une vie d'artiste plus ou moins accidentée. Mon but est d'être utile à mes semblables, et je les préviens que quand l'occasion s'en présentera, je donnerai à mes survivants, comme je viens de le faire, tous les conseils qui me paraîtront pouvoir leur être utiles.

Ce fut sans envie que je vis partir pour Rome celui qui avait obtenu le grand prix à ma place. On m'avait cependant vanté les félicités dont jouissaient à la villa Médicis les pensionnaires de Rome.

Pour expliquer ce phénomène, il suffit de réfléchir que ces messieurs avaient le culte de l'école, et que je n'avais, moi, que le culte de l'art.

Pour exécuter ma petite statue de Hyacinthe en marbre, je me servis d'une sorte de remise située dans la cour de la maison que j'habitais, où je modelai le buste de Mme Amable Tastu, dame poëte à la mode, très-respectable et très-digne.

Je fus appelé, à cette époque, à donner aux fils de M. de la Bouillerie, ministre de la maison du roi, des leçons de dessin, dont le prix me servit à payer un modèle pour une statue de Léda, que je modelais malgré mon maître Pradier.

Un jour, dans son atelier, je me plaignais de ne pouvoir trouver un cygne, en présence du prince d'Ekmül. Le lendemain un grand domestique, en costume de chasseur de grande maison, m'apportait un admirable cygne sauvage, que le Prince avait tué à la chasse dans la journée.

J'avais évité de laisser M. Pradier entrer dans mon atelier, dans la crainte d'être détourné par lui de ma conception naïve. Un jour, il força la porte.

« Diable d'entêté, se mit-il à dire, je vous avais bien dit de ne pas faire cette figure, » et selon son habitude de donner des conseils en refaisant votre ouvrage, il se mit en train de démolir les jambes et les pieds qui lui déplaisaient comme pose ; déjà ses doigts étaient imprimés dans l'argile, lorsque d'un mouvement énergique je l'arrêtai.

« Mon cher maître, lui dis-je, je ne comprends pas votre pensée. Voici un morceau de terre molle, jetez-y votre manière de modifier ma statue. »

Et le voilà qui, avec sa merveilleuse facilité, se met à faire une esquisse complète.

Mais, je dois l'avouer, malgré mon admiration pour lui, son idée, qui me semblait des plus faibles, ne me convainquit point.

Néanmoins, je fus ébranlé et profondément troublé.

J'allai prier M. Ingres de venir voir mon étude.

Prenant tout de suite au sérieux mon œuvre, M. Ingres voulut la voir dans tous les sens ; et pendant près d'une heure il me fit tourner ma selle pour juger tous les profils de ma statue. Cet examen fini, il se précipita vers moi et, m'embrassant avec effusion, il me dit que j'avais fait un chef-d'œuvre. Je n'en revenais pas. Prenant le rôle de M. Pradier, je répétai les observations qu'il m'avait faites.

M. Ingres s'impatientait et frappait le plancher de sa canne ; mais il devint furieux quand je lui montrai les doigts de Pradier imprimés dans les jambes de ma statue, et l'esquisse qu'il avait faite lui-même.

« Le c..... ! dit-il.

« Mais le malheureux, ajouta-t-il, quand donc a-t-il exprimé le sentiment, la grandeur, l'expression, le style que l'on trouve dans cette figure ? Je le répète, vous n'avez pas conscience, mais vous avez fait un chef-d'œuvre, et je ne vous reverrai de ma vie, si aujourd'hui même vous ne faites mouler votre statue, que vous ne pouvez qu'abîmer en la retouchant. »

Ainsi, suivant M. Ingres, l'œuvre était excellente ; suivant M. Pradier, elle était mauvaise, et il fallait la recommencer.

Que faire dans un tel cas ?

Ce que je fis.

Le lendemain, reprenant mon modèle de femme, je me remis à mon travail avec un nouveau courage ; et, oubliant autant que possible les visites de mes deux maîtres, je mis dans mon modèle en terre tout ce que je savais, et je le fis mouler à mes frais, n'ayant jusque-là jamais reçu la moindre pension ni la moindre somme comme encouragement.

Avis à ceux qui pensent que ces prétendus encouragements servent aux progrès de l'art; ce n'est, au contraire, qu'une prime à l'intrigue, au vice et à la paresse.

Parmi les élèves de mon temps, les plus paresseux et les moins capables étaient tous pensionnés par leurs villes ou leurs départements. La plupart aujourd'hui sont morts sans avoir rien laissé de digne aux yeux mêmes de ceux qui avaient cru les voir fournir une brillante carrière.

XII

Je m'appliquais à me donner une éducation que je n'avais pas reçue, et qui d'ailleurs, n'existait pas alors pour les artistes.

Je fus heureux de recevoir, dans mon petit atelier de la rue Furstemberg, le bon Antony Deschamps et Brizeux, comme aussi de faire la connaissance de Victor Hugo, de Sainte-Beuve, d'Émile Deschamps, des Bertin des *Débats*, de de Vigny, d'Alexandre Dumas, et d'Alfred de Musset.

Ce dernier, rose et charmant, vint un jour, en costume de Pierrot, à un bal chez M. Massé, l'hôte de tous ces grands hommes de vingt ans.

Alfred de Musset, ce soir-là, était insolent et charmant comme le page Chérubin des *Noces de Figaro*.

Plus de vingt ans après, j'accompagnais du Théâtre-Français jusque chez lui, quai Voltaire, mon beau page, complétement ivre, que je venais d'éveiller dans sa loge au moment où l'on allait éteindre le gaz.

En passant sur le pont des Saints-Pères, il me menaça

de me jeter à l'eau, parce que j'avais l'audace de lui soutenir que Raphaël valait bien M. Ingres, mon maître.

A sa porte, il m'invita à monter chez lui, ce que je fis. Bien qu'il fût tard, et qu'il fût gris, de Musset ne perdait point la tête ; il sut parfaitement trouver son bougeoir, allumer sa bougie, et introduire une toute petite clef dans le tout petit trou de la serrure de sûreté de l'appartement de sa mère qu'il habitait quai Voltaire.

Dans sa chambre, il s'empressa de m'ouvrir les tiroirs d'une grande commode, qui renfermait des petits souliers de femmes de toutes les couleurs, des bouquets fanés, des gants, des éventails.

« Mon cher, lui dis-je, le premier fat venu peut acheter chez une seule revendeuse à la toilette du Temple de quoi en montrer dix fois plus que vous, si cela lui plaît. »

Cette sortie fit faire la grimace à Alfred de Musset, à moitié dégrisé, et il alla ouvrir un autre meuble, il sortit d'un tiroir un énorme paquet de cheveux, jadis noirs sans doute, mais en ce moment d'une couleur indéfinissable.

Ces cheveux avaient appartenu à une femme célèbre à plus d'un titre.

Puisqu'il est question de mes amis les poëtes, je ne puis résister à la tentation de raconter une excentricité d'Alexandre Dumas.

La première fois que j'allai chez lui, rue de l'Université, je le trouvai sans connaissance, perdant son sang. Ne venait-il pas de se tirer un coup de pistolet, Oui. Où ? à la cuisse, pour attendrir une cruelle qui lui résistait; ce qui ne l'avait pas empêché de fuir la belle en laissant les portes toutes grandes ouvertes.

Parfois, sans les demander je recevais des encouragements dans le genre de celui-ci : Un jour M. de Vigny, au sortir de l'atelier de David d'Angers, entre chez moi; en présence de mon *Hyacinthe* et de ma *Léda*, il se mit à dire : « Je ne trouve pas chez David ce que je trouve ici, dans ces deux ouvrages : de la pensée, de la composition, et des sentiments. »

Autre détail du même temps. Un matin, après avoir reçu sa leçon, un des fils de M. de la Bouillerie m'annonça que, sur la demande de son père, enchanté des progrès de ses fils, le roi Charles X avait bien voulu me commander une statue en marbre.

Que les jeunes de 1872 se signent et s'étonnent; je le dis à notre honneur, je refusai cette insigne faveur par pure modestie, m'excusant de n'être encore qu'un élève de l'École des Beaux-Arts.

J'avais remarqué que souvent celui qui l'année précédente avait été frustré de son grand prix l'obtenait, l'année suivante, au détriment d'un autre; et qu'un élève en arrivant à la limite d'âge avait beaucoup plus de chances de succès. Un de mes camarades nommé Briant, homme de talent, arrivait en 1830 à la limite d'âge, et n'avait plus qu'une fois à concourir : en 1831.

En montant en loge, je l'assurai que si je n'avais pas le grand prix en 1830, je renoncerais aux concours et lui laisserais le champ libre en 1831.

Nous savions, Briant et moi, et c'était l'avis de tous les élèves, que nous étions les plus forts.

Cela n'empêcha pas que ce fut un nommé Husson qui eut le grand prix à notre place.

Le dit Husson m'apprit lui-même son succès en me demandant pardon de son triomphe inespéré. Husson avait été classé par nous le septième sur huit concurrents.

Dans un élan de sincérité, il ajouta les larmes aux yeux.

« J'étais si malheureux !..., si malheureux !...

— Quant à moi, lui répondis-je me sentant désarmé, je ne suis pas, et je compte bien ne jamais être aussi malheureux que cela. »

XIII

Les concours de l'année 1830 avaient été traversés par
des événements politiques considérables.

Ayant sucé le lait de l'opposition parmi les déshé-
rités, au milieu desquels j'avais vécu, je ne me gênais
pas pour dire tout ce que je pensais en politique aux fils
de M. de la Bouillerie, mes élèves.

La veille du jour où les fameuses ordonnances paru-
rent au *Moniteur*, M. Louis de la Bouillerie m'annonça
la chose, en me ricanant sous le nez.

Je lui annonçai, moi, que j'allais me rendre à l'École
des Beaux-Arts, et que j'entraînerais le plus grand
nombre possible de mes camarades, et que si ces messieurs descendaient dans la rue, ils nous trouveraient en
face d'eux.

Je réunis dans mon petit atelier de quoi armer une
demi-douzaine de mes camarades de l'école, parmi lesquels se trouvait un fort gaillard, nommé Demetz, élève
peintre de l'atelier de Gros, qui, ayant obtenu les épau-
lettes de sous-lieutenant à la suite de la révolution de
juillet, mourut en Afrique officier d'état-major.

Ce fut le second jour, le 28, que notre petite phalange sortit en armes de la maison de la rue Furstemberg, non sans produire une vive sensation dans ce quartier si tranquille.

Déjà la veille, m'étant trouvé avec mon camarade Victor Baltard, l'architecte, j'avais vu fuir, à la suite de deux coups de fusils, les bons gendarmes qui gardaient l'hôtel du général commandant la place de Paris.

« Tirons-nous, Baltard ? » demandai-je à mon camarade.

Sans me répondre, il se campe crânement au milieu de la rue, les jambes écartées, les pieds posés de chaque côté du ruisseau, il épaule son fusil et tire ; j'en fais autant. Mais l'honneur du premier coup appartient à Baltard.

La veille, j'étais allé faire sortir ma mère de la maison criblée de balles qu'elle habitait rue du Mouton, n° 9.

Au premier étage demeurait la mère de Ledru-Rollin.

L'on m'a raconté alors que Ledru-Rollin, qui pourtant avait mon âge, s'était, par tendresse filiale, laissé enfermer par sa mère.

Ayant donné mon fusil à mon camarade Demetz et n'ayant gardé qu'une épée, je fus chargé de commander un peloton qui, de la prison de l'Abbaye, allait porter à l'Odéon des balles fabriquées avec le plomb des gouttières de la prison militaire, pour un groupe assez nombreux qui se formait en légion.

Les balles distribuées, un nommé Delannoy, en costume de l'École polytechnique, et à cheval, se mit à notre tête.

L'on nous jetait des masses de papier pour fabriquer

des cartouches, les femmes nous applaudissaient. C'était un délire général. Je m'étais placé au premier rang avec mon épée, et les camarades m'obligèrent de leur servir d'officier et de sortir de mon rang.

Rue du Four, je proposai à Delannoy de former des groupes par compagnies.

« Faites, faites, » me répondit Delannoy.

Et, tout en marchant, je mis à la tête de ces compagnies improvisées un homme portant un uniforme, ici un élève de l'École polytechnique, là un sergent de la ligne, plus loin un pompier.

A la Croix-Rouge, Delannoy m'apprit que nous allions attaquer la caserne Babylone où les Suisses s'étaient retranchés.

Je dis à Delannoy qu'il serait convenable de tâter d'abord le terrain en envoyant une compagnie d'éclaireurs.

« Faites, faites, » répondit Delannoy.

Montant alors sur une barricade, je demandai d'anciens militaires. Une quarantaine d'hommes solides se présentèrent. Nous partîmes en avant.

Rue Hillerin-Bertin, un polytechnicien, qui marchait à ma gauche, nous dit qu'avant d'attaquer il convenait d'envoyer un parlementaire et qu'il se chargeait de cette mission.

Les Suisses, qui étaient à l'affût à leurs fenêtres, garnies de matelas, firent feu sur notre parlementaire.

Ce dernier, M. Solignac, qui était un beau jeune homme, de haute taille, me parut un héros en ce moment-là.

« Ils ne veulent rien entendre, » nous dit-il en se retournant vers nous, calme, le bras levé, le mouchoir blanc à la main.

Dès la première décharge des Suisses, nous étions près de lui. Une partie de nos hommes me suivit, je pris position, à l'angle de la rue de Babylone, contre une palissade en planches, qui fermait les terrains où a été construite la rue Vanneau depuis 1830.

Là nous eûmes à essuyer, non-seulement le feu des Suisses, mais encore celui de nos camarades qui, entendant la fusillade s'étaient mis en marche et nous tiraient dans le dos.

La caserne était entourée de tous côtés, mais les Suisses ne se rendaient toujours pas. Ce fut un pompier qui eut la bonne idée de mettre le feu à la porte de la caserne, du côté de la rue de Babylone où nous étions. Un vieux canon de fer rouillé, que la colonne avait pris en passant au musée d'artillerie, fut braqué devant la porte, qui fut bientôt défoncée et brûlée ; et la foule armée se répandit à flots dans la caserne.

Un quart d'heure auparavant, un coup de feu avait jeté par terre un brave tailleur de pierre, au moment où il se plaçait devant moi, pour me faire un bouclier de son corps.

Un moment après, je vois le danger qui menace nos hommes montés sur le chaperon des murs de la caserne ; de mon épée je relève énergiquement une dizaine de canons de fusil braqués contre nous de la porte d'un chantier qui vient de s'ouvrir comme par enchantement.

Parmi ces fusils, je venais de reconnaître, entre ses

mains, celui que j'avais donné à mon camarade Demetz,
qui allait me foudroyer à bout portant.

De l'autre côté de la rue j'aperçus des citoyens à mine
suspecte, qui grimpés sur le toit d'un appentis, sous
prétexte d'aider à la prise de la caserne, prise depuis
quelque temps déjà, s'occupaient de faire leur coup.

J'entrai dans la cour de cette maison, et, dissimulant
ma pensée, je leur offris de boire avec les hommes qui
m'avaient suivi, le vin mêlé d'eau que j'avais demandé
aux domestiques de la maison. Puis je fis sortir tout le
monde, après avoir recommandé aux domestiques deux
vieillards sourds, le mari et la femme, qui étaient tranquillement assis dans un grand salon inondé de soleil,
du côté du jardin.

La rue de Babylone, où je revins offrait aux regards
le tableau le plus animé. La foule grouillait à la fenêtre
principale, située au milieu de l'édifice, et poussait des
cris de joie. Un élève de l'École polytechnique agitait un
drapeau tricolore sur un balcon, aux applaudissements
d'une foule noire de poudre et couverte de poussière.

Chargé de rendre compte, à notre espèce de quartier
général de l'Odéon, de la prise de la caserne Babylone,
j'appris là qu'à la même heure on avait pris le Louvre
et les Tuileries.

XIV

Dans de pareils moments, le besoin d'ordre se fait immédiatement sentir.

La garde nationale est dès la première heure improvisée avec son équipement et son costume : habit noir boutonné, chapeau rond avec une cocarde tricolore, sabre et giberne avec buffleterie blanche croisée sur la poitrine.

Paul Delaroche et Eugène Lami, dans ce costume de soldats citoyens, furent des premiers de notre quartier à entrer dans cette garde nationale et en faire le service.

Au petit poste de la rue des Petits-Augustins, aujourd'hui rue Bonaparte, je faillis être victime de la maladresse d'un de nos camarades, qui me jeta en pleine poitrine, du côté de la baïonnette, un gros mousqueton chargé jusqu'à la gueule.

Le coup partit, la balle m'enleva des poils de ma barbe, et, me frôlant la mâchoire, alla percer deux étages de plafond. En se jetant précipitamment dehors, tout le monde me crut mort ; quand je sortis du petit corps de garde, qu'emplissait une fumée bleue, j'étais, me dit Paul Delaroche, enveloppé comme d'une auréole.

Dans la nuit du jeudi 29 au vendredi 30 juillet, un effroyable orage se déchaîne sur Paris; à une heure du matin, je fus mis en faction à la porte de la caserne du quai d'Orsay, celle des gardes du corps du roi.

A deux heures du matin, il ne se trouvait plus personne au poste.

Les quelques passants que je vis venir du côté de Passy m'annonçaient, effrayés, qu'ils avaient vu l'artillerie revenir sur Paris.

Pourtant je ne quittai pas la place, me sentant seul responsable de ce qui pouvait arriver.

Mais quand le soleil se leva, je me sentis plus à mon aise.

Dans la journée, on nous demanda pour aller au Louvre, garder nos richesses artistiques.

La plupart des artistes connus se trouvaient réunis au corps de garde du musée, qu'occupaient alors de braves gens du peuple, qui avaient pris le Louvre et qui se seraient fait tuer pour protéger les collections du musée.

M. de Cailleux voulut, d'une façon assez cavalière, renvoyer de leur poste ces braves gens.

Nommé sous-chef du poste par les artistes, je priai M. de Cailleux de nous laisser nous arranger avec ceux que nous allions relever de faction.

En effet, j'expliquai à ces hommes que ceux qui venaient les relever de faction étaient les premiers artistes français, les leur nommant en les désignant du doigt. Dès lors il n'y eut plus de leur part aucune résistance,

Déjà la veille, j'avais été assez heureux pour empêcher un conflit qui allait éclater entre des ouvriers et des bourgeois, lesquels bourgeois, se voyant en nombre, voulaient désarmer leurs camarades ouvriers.

A cause de son étrangeté, la nuit de garde que je passai au Louvre en cette circonstance doit être racontée avec quelques détails.

M. de Cailleux, qui convoitait la place de directeur du Musée, gracieux contre son ordinaire avec les artistes, nous fit servir fort convenablement à dîner par un restaurateur du quartier.

Ayant voulu mettre un fusil dans les mains de M. Ingrès, je le vis, non sans quelque embarras, repousser d'un geste qui lui était particulier l'honneur de toucher à cette arme meurtrière.

Heureusement, j'aperçus dans un coin du corps de garde un grand sabre de cuirassier, muni de sa dragonne ; je le mis entre les mains de M. Ingrès, et allai le placer de faction dans un endroit où je ne le perdais pas de vue, ce qu'il m'avait demandé avec instance.

Déjà l'avant-veille, m'ayant aperçu rue Mazarine, le même M. Ingrès m'avait crié de sa fenêtre de ne pas le perdre de vue. Quand je le relevai de faction, il était tout fier de sa belle conduite militaire.

Dans la soirée du samedi 31, Adolphe Asseline, de la maison du duc d'Orléans, qui savait que j'étais de garde au Louvre, vint m'annoncer que le duc d'Orléans était nommé lieutenant général du royaume. Je reçus assez mal ses confidences ; flairant une intrigue, je ne lui dissimulai point que pour moi, à dater de ce moment, j'étais républicain.

Comme m'avait chargé de le faire M. Picot, notre chef de poste, j'allais relever les sentinelles placées de distance en distance dans les grandes salles, avec Paul Delaroche et Gérard Séguin ; nous nous en donnions à cœur joie de rire sur les incidents grotesques qui se renouvelaient à chaque levée des sentinelles artistes. Je plaçai Eugène Devéria et Eugène Delacroix au musée égyptien, M. Ingres à la travée de l'école italienne, avec mission de garder les Raphaël ; je mis Paulin-Guérin en face des Rubens.

A deux heures du matin, débouchant dans le grand salon carré, accompagné de ceux qui devaient relever la faction, munis d'une lanterne sourde, nous entendîmes tout à coup un grand bruit de voix dans la galerie du bord de l'eau. Nous hâtâmes le pas, et nous trouvâmes bientôt M. Ingres et Paulin-Guérin qui, à la suite d'une discussion sur Raphaël, en étaient arrivés au paroxysme de la fureur.

Paulin-Guérin grand et fort, ne parlait plus, il aboyait horriblement ; M. Ingres, rond et petit, écumait de rage. Heureusement ils avaient l'un et l'autre déposé leurs armes à la place où je les avais mis en faction, M. Ingres son grand sabre, et Paulin-Guérin son fusil de munition.

Distrait par cette scène comique, j'avais oublié moi-même de relever de faction Eugène Delacroix et Eugène Devéria ; quand, à la faction suivante, je les relevai, il faisait jour et ils étaient bleus et verts du froid de la nuit.

. Les deux jeunes maîtres de l'école coloriste française moderne avaient fidèlement gardé leurs postes, sans échanger entre eux un seul mot. Il est vrai de dire qu'Eugène Devéria dormait profondément, couché à côté d'une momie, au moment où je vins lui demander le mot d'ordre et le mot de ralliement.

Après quatre jours et quatre nuits passés comme on vient de voir, et sans une minute de sommeil, je pus regagner mon logis situé au cinquième étage de la maison n° 8 *ter* que j'habitais place Furstemberg.

Quelques jours après, l'escamotage que j'avais prévu s'étant accompli, nous rentrâmes en loges, afin de continuer notre concours pour le grand prix de Rome.

Je n'obtins pas le prix, et je renonçai aux concours à l'âge de vingt-deux ans, ayant encore huit fois à concourir.

M. Charles Lenormant, alors directeur des Beaux-Arts, m'ayant offert une pension pour continuer la chance des concours, je la refusai à ces conditions, mais j'acceptai à condition que je ne resterais pas à l'école, mais que j'irais pendant deux années en Italie pour compléter mes études et produire un ouvrage me donnant le droit d'espérer ma part dans les travaux commandés par le gouvernement de mon pays.

Voici la lettre que M. Charles Lenormant eut la bonté de m'apporter lui-même.

Paris, 26 octobre 1830.

» Monsieur, je m'empresse de vous prévenir que, par
» arrêté du 16 octobre courant, j'ai décidé qu'il vous

» serait alloué une indemnité de 1500 francs pendant
» deux ans, pour favoriser vos études de sculpture, en
» Italie. Cette indemnité, qui commencera à courir du
» 1er novembre prochain, vous sera délivrée par tri-
» mestre et à Rome seulement, à l'exception des deux
» premiers trimestres qui vous seront payés avant votre
» départ.

» Recevez, monsieur, l'assurance de ma parfaite con-
» sidération.

» *Le Ministre secrétaire d'État de l'Intérieur,*

» GUIZOT. »

XV

Je quittai Paris le 28 octobre, allant visiter cette Italie si tendrement caressée dans mes rêves.

Ce fut par un beau clair de lune que, sur l'impériale de la diligence de Turin, j'arrivai sur le point culminant du mont Cenis, où j'eus sous les yeux un tableau d'un effet saisissant.

Je trouvai à Turin d'admirables portraits de Titien et de Rembrandt et une belle collection au musée égyptien ; mais quant à la ville elle-même, c'est en Italie la dernière que je voudrais habiter.

De Turin je me rendis à Gênes, côtoyant le Pô. Je traversai la vaste plaine de Marengo qui réveilla dans mon cerveau bien des souvenirs.

« Là, à droite, me disait mon cocher, est la place où fut le trône élevé à Napoléon » et moi, de me souvenir de notre bon vieux chansonnier Béranger, de son grenier à vingt ans ; « *à Marengo, Bonaparte est vainqueur.* »

A une lieue de Novi, j'eus sous les yeux un des plus

beaux tableaux de la nature qu'il me sera donné de jamais voir.

En face de moi, au levant, se dressait la chaîne des Apennins d'un bleu noirâtre ; le soleil du couchant éclairait splendidement la grande chaîne des Alpes, qui se réunissant aux Apennins nous environnaient de toutes parts.

Du sommet de la Bochetta, passage qu'autrefois les brigands ont rendu célèbre, j'aperçois, à l'heure de midi, à une grande distance, derrière des montagnes bleues, une nappe d'eau immense qui miroite au soleil.

« Grand Dieu ! m'écriai-je, qu'est-ce qu'il y a là-bas, là-bas ?

— C'est la mer, » me répond mon conducteur.

Je fus bouleversé.

Car c'était la première fois que je voyais la mer, ce qui va paraître singulier à mes lecteurs parisiens de 1875, lesquels pour la somme de 10 francs peuvent, le dimanche, jouir du spectacle de l'Océan.

Je visitai la belle ville de Gênes, ses beaux palais aux escaliers de marbre, ses églises fastueuses, ornées de peintures et de sculptures, riches par les métaux précieux, mais en général dépourvues de goût.

Il faut pourtant excepter un *Saint-Sébastien martyr* à Carignano, un des chefs-d'œuvre de Puget, et à l'église Saint-Ambroise le plus magnifique tableau peut-être de Rubens, et qui, à lui tout seul, mériterait le voyage d'Italie. Cela est éclatant et harmonieux, d'un faire et d'une couleur que Rubens seul pouvait trouver.

Ce qui m'étonnait plus que le palais des Doria, c'étaient les petites madones avec leurs lampes toujours allumées placées au coin de presque toutes les rues, et le nombre incroyable des mendiants, couverts de haillons et dévorés de vermine, qui grouillaient et pullulaient partout.

Lors de mon premier voyage en Suisse, en 1828, j'avais déjà remarqué que les cantons protestants n'avaient pas de mendiants, tandis que les cantons catholiques en avaient en abondance.

De Gênes, je partis pour Pise. J'avais pour compagnon de voyage un fils de bourgeois très-prétentieux et très-ennuyeux. Quand par bonheur il gardait le silence, je contemplais la riche nature de cette belle rivière de Gênes. C'étaient d'un côté des orangers et des citronniers, et de l'autre la mer bleue venant se briser sur les rochers, et tout cela éclairé par un soleil splendide.

La nuit venue, une pluie torrentielle nous força de coucher à Sistri, où nous eûmes un souper impossible et, après, un lit plus impossible encore, d'abord à cause des puces innombrables et affamées qui l'habitaient, et en second lieu à cause de l'épouvantable orage qui, toute la nuit, ébranla la maison sur le rocher où elle était bâtie au bord de la mer.

Le lendemain, notre cocher nous versa, nous fûmes peu d'heures après obligés de porter notre cabriolet de l'autre côté de la Macra, torrent grossi par les pluies de la nuit.

A la Spezzia, où nous arrivâmes trempés jusqu'aux os, nous trouvâmes à table nombre de voyageurs amenés par deux vetturini.

Parmi ces voyageurs se trouvait un jeune Marseillais, voyageur de commerce, très-vantard, comme sont généralement les gens de sa profession. Ayant appris par nos passeports que nous arrivions de Paris, il se mit à se vanter d'avoir pris, en juillet, le Louvre, les Tuileries, Vincennes, et la caserne de Babylone.

En ce moment, notre cocher vint nous parler d'une manière peu polie, en réponse à des réclamations qui lui étaient adressées par mon compagnon de voyage.

Apprenant que notre cocher nous avait versés, le jeune Marseillais se mit à invectiver notre homme et à le menacer en fort bon italien.

Notre cocher, pâle de colère, saisissant sur la table un couteau à découper, le lança sur le commis voyageur. Le couteau, qui n'atteint personne heureusement, va se planter dans une boiserie, à une profondeur de plusieurs pouces ; le jeune Marseillais tomba alors à coups de pieds et à coups de poings sur le vetturino, qu'on eut beaucoup de peine à lui arracher des mains.

Le lendemain, le temps s'étant remis, nous pûmes monter aux carrières de Carrare. J'étais curieux de voir ces carrières ; je remarquai que, pour extraire des blocs de toutes dimensions et de plusieurs couleurs, on employait la mine en travers du lit et des coins le long du fil, pour faire sauter l'éclat.

Je visitai les ateliers de praticiens, de fabricants de vases, de coupes et de tous les objets qui forment le commerce du pays. Il y avait en ce moment à Carrare les statues colossales du Christ et des douze apôtres de Thorwaldsen, beau travail important sans doute, où respire la grandeur, mais auquel pourtant je préférai une statuette de Bartolini, représentant un jeune enfant de dix à douze ans, pressant de ses pieds du raisin dans une petite tonne.

Cette charmante petite statue, appelée souvent le *Bacchus de Bartolini*, est tout simplement *un jeune vendangeur*.

Après avoir visité Lucques, jolie ville qui, avec ses églises revêtues à l'intérieur et à l'extérieur de marbre noir et de marbre blanc, a l'air d'être toujours en deuil; nous entrâmes dans le fertile territoire de Pise, ayant passé dans la même journée par trois États différents, ceux de Parme, de Lucques et de Toscane, ayant par conséquent trois fois par jour payé à la douane.

Quand donc les peuples seront-ils assez éclairés pour supprimer cette maudite invention de la Douane, qui est un obstacle ruineux et vexatoire à la liberté des hommes?

XVI

Il est bien certain que tout artiste, si fort qu'il soit, est impuissant devant les œuvres de la nature ; et cette impuissance, plus il a de génie, plus il la sent.

Car l'art a ses limites. Il y a des moments où nous touchons à Dieu, mais c'est seulement par éclairs, et mille fois heureux celui qui a eu dans l'art son heure de lumière divine sur la terre.

Tout ce que nous pouvons faire, c'est nous résigner, en apprenant les secrets, les moyens de l'art par les œuvres des maîtres, puis, possesseurs de ces secrets, nous devons n'avoir d'yeux de foi et d'amour que pour la nature.

A Paris, je m'étais déjà posé le problème à résoudre pour tout artiste moderne.

Il peut se résumer ainsi : partir des Grecs, de Phidias, des monuments d'Athènes, de Léonard de Vinci, de Raphaël, du Titien, puis fouiller en soi-même, interroger son âme, exprimer ses sentiments, prenant pour guide, sans jamais s'en écarter un instant, la nature, la seule inspiratrice des grands artistes passés, présents et futurs.

Or je me trouvais à Pise, où l'instruction pour le jeune artiste coule à flots, depuis le sarcophage grec, qui servit aux frères Pisani à la renaissance de la sculpture en Italie, sur la donnée des anciens, jusqu'au Campo Santo, si riche en peinture, en sculpture, en fragments de toutes les époques de l'art.

La place de la cathédrale, avec son baptistère à gauche, son campanile, sa tour penchée à droite, le Campo Santo en face, tout cela forme une réunion harmonieuse du plus bel art italien en architecture, en sculpture et en peinture du commencement de ces beaux premiers siècles de la renaissance de l'art.

Un artiste devrait, comme je l'ai fait, commencer ses études en Italie par Pise, vivre, comme j'ai vécu dans le Campo Santo, copiant les fresques sévères de l'Orcagna, qui semblent avoir été peintes par Dante, celles du Benozzo-Gozzoli, des peintures du Cimabuë et du Giotto.

Tout dans cette ville riche et sérieuse est un beau sujet d'études.

Entraîné par mon instinct, devant ces monuments, je me sentais architecte et je relevais des détails d'architecture, des plans d'ensemble des édifices, comme à Gênes ; mais quelle différence !

A Gênes, les choses sont lourdes et fastueuses ; les œuvres de sculpture, d'architecture et de peinture se heurtent entre elles sans délicatesse et sans goût ; à Pise, au contraire, c'est une même langue qui s'*exprime* en architecture, en sculpture et en peinture.

On se sent peintre devant la peinture si naïve de ces premiers maîtres italiens, élèves des Grecs ; on se sent également sculpteur comme eux en même temps qu'architecte.

Ils procèdent si simplement, si naturellement et tellement de la même façon dans les trois arts, qu'il leur serait impossible de les isoler l'un de l'autre.

Aussi, les vrais artistes sont-ils à la fois archi-tectes, peintres, sculpteurs, musiciens et poëtes !

Ce n'est qu'en commençant par le commencement, par les primitifs les plus naïfs et en même temps les plus savants, comme le Masaccio, qu'il est possible d'espérer de bons ouvrages puisés à la grande source de la nature et du vrai.

C'est donc à Pise, d'abord, que l'on devrait envoyer les élèves, non pour qu'ils se fissent les imitateurs ser-viles des grands maîtres naïfs, mais pour qu'ils pussent commencer par ce qu'il y a de plus élémentaire, de plus simple et de plus facile à comprendre, afin de s'élever ensuite à la hauteur des grandes manifestations de l'art.

Arrivé à Florence, j'allai loger chez une madame Papi, padrona di casa, dont l'adresse m'avait été donnée, à Paris, par mon camarade Léon Cuny.

Ma première visite fut pour Michel-Ange, pour la fameuse chapelle des Médicis, à San Lorenzo. Je restai là cloué pendant plusieurs heures devant ce colossal Michel-Ange ; je sortis de cette chapelle la tête en feu ; m'étant fait conduire en voiture chez madame Papi, j'eus une fièvre qui me tint dix jours à ma chambre.

Je voyais continuellement devant mes yeux, dans mes rêves, l'étonnante statue du *Pensieroso*.

Quand je visitai les cloîtres, en étudiant les peintures de Angelico, de Masaccio, du Ghirlandaio, de Fiesole, je remarquai que ces premiers maîtres, si simples, si naïfs, si vrais, au lieu de me donner la fièvre comme Michel-Ange, me calmaient et me rendaient heureux.

Quand je visitai pour la première fois la belle galerie des Offices, je ne puis rendre la sensation extraordinaire que fit naître chez moi la vue de tant de chefs-d'œuvre. Entre autres raretés, il faut admirer cette tribune si enviée de l'Europe civilisée, où, à côté de la *Vénus* de Médicis, se trouve le fameux *Faune* restauré par Michel-Ange. Il faut voir les deux *Vénus* du Titien, six tableaux de Raphaël, le *saint Jean*, la *Fornarina*, le plus beau portrait de femme de sa seconde manière; les *Parques*, de Michel-Ange, etc.

Les autres salles sont aussi toutes remplies de chefs-d'œuvre. Dans une de ces salles se trouvent réunis tous les portraits des plus grands artistes, peints par eux-mêmes; à côté du portrait de Raphaël et de Masaccio, on voit celui de Rubens, de Léonard de Vinci et de tous les autres grands maîtres d'Italie, des Flandres, d'Espagne, d'Allemagne et de France.

La plus belle collection des dessins de Léonard de Vinci, qui sont admirables, et des autres grands maîtres, est certainement celle que je vis chez le directeur de la Galerie degli Offizi, à Florence.

Un petit couloir qui conduisait chez le directeur était orné, à droite et à gauche, de délicieux bas-reliefs en

marbre grecs, romains, mais surtout florentins ; c'est
là que sont les *Chanteurs* de Lucca della Robbia.

Le froid ne me permettant plus de travailler dans les
cloîtres, je donnai tout mon temps à la galerie des
Offices. J'y fis une copie, avec tout le soin possible, de
la belle *Flore*, du Titien, de même grandeur que
l'original, qui est le portrait de la maîtresse du peintre.

J'avais si peu fait de peinture, et pourtant il me fallait,
là, peindre en public !

Je fis aussi une esquisse peinte de la *Vénus couchée*,
du Titien, une aquarelle du portrait de Masaccio ; je
dessinai les bas-reliefs de Lucca della Robbia, d'autres
bas-reliefs et statues.

Ma journée de travail terminée agli Offizi, j'allais rêver au clair de lune sur la place du Grand-Duc, au
Longarno ; quelquefois à la promenade des Cascines.

J'allai souvent, à la galerie Pitti, prier Dieu devant la
Vierge à la chaise, du divin Raphaël, ou encore devant
son admirable portrait de Léon X.

Cette galerie Pitti suffirait à la gloire d'une nation ;
et, à Florence, il y a tant d'autres merveilles !

XVII

Sans perdre jamais une journée de travail, j'assistais
à des fêtes magnifiques, à des bals comme je n'en avais
pas encore vus à Paris.

Chez le prince Borghèse, l'hospitalité avait un charme
tout à fait touchant. La belle comtesse Mozzi, encore
dans tout l'éclat de sa beauté, était ma reine. Elle
m'avait accueilli avec tant de bonté dès la première soirée où je lui avais remis ma lettre d'introduction!

Elle m'avait mené avec elle au théâtre, car elle montait en voiture pour s'y rendre, au moment où je la
voyais pour la première fois.

Sachant que je venais de Paris et que je m'étais
battu en juillet, elle me fit tout de suite ses confidences.
Elle me raconta que, n'ayant pas encore quinze ans,
avant même d'être sortie du couvent, elle avait été
mariée au comte Mozzi. Son mari l'ayant fort négligée,
elle était devenue l'amie du beau, de l'élégant marquis
de Lucchesini.

Lucchesini donnait peut-être, en l'honneur de sa

dame, les plus belles fêtes auxquelles j'aie jamais assisté.

Ce soir-là, la comtesse Mozzi, coiffée d'une couronne d'or, était d'une beauté éblouissante. C'était le plus admirable type italién : des épaules magnifiques, des yeux et des cheveux noirs.

J'essayai de valser avec elle. Mais cela me fut impossible, mes jambes se dérobèrent sous moi.

Le palais habité par Lucchesini était resplendissant de lumières. Sous le portique, on voyait une compagnie de grenadiers autrichiens ; au bas de l'escalier garni de fleurs, cinquante laquais en livrée galonnés.

Au premier étage, il y avait douze pages élégants ; dans la salle suivante, douze jolies soubrettes étaient là pour rétablir les toilettes des dames. Les invités tournaient en suivant des salons qui se succédaient tout autour d'une grande salle centrale, restée fermée, et d'où s'échappaient les sons harmonieux d'une musique brillante, lesquels annonçaient que là serait le bal.

Quand les portes de la salle de danse s'ouvrirent, ce fut comme un élan général de tous les cœurs vers le plaisir, et cela, sans bruit, *in petto*, comme disent les Italiens.

Je m'arrachai aux séductions de ces fêtes, et à partir de ce jour je ne remis plus le pied dans aucun salon.

La température s'étant adoucie, j'allai dessiner, d'après Michel-Ange, les marbres étonnants de la chapelle des Médicis ; en compagnie du bon Vibert, le graveur, je travaillai à l'aquarelle, d'après les fresques d'Andrea del Sarto, à la Santissima Annonciata.

Dans l'église del Carmine, je fis également des aquarelles d'après les chefs-d'œuvre de Masaccio. Je dessinai les bas-reliefs des portes du baptistère de Ghiberti, dignes d'être les portes du paradis, disait Michel-Ange.

Ainsi, dans les églises, dans les cloîtres, à l'Académie, dans les palais, partout enfin j'interrogeais les grands maîtres de l'art, qui sont, comme tous les vrais artistes, ainsi que nous l'avons dit plus haut, architectes, peintres, sculpteurs, musiciens et poëtes.

Depuis bientôt trois mois, je me livrais à l'étude avec ardeur, comprenant que, si je me laissais entraîner par les plaisirs de Florence, même modérément, mon travail en souffrirait.

La France, qui m'avait donné une indemnité pour m'aider à compléter mes études, remplaçant de cette façon le grand prix qui m'avait été ravi, n'avait-elle pas le droit d'exiger mon dévouement tout entier au travail?

Mon intention était d'aller voir Venise, Parme, Bologne, avant de venir à Rome exécuter l'œuvre qui devait plus tard fonder ma réputation à Paris.

L'occasion de réaliser mon projet se présenta bientôt.

XVIII

Dans les salons de Florence, comme partout ailleurs, du reste, je soutenais ouvertement et énergiquement mes opinions politiques avancées, républicaines, en un mot. Un jour surtout, mes aveux éclatèrent; ce fut lorsque, chez la marquise Orlandini, sœur de madame Mozzi, un avocat vint annoncer le soulèvement de la Pologne.

J'entendais parler vaguement de mouvements révolutionnaires du côté de Bologne; je n'y tenais plus. Sur ma route de Chambéry à Turin, du reste, à Gênes, à Pise, et jusque dans les salons de l'aristocratie, à Florence, on était pour l'Italie contre l'Autriche, pour les peuples contre les rois. Je brûlais, tout en allant étudier les beaux ouvrages des grands maîtres dans le nord de l'Italie, d'aider selon mes forces les Italiens à secouer le joug de l'Autriche.

Ayant obtenu, sur mon passe-port, le visa de l'Autriche, par l'entremise d'une dame influente, je cherchai une voiture pour partir le lendemain matin pour Bologne. Ce n'était pas chose facile.

Tous les vetturini me répondaient que là il y avait *della fusillata* (de la fusillade); et ils refusaient de partir. Enfin, le cocher d'un cabriolet à quatre roues consentit à me conduire à Bologne.

Il fut convenu que, le lendemain, il serait à ma porte, à quatre heures du matin, via Lambertesca.

J'allai dîner *alla trattoria delle stelle* où dînaient tous les artistes français, et Sturler entre autres, que je connaissais depuis 1825; je leur annonçai que je partais pour Venise. M. Legault, me dit que je n'y arriverais pas.

Je venais d'entrer dans un petit café pour lire les journaux, lorsque Clément Boulanger arriva, qui me cherchait pour me faire ses adieux, et m'emmener chez lui pour que je pusse dire adieu à sa jeune et jolie femme.

C'était une Parisienne très-intelligente, tant soit peu coquette, qui me témoignait une certaine reconnaissance de ce que j'emmenais le plus souvent possible son mari dessiner avec moi dans les cloîtres; et aussi peut-être pour son buste que j'avais modelé en terre, mais qui ne fut pas moulé.

Je fais mes adieux à cette dame et me dispose à partir, mais Clément Boulanger, qui s'était déguisé en affreux Turc d'Alger, ferme la porte à double tour et m'annonce que nous allons au théâtre de la Pergola. Nous étions en plein carnaval.

Un charmant domino bleu clair, en satin, était étalé sur un meuble. Madame Boulanger ne voulant pas entrer avec son mari, dans son affreux déguisement de Turc d'Alger, la petite femme de mon camarade comptait sur moi pour l'accompagner.

J'essayai de résister, mais ce que femme veut le diable l'exécute.

Je me laisse habiller en femme, pour servir de camériste au domino satin bleu tendre. Ne voulant pas sacrifier ma barbe, que je laissais pousser tout entière depuis un grand mois que j'avais abandonné les salons de Florence, je fis coudre à mon masque noir un morceau de soie de même couleur, si bien que mon costume était complétement noir. En entrant dans la salle de bal, à la Pergola, nous eûmes un énorme succès.

Ayant saisi le bras de M. de Walabrégue, fils de Mme Catalani, que je connaissais et qui était en tenue de ville, ce qui me donna l'air d'une dame de bonne compagnie, je me mis à intriguer les plus habiles. Je prenais, dans ma voix de tête, de ces sons qui n'ont pas de sexe, et personne ne put deviner qui j'étais.

M. de Walabrégue me racontait les aventures de ces messieurs et de ces dames. A son bras; j'entrais dans toutes les loges, et à tous je disais des choses qu'ils étaient bien surpris d'entendre.

Mme la comtesse Orloff, charmante actrice, transfuge de l'Odéon, fut une de mes victimes. Le prince Napoléon-Louis Bonaparte, qui se trouvait à cette fête, eut sa bonne part de mes quolibets, ainsi que ses cousins et cousines.

On me désignait comme devant être la comtesse Pucci, tout le monde prétendant qu'elle seule, à Florence, avait cette tournure et surtout cette voix.

Vers minuit, le prince Corsini, qui était ministre de l'intérieur du grand-duc de Toscane, entra au bal. Je l'abordai avec des mots assez lestes, comme bien souvent il m'avait provoqué de le faire dans les salons où je l'avais rencontré. Il me répondit sèchement, et comme j'insistais pour le dérider, impatient et sans rire, il me jeta ces mots significatifs et passablement lugubres dans un bal masqué : « *Basta, basta, questa sera, bisogna canonni, bisogna fusilii.* Suffit! suffit! Ce soir il faut des canons, il faut des fusils. »

Avant deux heures du matin, comme j'étais encore sous le coup de ce que je venais d'entendre en quittant le prince Corsini, une compagnie de grenadiers autrichiens entrait l'arme au bras, au parterre du théâtre, et, enveloppant un groupe refoulé dans un coin de la salle, se disposait à faire des arrestations.

Songeant à mon déguisement, à ma barbe noire, dans un pays de conspirateurs, à un moment comme celui où nous étions en février 1831, je me hâtai, plein d'inquiétude, de rentrer chez moi, où je changeai de costume.

Quatre heures sonnèrent bientôt à toutes les horloges des environs. Je descendis, éclairé par la lampe que tenait la signora Papi, demi-vêtu, car il faisait grande nuit.

A la porte, mon cabriolet à quatre roues m'attendait.

Au moment où je mets le pied sur le marche-pied, un homme, enveloppé d'un large manteau, assis dans le coin de la voiture, me dit en bon français :

« Ne questionnez pas le cocher, je vous prie, monsieur, c'est presque malgré lui que je suis monté dans la voiture ; veuillez me rendre le service de me faire sortir de Florence, et je vous dirai qui je suis.

— Avec grand plaisir, » répondis-je à l'homme au grand manteau.

La nuit était sombre ; il me sembla que cet imbroglio faisait suite aux aventures de la nuit si accidentée que je venais de passer au bal masqué.

A la porte San Gallo, un vieux sergent en uniforme vint maugréant, se frottant les yeux ; je lui jetai une piastre, il me traita d'Excellence et m'ouvrit la porte à deux battants, sans me demander mon passe-port.

Quand il fit jour, je pus voir la figure de mon compagnon de voyage, qui parlait parfaitement le français, et n'était autre que le professeur de physique Melloni, de Parme, exilé à Florence pour cause politique.

Avant de quitter Paris, j'avais arrêté un plan d'études pour mon voyage en Italie. Je ne songeais certes pas alors que j'aurais à me mêler de la politique de ce pays. Mais ma conduite pendant les journées de juillet, tout mon passé enfin, me faisaient un devoir de me mettre au service de ce que je croyais être la cause des peuples de l'Italie moderne.

XIX

Ce fut pour M. Melloni une marche triomphale, depuis les confins des États du pape jusqu'au palais du
prolégat de Bologne, où notre cabriolet nous conduisit
directement.

Dans ce palais siégeait le gouvernement provisoire
issu du mouvement révolutionnaire qui avait chassé de
la ville les autorités papales.

M. Melloni me présenta à ces messieurs comme un
ami de la liberté italienne. Ces messieurs ne me dissi-
mulèrent pas qu'ils craignaient beaucoup que le gouvernement français ne maintînt pas, aussi fermement qu'il
l'avait promis, le principe de non-intervention. Je leur
dis que, puisqu'ils étaient cernés d'un côté par la police
des Autrichiens et de l'autre par la police du Piémont,
je leur offrais le moyen de faire parvenir sûrement à
Paris des nouvelles exactes concernant les événements.

M. Asseline, attaché au secrétariat du jeune duc
d'Orléans, m'avait offert de sa part, lors de mon départ
pour l'Italie, d'adresser toutes mes lettres sous son couvert.

Ces messieurs furent enchantés, et j'adressai à Paris, au duc d'Orléans, ce récit des événements qu'ils me dictèrent. Ils m'exposèrent alors leur plan politique pour l'organisation de l'Italie. Ce plan, très-logique du reste, consistait à faire de l'Italie ce que sa géographie et son histoire conseillent : une république fédérative. A peine ma lettre était-elle envoyée à la poste, que ces messieurs, surtout le professeur Orioli, se consultant avec M. Melloni, qui allait immédiatement soulever l'État de Parme, me demandèrent, sans rien me cacher du danger que je courais, si je voudrais remettre des lettres à des chefs vénitiens. Je leur dis que je serais heureux de leur rendre ce service.

Pendant que les lettres s'écrivaient, je fus conduit chez une belle dame dont la maison était tout entière remplie de patriotes italiens. Là je fus accueilli avec une vive sympathie, et mon nom fut écrit devant moi sur la liste d'honneur des défenseurs dévoués de la cause italienne.

Je vins bientôt prendre les lettres qui pouvaient fort bien me faire fusiller ou m'envoyer sous les plombs de Venise, et de là au Spitzberg.

Prenant à peine le temps de souper, je montai en voiture, tout seul, me rendant à Venise en passant par Ferrare, pendant que M. Melloni se rendait à Parme. Il fut convenu que, pour éviter la rencontre perpétuelle de la police autrichienne, je gagnerais nuitamment le Pô, al Ponte alla Goscuro, et qu'ainsi j'irais à Venise par les canaux.

Pendant que, au milieu de la nuit, dans une auberge

de Ferrare, je prenais un bouillon, un Italien entra tout effaré, et criant : « *I Tedeschi vengono*, les Autrichiens viennent. *Buon Dio! Santa della Madona!* »

Ayant eu le soin de passer la lumière dans un cabinet, je quittai mon pantalon à sous-pieds, et je cachai mes lettres compromettantes dans mes bottes.

Je descendis ensuite parfaitement calme et me fis conduire al Ponte alla Goscuro, où je devais trouver une barque pour passer le fleuve, toujours très-large en cet endroit. Je trouvai l'homme qui devait me passer. Il n'était pas encore quatre heures du matin, il faisait encore nuit.

Nous étions encore loin de l'autre rive, quand une sentinelle autrichienne, armant son fusil, nous cria :

« Chi viva?

— Amici, forestieri, » lui répondit mon batelier de toute la force de sa voix.

A peine débarqués, nous sommes entourés par une patrouille dont le chef me conduit aux officiers supérieurs, au milieu de l'état-major de l'armée.

Là on me fit d'avance des excuses pour le procédé qu'on était obligé d'employer à mon égard, en se rejetant sur les malheurs du temps. On me demanda nonseulement mon passe-port, mais aussi mes lettres de recommandation ; toutes les lettres que je portais sur moi furent décachetées et lues. Rien ne fut respecté, pas même mon papier à cigarettes, dont les cahiers furent examinés, feuille par feuille, à travers la lumière d'une bougie.

Les lettres que j'avais dans mes bottes commençaient

à me brûler les pieds. Cependant mon calme et surtout mon enjouement me gagnèrent la confiance des jeunes officiers qui, ayant vu ma lettre du ministère de l'intérieur, mon diplôme de premier second grand prix de l'Institut, se montrèrent fort aimables.

A huit heures du soir, un gentil sous-lieutenant vint me dire : « *Signor, potete partir, ecco la Corriere.* »

C'était un bateau de poste autrichien où je montai pour aller à Venise par le Pô et les canaux.

XX

:

Nous arrivâmes sur le Grand-Canal à l'heure où le soleil se levait; les palais se reflétaient dans l'eau d'un rose tendre; mais le plus beau moment fut celui où nous nous trouvâmes en face du palais des Doges, éclairé par le soleil levant.

Les quatre sbires, qui en sortaient aussitôt, me demandèrent quelle était ma caution pour séjourner à Venise.

Réfléchissant aux dangers auxquels j'exposais M. le comte de Cicognara en montrant la lettre que M. Gérard m'avait donnée pour lui, je répondis à ces messieurs que le consul de France était ma caution naturelle.

Ces messieurs, toujours très-polis avec moi, me conduisirent chez M. le directeur de la police autrichienne à Venise. Je trouvai dans son cabinet, assis à un bureau, un homme d'une cinquantaine d'années, à physionomie de juif d'Allemagne, ayant, à sa droite, un commis-secrétaire qui avait l'air d'être là pour témoigner au besoin de l'interrogatoire que subissaient les voyageurs.

Sachant ce que c'était que la police autrichienne, je me résignai, et je répondis à tout.

On me conduisit alors chez M. Mimaut fils, consul de France à Venise.

Je lui exposai que, désirant rester à Venise plusieurs jours, peut-être quinze, pour étudier les chefs-d'œuvre de l'école vénitienne, je venais me réclamer de mon protecteur naturel, le consul de France à Venise.

Comme je n'avais pas l'air d'un personnage fort cossu, vêtu modestement comme je l'étais, ce monsieur me dit qu'il ne pouvait répondre de tous les Français, et qu'il ne me connaissait pas.

La moutarde me montant au nez, je dis à ce consul du gouvernement de Charles X, en jetant mon passe-port ouvert sur la table :

« Monsieur, à tout Français ayant un passe-port en règle comme celui-ci, vous devez aide et protection. Vous ne faites pas votre devoir, monsieur.

» Mais je vous le répète, reprit-il d'un ton assez sec, je ne suis pas obligé de connaître tous les Français qui viennent ici. »

Déployant alors ma lettre de M. Guizot, mon diplôme de l'Institut, et y ajoutant quelques enveloppes portant les armes et le cachet du duc d'Orléans, je lui dis avec une énergie qui changea le caractère de la scène :

« C'est bien, monsieur, je vais écrire à Paris l'accueil qui est fait ici aux citoyens français par les agents du gouvernement de la France. »

Ce fut un changement subit, le consul se confondit en excuses, et prenant le ton belliqueux, il me dit :

« J'espère, monsieur, que bientôt le drapeau tricolore va flotter sur les Alpes, et que cette infâme police autrichienne aura à en rabattre. »

Et je sortis cautionné, garanti par le gouvernement sous l'égide de notre consul M. Mimaut fils.

C'était bien quelque chose, mais ce n'était pas tout pour être tranquille à Venise; les sbires, qui ne m'avaient pas quitté depuis mon débarquement, me prièrent de la part du directeur de la police de venir chaque jour causer avec lui, dans son cabinet.

Cela convenu, je pus me rendre à l'hôtel *della Luna*, et ayant mis en sûreté mes fameuses lettres, visiter les merveilles de Venise.

Il faudrait des années pour voir et apprécier les peintres extraordinaires de ce pays. Jean Bellini, le Giorgione et le Titien ouvrent le cortége; viennent ensuite Paul Véronèse, Palma Vecchio, le Bonifazio et Tintoret, dit *il Robusto*, surnom qui lui convient admirablement.

Mais jouissons d'abord de ces charmants palais du *Canale Grande*. Voyez-vous combien l'architecture de la Renaissance est plus ténue et plus fine que celle de ces palais d'un goût barbare et de ces maisons gothiques mal combinées à l'intérieur et à l'extérieur! Dans mille ans, on verra bien ce qui restera de tous ces clochetons, de toutes ces gargouilles qui pendent dans l'espace au grand effroi des passants.

Comme cet architecte italien, le Sansonino, est aimable et gracieux! Ce n'est pas la perfection des Grecs; la grandeur de l'architecture romaine, mais c'est délicieux et agréable à l'œil.

Le Titien qui est mort de la peste, à l'âge de plus de quatre-vingts ans, est admirablement représenté à Venise. La *Présentation de la Vierge au Temple* est son chef-d'œuvre.

Honneur à cet artiste! Honneur à Jean Bellini! Il a l'immense gloire, nonobstant le Carpaccio, d'être le père de l'école vénitienne. Son sublime tableau de l'église San-Salvador, le *Christ chez Emmaüs*, est un chef-d'œuvre.

L'école primitive vénitienne est inspirée par la tradition grecque, cela s'explique historiquement; il n'est pas étonnant que les Vénitiens, que le commerce mettait dans des rapports continuels avec l'archipel grec, aient appris dès le principe la belle couleur des anciens Grecs.

Le dessin même de Jean Bellini est plutôt dans la naïveté grecque que dans l'école maniérée du Pérugin. Aussi, l'école vénitienne empestée après Véronèse par *lo sfumato, l'oscuro* des autres écoles d'Italie, notamment de l'école de Bologne, reste-t-elle au moins plus simple que ces dernières par la couleur aussi bien que par le dessin.

Je dois noter ici une impression. En plein midi, au milieu de l'escalier des Géants, je m'imaginai voir cet escalier de marbre blanc se peupler des personnages du *Marino Faliero, décapité,* d'Eugène Delacroix. Il faut que cet artiste soit doué d'une singulière faculté des révélations de couleur locale, car il n'a jamais vu ni Venise, ni même l'Italie, non plus qu'un autre artiste parisien, Auber, qui pourtant a fait la *Muette de Portici* sans avoir jamais voulu quitter Paris.

Pour connaître Paul Véronèse il faut avoir vu son plafond au palais des Doges, une merveilleuse peinture où l'air circule, où le charme le dispute à la science, et aussi le tableau de la *Cène* de l'Académie ; mais si belle que soit cette peinture, elle est égalée sinon surpassée par les *Noces de Cana*, l'admirable Paul Véronèse qui est au Louvre.

Comme plafond, nous avons celui de la chambre à coucher de la Reine au palais de Versailles, placé aussi aujourd'hui dans le grand salon carré du Louvre.

Nous terminerons par l'étonnant tableau de *Saint-Marc*, du Tintoret ; à l'Académie, par les peintures du plus harmoniste des coloristes, le Riche ; l'*Adoration des Mages*, du Bonifazio, et une *Procession* du gentil Bellini sur la place Saint-Marc, d'une belle couleur.

Tout en visitant l'étonnante basilique de Saint-Marc, qui, sous ses sombres arceaux rembrandtesques, de forme byzantine, ses murs couverts de mosaïques, semble relier par la couleur Rome, Athènes et Constantinople, le paganisme en décadence et le christianisme barbare du temps de Constantin, tout en admirant le Lido, les îles, tous ces canaux, toutes ces choses si charmantes pour un Parisien pur sang, tout en traversant, le cœur navré, le pont des Soupirs, je réfléchissais que la cause de l'humanité, celle du progrès sont synthétiquement liées avec l'amour de l'art, et je songeais à m'acquitter de ma promesse en remettant les lettres politiques qui m'avaient été confiées.

J'avais déjà remis à leurs destinataires les lettres destinées à m'être utiles au point de vue de mes études. Il

ne me restait plus à remettre que les trois lettres politiques.

Or, quand je sortais, à toute heure du jour ou de la
nuit une gondole mystérieuse me suivait toujours,

Un soir, j'allai au théâtre de la *Fenice :* à une heure
du matin, la fameuse gondole était derrière moi. Je
n'entendais par moments que le cri d'avertissement,
poussé par les gondoliers pour ne pas se jeter les uns
contre les autres, dans l'ombre de la nuit.

Chaque pays que j'ai visité m'a laissé une impression
dont la couleur locale se traduit le plus souvent par un
air, par un chant.

De Venise il est resté dans ma mémoire les suaves
mélodies de Bellini, couvertes par les cris plaintifs des
gondoliers, qui semblent les plaintes d'autant d'âmes
jetant leur cri suprême dans la nuit et demandant à
leur manière la liberté de l'Italie.

Il y avait quatre ou cinq jours que je dessinais à l'a-
quarelle, dans la grande salle de l'Académie, certaines
parties de la *Présentation de la Vierge au Temple,* par
le Titien, tout en cherchant dans mon cerveau le moyen
de remettre mes lettres sans compromettre personne.
C'était difficile, car les hommes de la gondole, pendant
que je travaillais à l'Académie, jouaient aux cartes chez
le concierge jusqu'à l'heure où je rentrais pour dîner
à mon hôtel.

Le troisième jour, en mangeant mon petit pain avec
un morceau de chocolat, je cherchai le moyen de sortir
sans passer devant le concierge. Je fis enfin la découverte
d'une petite cour (une *cortile*) qui donnait accès sur un

canaletto comme il y en a tant à Venise et qui servent aux maisons à jeter leurs immondices dans la mer.

Un gardien à qui je donnai quelques *zwanzigers* me donna le moyen de descendre dans la petite cour. J'allai tout de suite à la porte, un simple loquet la fermait ; je levai le loquet, et je vis l'eau de la mer à un mètre en contre-bas du seuil de la porte.

Le jeune gondolier qui me servait depuis mon arrivée à Venise était d'une grande finesse, comme sont la plupart des gens du peuple en ce pays.

Dès le premier jour il s'aperçut qu'une gondole mystérieuse suivait la nôtre. Il me dit tout bas, mais avec émotion : *Signor Francese, sono gli spii tesdeschi.* « Monsieur le Français, ce sont les espions allemands. »

Il se nommait Beppo ; il s'attacha tout de suite à moi. Me conduisant tous les jours chez le directeur de la police, il devinait instinctivement que je travaillais à l'émancipation de son pays.

Je lui dis de se trouver à midi précis à la petite porte du *canaletto* qui longeait le mur de la petite cour de l'Académie.

Le lendemain, à midi cinq minutes, j'étais dans sa gondole, et à midi et demi je remontais reprendre mon travail, ayant remis mes trois fameuses lettres.

Ce jour-là, je fus plus gai qu'à l'ordinaire chez le directeur de la police, et répondant à ses questions, je lui donnai sur moi-même et sur mes ancêtres des détails fantaisistes que je serais curieux de relire aujourd'hui.

Ma bourse diminuait chaque jour sensiblement, je dus

songer à prendre congé de M. le directeur de la police et à lui demander le visa autrichien pour Parme, non sans lui avoir fait mes compliments bien sentis pour l'aimable hospitalité que les étrangers recevaient à Venise au mois de février 1831.

Il ne voulut jamais consentir à me viser mon passeport pour Parme.

XXI

Je partis de Venise, le 25 février, par un très-beau temps, ayant sous les yeux les beaux modèles des ciels de Paul Véronèse; celui de son tableau des *Noces de Cana* roulait des nuages blancs au-dessus de ma tête, sur un beau fond d'azur tendre.

A Padoue, je vis une belle statue équestre en bronze du Donatello, le sculpteur naïf et fin du *Saint Michel* de Florence, de curieuses fresques du Titien dans le cloître de l'église Saint-Antoine.

La chose la plus curieuse de Vicence, où j'arrivai ensuite, est le vieux théâtre de Palladio, qui a la ridicule prétention d'être une imitation exacte du théâtre des anciens.

J'admirai un très-beau Paul Véronèse, un *Repas de cardinaux*, dans la sacristie della Madona del Monte.

Pour aller à Vérone, on passe à Montebello; on vous montre où était le camp français; à gauche, on aperçoit le clocher d'Arcole, puis on passe sur le pont qui fut pris et repris sept fois en 1796.

Le clocher, disait mon guide, où était le prince
Charles, conserve la marque d'un boulet de canon, qui,
un pied plus haut, renversait un trône et une dynastie.

J'arrivai le soir du 27 février à Vérone, qui possède
une arène antique, admirable construction romaine,
dont l'amphithéâtre est très-bien conservé, un très-
beau *Saint Georges*, de Paul Véronèse, une *Assomption
de la Vierge*, du Titien, et un hôtel de ville très-curieux
à voir, où l'on trouve de beaux portraits du Tintoret,
qui valent presque ceux du Titien.

Ayant fait, à Villafranca, mes adieux à ce beau pays
de la couleur, j'arrivai à Mantoue, la ville de Virgile,
à l'heure du soleil couchant. Le ciel empourpré se re-
flétait dans le Mincio et se colorait de plus en plus pendant que les fortifications devenaient de plus en plus
sombres, si bien que Mantoue me recevait avec le caractère triste et profond d'un tableau réalisé par la nature d'un chant de l'*Enfer* du Dante.

Dès le lendemain de mon arrivée à Mantoue j'allai
visiter le palais trop célèbre du T.

Les Anglais, les Allemands, les pédants de tous les
pays peuvent admirer à leur aise leur grossier Jules Romain. Il n'est à mes yeux, je le confesse, qu'un habile
praticien, qui n'a rien de l'artiste, ni le dessin, ni la
couleur, ni la composition et qui n'est devenu célèbre
que parce qu'il était un des plus actifs brosseurs et des
plus habiles du divin Raphaël ; et c'est encore beaucoup,
si vous le comparez à tant de peintres médiocres qui
sont devenus des célébrités en Europe.

Je ne restai qu'un seul jour à Mantoue, et j'eus de la

peine à prendre la route de Parme, car la police me refusait son visa pour cette ville.

Il me fallut accepter l'offre de mon hôtelier, qui fit venir un homme de la campagne, lequel, après le marché, s'en allait à quelques lieues du côté de Parme.

Il me désigna, sur la grande route, une hôtellerie où mon sac devait être déposé, à dix heures.

En flânant, les mains dans mes poches, le long du fossé des fortifications, j'arrivai au pont-levis que je passai, ayant l'air d'un simple badaud.

Au bout d'un quart d'heure, j'aperçus un sous-officier bavarois, tout en blanc, qui faisait un long circuit pour me rejoindre.

Je craignais d'être poursuivi, mais je me trompais; le Bavarois était un sous-officier qui, ayant servi en Grèce avec les Français, avait le désir de me serrer la main et de boire avec moi à la France et à la liberté, ce qui fut fait dans une auberge que nous rencontrâmes et qui était précisément celle où mon sac avait été déposé.

Je ne rencontrai personne sur la route de Guastalla, sur laquelle je cheminai jusqu'à quatre heures du soir. Mais alors, sortant d'un buisson d'aubépine en fleurs, un jeune homme au visage pâle, se mit sur mon passage, implorant la charité, non par les paroles, mais par ses regards.

J'éprouvai à sa vue une double impression : d'abord le sentiment de la pitié, et ensuite la crainte d'une mauvaise rencontre.

Ce jeune homme était tout simplement un avocat

compromis dans la politique, qui fuyait la police autrichienne et mourait de faim.

Il me désigna une maison où j'allai acheter un morceau de viande rôtie, du pain et une bouteille de vin.
Avec ces vivres, nous fîmes ensemble, dans un fond
couvert d'arbres, un modeste repas qui le réconforta si
bien qu'il n'était plus reconnaissable.

Je fus obligé, pour ne pas l'offenser, de le laisser porter mon sac sur son dos.

Aux avant-postes de Guastalla, il fut accueilli par une
sorte d'ovation.

Comme je me mettais à table pour souper à Guastalla,
la foule armée, qui avait entendu parler du Français
ami de Melloni arrivé avec l'avocat proscrit, entra en
masse pour me voir et me serrer la main, et aussi il faut
le dire, pour me demander une armée française devant
combattre les Autrichiens.

Il me fallut faire un discours; en mauvais italien, je
leur dis qu'une nation qui voulait être libre n'avait pas
besoin d'auxiliaires. « Vaincre ou mourir! dis-je en
finissant; vivre libre ou mourir! » leur criai-je de toute
ma voix.

Mais j'avoue que le moindre régiment français, que
je n'avais pas, aurait mieux fait l'affaire de ces braves
gens qui, eux, ne se contentaient pas du système de la
non-intervention.

Les gens de Guastalla, en mars 1831, étaient loin du
Charles-Albert de 1848, qui, ou se montait la tête, ou
trahissait son pays, en disant : *L'Italia fara dà se.*
« L'Italie fera d'elle-même. »

Une escorte d'honneur me conduisit à Parme dans une petite carriole, où j'entrai à six heures du matin par une porte tandis que l'armée autrichienne entrait triomphalement par l'autre.

Le gouvernement provisoire s'était subitement éclipsé; je jugeai prudent de n'en pas dire un mot en ce moment.

XXII

Je me rendis chez M. Toschi, le graveur de la belle planche de l'*Entrée de Henri IV à Paris*, pour qui j'avais une lettre de recommandation du peintre de ce tableau, le baron Gérard, qui me reçut au mieux. Il me conduisit lui-même à la galerie des tableaux, et je me consolai de la politique devant le fameux *Saint Jérôme* du Corrége, les belles fresques du couvent de Saint-Paul, sa coupole et ses beaux pendentifs.

Quiconque n'a pas vu Parme ne peut connaître l'immense valeur de ce pauvre Corrége, mort à la peine.

M. Toschi me conduisit chez la sœur de M. Melloni, laquelle me dit confidentiellement que son frère lui avait parlé de moi, que son frère devait être à Reggio.

Je ne donnai à regret qu'un coup d'œil à beaucoup de chefs-d'œuvre, tels que la *Sainte Catherine*, de Raphaël, la *Vierge qui s'évanouit à la vue de son fils*, de Louis Carrache, ses colossales figures des apôtres qui portent la Vierge au Saint-Sépulcre; un *Bacchus* superbe soutenu par un faune en basalte d'Égypte. Je courus à Reggio pour chercher le gouvernement provisoire, qui ne s'y trouvait point. On me dit qu'il était à Modène, où je ne le trouvai pas davantage.

Étant revenu en toute hâte à Bologne, je me rendis auprès de M. Orioli, à qui j'appris que, le matin même, l'armée autrichienne était entrée à Parme par une porte, pendant que j'entrais par l'autre; et, chose plus grave, que des jeunes gens à table et sans armes avaient été massacrés dans une auberge, à Fiorenzola, par des soldats autrichiens.

Il se plaignit amèrement de la duplicité du gouvernement français.

« Où est, dit-il, le système tant prôné de non-intervention? »

Je me mis à sa disposition pour faire en faveur de la cause de la liberté italienne tout ce qu'il jugerait convenable.

« Inutile, mon cher monsieur, me dit-il. Réfugiez-vous dans votre art et tâchez de faire oublier la part que vous venez de prendre à la réussite de notre révolution. Pour moi, mon devoir est tout tracé; les Autrichiens me viendront prendre sur ma chaise curule; ils me fusilleront ou ils m'enverront sous les plombs de Venise, peu m'importe. J'ai la conscience d'avoir accompli mon devoir, je l'accomplirai jusqu'au bout. Et je reste ici, en attendant le dernier acte de ce drame patriotique. »

Las d'errer dans Bologne, j'entrai machinalement dans l'église Saint-Dominique, où je trouvai dans la chapelle du saint de petits bas-reliefs de Pisani et de Lombardi, qui ont servi de modèles à ceux de Mlle de Fauveau. Je trouvai, à l'église Saint-Paul le tableau du

Purgatoire, de Louis Carrache, au moment où je sentais
les douleurs de l'enfer dans mon cœur ; j'étais seul et
profondément triste de la triste tournure que prenaient
les événements.

J'avais devant mes yeux l'homme créé par l'Espagnolet,
d'une si belle couleur, et dont l'impression répondait
si bien à l'état de mon âme.

A la galerie Zambeccari, je vis des bas-reliefs en terre
cuite d'Albert Durer.

Devant cette sculpture du peintre de Nuremberg, je
fus convaincu plus que jamais de la vérité que j'ai avan-
cée en principe dans mon cours de dessin, et que je sou-
tiendrai toute ma vie, seul contre tous : à savoir que l'architecture, la sculpture et la peinture sont un seul et
même art. Que ceux qui le nient visitent la galerie Zambeccari à Bologne.

Ils verront si ces bas-reliefs en terre cuite d'Albert
Durer ne sont pas une reproduction identique en une
autre matière des gravures et des peintures d'Albert
Durer. Il faut dire la même chose de ses travaux d'architecture.

Je rentrai à Florence, la tête basse par cette même
porte San-Gallo qui m'avait déjà livré passage, ayant
avec moi le professeur Melloni.

J'allai saluer la comtesse Mozzi qui était toute triste de
l'accueil enthousiaste fait par son ami Lucchesini aux
débuts de Judith Grisi et de sa sœur, la belle Julietta
Grisi, qui plus tard, à Paris, a été tant aimée et tant ap-
plaudie ; elle avait alors dix-sept ans ; jamais elle ne fut
plus belle.

8

Ayant dit un sympathique adieu aux grands maîtres de Florence, je pris une voiture qui devait me conduire à Rome, par Sienne et Viterbe, avec trois Anglais qui, au premier repas que nous fîmes, accaparèrent les plats et me laissèrent leurs restes. Mais le soir, je leur rendis la pareille, et ces messieurs ne parlant pas l'italien, je fis apporter devant moi le menu du souper sans m'occuper de ces messieurs, qui furent obligés de capituler; et auxquels, en bon prince, je voulus bien pardonner, en leur servant d'interprète.

La paix fut si bien faite entre la France et l'Angleterre, que nous visitâme Sienne de compagnie.

La cathédrale me charma par sa façade dont les ornements sont d'une belle et large exécution; par sa chaire à prêcher, en beau marbre de Carrare, sculptée par Nicolas Pisano, et qui m'a paru être le chef-d'œuvre de cet artiste; enfin par le beau *Saint Jean* en bronze, du Donatello, d'une grande vérité et d'une grande finesse d'exécution, la tête surtout.

Il y a beaucoup à étudier dans ce pays. Tout, à Sienne, est dans le goût fin, distingué, qui est le caractère de cette ville et en fait quelque chose à part.

Toutes ces belles choses d'art datent de l'époque où elle était libre. Sienne se gouvernait par ses propres lois dès l'an 1040.

Elle perdit sa liberté l'an 1555.

Ce qui étonne le plus, dans cette ville, c'est d'y rencontrer des bourgeois et des bourgeoises modernes vêtus comme à Paris et à Londres, au lieu d'y voir de belles dames du moyen âge, avec leurs longues robes et

leurs souliers pointus, escortées de jeunes cavaliers et
de pages emplumés.

Sortant de Sienne, nous avons sous les yeux un magnifique paysage dans les montagnes. Tout ce pays offre
les beaux modèles des tableaux de Poussin ; c'est on ne
peut plus pittoresque et semble fait pour les paysagistes.

Cette beauté agreste continue jusqu'à la ville d'Aquapendente, suspendue sur un rocher que verdissent les
lierres et les mousses sauvages.

C'est à Aquapendente que l'écho nous apporta les
odieuses paroles jetées, de sa berline, par M. de Saint-
Aulaire, ambassadeur du gouvernement de la France,
à Rome, aux patriotes italiens qu'il rencontra sur son
chemin : « Canailles, rentrez chez vous », leur dit-il.

Et, en effet, pourquoi ces gens avaient-ils le grave
tort de faire en Italie, en mars 1831, ce qui avait été
fait à Paris, en juillet 1830 ?

Viterbe offre à mon admiration son beau *Christ* de
Sébastien del Piombo. Il y a aussi sur la place de cette
ville une jolie fontaine, dont j'ai fait, à Rome, le dessin
géométrique, d'après une étude d'un camarade architecte, M. Cendrier.

De Viterbe à Ronciglione on côtoie le lac Vico, célébré
par Virgile. On dit qu'une ville engloutie dort sous ses eaux.

Tout, jusqu'à l'entrée de Ronciglione, vous fait penser aux tableaux du Poussin. C'est dans cette contrée,
positivement, que notre Nicolas Poussin a dû faire le
plus grand nombre de ses études en Italie, ainsi qu'au
bord du Tibre et dans la campagne de Rome.

XXIII

J'allais donc me trouver en face de la ville éternelle,
j'étais plein d'émotion. Pourtant, à première vue,
Rome ni sa belle campagne ne produisirent d'abord
sur moi l'effet que j'attendais. Le dôme de Saint-
Pierre, cependant, s'élevait au-dessus des autres édifices de la ville éternelle, mais il me rappelait trop le
Panthéon de Paris, et les autres monuments formaient
une masse confuse, du point de vue où je me trouvais,
en face de la ville sainte, et à plusieurs lieues de la porte
del Popolo (du peuple).

Ma ci vuol pazienza, comme disent les Italiens. En
somme, tous les souvenirs qui me restent de mon
voyage en Italie s'effacent devant les émotions sérieuses
et profondes que j'éprouvai pendant mon premier séjour
de quinze mois à Rome.

Installé provisoirement dans une chambre d'hôtel, je
dînai le soir au Lepri, via Condotti, à la table des artistes français, où je retrouvai des camarades de l'École
des Beaux-Arts de Paris.

Car, en 1831-1832, il y avait à Rome une table d'en
haut et une table d'en bas. La table d'en haut était celle

des pensionnaires de la villa Médicis. Celle d'en bas
était ordinairement occupée par des artistes plus indé-
pendants et en général mieux élevés que ceux de la première table, lesquels artistes pensionnaires avaient,
à part architectes et peintres, peu d'éducation, pour la
plupart, et appartenaient en général à des familles peu
distinguées.

Après le dîner, j'entrai au café *Grecco*, espèce de
Babel où étaient parlées toutes les langues par les artistes de tous les pays.

Le café *Grecco* était alors au grand complet. Quelques
mois après, chacun prenait sa volée : les architectes, à
Palerme, à Naples, à Florence, en Sicile ; les paysagistes,
dans les montagnes ; les peintres d'histoire, partout.

Pendant l'été, il ne reste à Rome que les sculpteurs.

La première fois que je mis le pied au café *Grecco* j'y
rencontrai un petit monsieur, flâneur parisien, mal
élevé, qui se donnait des airs d'artiste et vivait assez
largement d'une pension que lui faisait sa famille.

Me questionnant tout haut sur Florence, il se permit
de qualifier par une épithète injurieuse Mme ***. L'in-
jure me parut trop forte pour que je ne considérasse
pas comme un devoir de la relever. Et je le fis avec une
telle énergie que, du premier coup, dès mon début à
Rome, je me plaçai dans une position à part. Chacun
me faisait froide mine et s'éloignait de moi.

Les hommes sont ainsi : ils aiment qu'on les flatte
dans leurs faiblesses ; leur dire la vérité en face, c'est
les blesser et s'en faire des ennemis.

Si, à Rome, il y avait beaucoup à gagner sous le rapport des études, il y avait beaucoup à perdre sous le rapport de la moralité, du temps où j'y étais. Les artistes, pour la plupart, curieux et désœuvrés, s'appliquaient surtout à calomnier les femmes de leurs compatriotes et spécialement les femmes de leurs amis. C'était vraiment une triste école pour un jeune homme.

Pendant les deux années que je passai en Italie, je ne rencontrai pas un seul Français ayant une maîtresse un peu digne.

Là, comme partout, et plus qu'ailleurs, chaque fille majeure veut un mari, non un amant, à moins qu'elle ne soit une exception maladive, une espèce de Messaline, ce qui est aussi rare et plus rare à Rome et dans toute l'Italie que dans les pays du Nord.

En 1831, le peuple italien était pauvre, et assez paresseux peut-être ; la misère engendre le vice ; c'est une mauvaise conseillère que la faim. De là, les aventures, les *racontars* des voyageurs en Italie.

Mme Horace Vernet, quand je lui présentai la lettre de Paul Delaroche, me témoigna le regret de ne pas m'avoir pour pensionnaire à la place de certains dont elle ne me fit pas l'éloge.

M. Horace Vernet était directeur de l'École de Rome ; il menait grand train à la villa Médicis ; par des fêtes continuelles il éclipsait, jusqu'à un certain point, l'ambassade française. Il avait avec lui le vieux Carle Vernet, son père, l'infatigable faiseur de calembours, et sa charmante fille Mlle Louise, âgée de quinze à seize ans. Le jour où je remis mes lettres à sa mère, je la rencontrai, dans l'escalier, entièrement vêtue de noir, un voile de dentelle noire sur la tête. C'était le vendredi saint ; elle se rendait à la chapelle Sixtine. Elle était fort jolie dans ce costume ; mais en la voyant, dès le premier abord, on devinait une enfant gâtée.

La révolution italienne était avortée et vaincue. La Pologne héroïque luttait glorieusement contre la Russie. Quelques-uns d'entre nous se proposaient, à Rome, de lui venir en aide, lorsque les journaux français nous apportèrent l'odieuse phrase prononcée à la tribune française, et qui est devenue justement célèbre :

« L'ordre règne à Varsovie ! »

Enfin, j'étais vaincu moi-même. Un violent désespoir s'était emparé de moi. Dans une ville aussi triste que Rome, vivant seul, n'allant jamais au café *Grecco*, abandonné par les artistes français et étrangers, n'étant d'aucune partie de plaisir, ne faisant partie d'aucun groupe, n'appartenant à aucune coterie, je fus pris d'un découragement si profond, qu'il alla jusqu'à l'horrible pensée du suicide.

J'en étais là, moralement, lorsque notre camarade Cendrier, architecte, qui avait obtenu à l'École le prix départemental, devenu plus tard l'architecte du chemin de fer de Lyon, et qui était déjà saint-simonien, me prêta le journal *le Globe*. Je fus séduit par cette formule : « A chacun selon ses œuvres, à chacun suivant sa capacité, » ou bien, à chacun selon sa capacité, à chacun selon ses œuvres.

Les discussions sur la doctrine qui eurent lieu à la table des artistes français, chez Lepri, me remontèrent peu à peu.

Je me repris à espérer dans la justice humaine, et je me remis au travail avec ardeur. Je dessinais partout; quand je ne travaillais pas au Vatican, j'allais de préférence à la villa Albani, où je trouvais des morceaux de sculpture grecque qui me pénétraient de vénération.

Je voulais tout voir, tout étudier avant de me mettre à l'œuvre qui devait m'assurer ma place parmi les artistes à mon retour à Paris.

Je tenais à faire un morceau d'importance; c'était pour moi une question de vie ou de mort.

Mais avec mes faibles ressources (cent vingt-cinq francs par mois), je ne me crus pas en mesure de commencer mon modèle du groupe de *Caïn* et dans des proportions colossales.

Craignant de ne pouvoir avec mes faibles ressources arriver à faire face aux frais d'un ouvrage aussi important, peignant mon tableau des *Médicis* je songeai à entrer dans un couvent, à me faire moine, dans le but secret de faire de l'art. Berlioz que je venais de rencontrer à Rome, aussi triste et aussi découragé que moi, se présenta avec moi chez les pères dominicains, avec la même intention d'entrer en religion dans un couvent de franciscains. Mais mille circonstances nous reléguèrent dans notre douloureux abattement.

Un jour, au mois de juin, Berlioz vint me prendre, dans l'après-midi, pour nous rendre à pied à Tivoli. Nous souffrîmes horriblement du soleil en traversant la belle campagne de Rome. Cette folie fut suivie d'une autre plus grave. Après avoir commandé notre dîner à l'auberge de la Sybille, nous allâmes nous promener au bord du lac, et nous ne pûmes résister à la tentation de nous jeter dans ses eaux si limpides et si bleues, ce que nous fîmes en chantant le fameux duo de Guillaume Tell : « O Mathilde, idole de mon âme. »

Mais dans cette eau glacée, nos deux têtes deviennent subitement vertes, nos dents claquent, et n'ayant plus envie de rire, sans échanger un seul mot, nous nous empressons de regagner la rive.

Nous fûmes bien contents de manger chaud notre dîner, auprès d'une bonne flambée de fascines jetées dans la cheminée de la salle où nous prenions notre repas.

Une heure après, nous dormions profondément l'un et l'autre.

Le lendemain, à cinq heures du matin, nous nous levions afin de gagner les montagnes du Latium, où nous devions rencontrer des brigands et vivre tant soit peu avec eux. Mais ni Berlioz ni moi nous n'étions chanceux.

Nous arrivions toujours au moment où ils venaient de partir. Deux fois de jeunes pâtres nous montrèrent les restes de leurs feux à peine éteints. Il nous restait juste assez d'argent pour revenir à Rome, où m'attendait une nouvelle épreuve.

Au milieu des artistes français vivait un certain Alexandre, gamin de Paris, âgé de près de cinquante ans, fils d'un marchand de cuir. Il ne manquait pas d'esprit naturel, mais bien qu'il eût passé par toutes les classes du lycée Napoléon, il ne prononçait pas une phrase sans faire plusieurs cuirs; si bien que ses camarades n'appelaient cet original qu'Alexandre le *cuirassier*.

Dès le jour de son arrivée à Rome, cet intéressant personnage avait donné une idée de ce qu'il était.

Il faisait chaud : se trouvant à l'heure de la promenade, au bord du Tibre, à Ripetta, c'est-à-dire à l'endroit le plus fréquenté de Rome à cette heure, Alexandre, au milieu de la foule des promeneurs, se déshabille et pique une tête dans le fleuve.

Carabiniers, policiers et gendarmes d'arriver et de crier au fameux *cuirassier* qu'il ait à sortir de l'onde, le bain public étant formellement interdit à Rome par le Pape. Mais il n'a pas l'air d'entendre, continue de prendre ses ébats, fait la planche. Les carabiniers ont beau crier, rien n'y fait. Mieux avisés, ils songent à empoigner les habits du baigneur. Alors Alexandre, à force de bras et de coups de talons, arrive à la berge et se met à courir après les carabiniers qui ne veulent rien lâcher de la preuve du délit.

Capici : tel est le refrain qu'ils répètent toujours, à quoi le *cuirassier* répond : « *Je ne capiche* pas, rendez-moi mes habits. »

Tout nu, et l'eau du Tibre lui coulant sur le corps, il est conduit par les carabiniers chez le commissaire, dont la première action est de lui faire rendre sa chemise. *Pro ! pudor !*

Alexandre fut obligé de payer une amende pour ne pas aller en prison.

A la fin de juillet 1831, Alexandre ne riait plus. Il était si gravement malade, qu'il dut songer à mourir. Je dus lui prodiguer mes soins assidus, en ma qualité de Français, le seul présent peut-être parmi les habitués de la table d'en bas. Son agonie fut longue, et pendant les chaleurs j'eus tant à souffrir, qu'après la mort du pauvre *cuirassier* je fus pris de la fièvre, et, pour la guérir, je fus envoyé à l'Arricia.

En passant, un détail des mœurs italiennes en 1831. Au village de l'Arricia, j'étais en pension chez un brave pharmacien. Je prenais mes repas avec sa famille peu nombreuse. Un jour que j'avais fait à Somaro une promenade à âne, mes jambes ne pouvant me porter, je fis observer à nos hôtes que j'avais rencontré une quantité prodigieuse d'enfants, eu égard à la population de l'Arricia : « *E naturale, signor*, me répondit naïvement la femme du pharmacien, *fra qui son tre coventi d'uomini* par ici, sont trois couvents d'hommes.

XXIV

Ma fièvre fut bien vite guérie par le bon air du charmant pays où je me trouvais, et je revins à Rome avec l'idée bien arrêtée de mettre en train mon groupe de *Caïn*. Dans un petit atelier qui pouvait à peine le contenir, je me mis à modeler ce groupe de quatre figures beaucoup plus grandes que nature. J'étais épuisé de fatigues et de privations. Mon heure la plus douce, mon seul repos était le dimanche, au moment où le jour me manquant, je quittais le travail. J'entrais à l'église de la Trinité-des-Monts, et là, appuyé contre un pilier à l'entrée de l'église, du côté opposé à la belle fresque de Daniel de Volterra, j'écoutais avec ravissement les délicieuses voix des jeunes filles qui, sans être vues, chantaient le salut du Saint-Sacrement.

Ce soir-là mon modeste dîner était plus gai. Je dépensais sept à huit sous à chaque repas ; ma carte était peu variée. Sans avoir reçu aucun ordre, le brave et honnête Checco, notre garçon de salle, m'apportait mon potage, une *fraschetta* de vin blanc et un morceau de viande, et c'était tout. Je dois ici, en passant, remercier, au nom de tous les Français, ce bon serviteur, à qui j'ai pu en 1845, lors de mon second voyage en Italie, donner un faible gage de ma reconnaissance. Je n'ai de ma vie rencontré un plus honnête homme que Checco, il était mort depuis longtemps quand je revins à Rome en 1862. On ne peut flétrir assez énergiquement ceux qui, parmi les Français, abusèrent de la bonté de ce serviteur modèle.

Je poussais de toutes mes forces le travail si important pour mon avenir de mon groupe de *Caïn*. Un jour M. Horace Vernet vint me dire qu'il avait reçu avis du ministère que mon groupe partirait avec les envois de Rome ; cette année-là les envois étant prêts, partiraient plus tôt qu'à l'ordinaire. C'était un coup monté pour faire avorter l'effet de mon groupe à Paris. L'on voulait, par ce moyen, faire arriver mon groupe un an après celui des artistes qui avaient obtenu le grand prix à ma place, Jean Debay et Husson, car ce dernier avait fait un *Caïn* ainsi que celui qui eut le prix en 1829. Ces messieurs voulaient aussi faire leur groupe de *Caïn*. L'année 1831-1832 à Rome on parlait de mon groupe dans tous les ateliers.

Un jour, je reçus la visite de M. Marochetti, qui me dit en voyant mon ouvrage : « Il n'y a que vous qui puissiez faire cela. Vous êtes le plus fort, le premier à Rome en ce moment. » Je reçus aussi la visite de Tenerami ainsi que celle du peintre allemand Overbeck. Ce dernier loua beaucoup mon petit tableau des *Médicis*. *Siete Francese !* » vous êtes Français ! » me dit-il, paraissant étonné de ma nationalité, d'autant plus qu'en ce moment Horace Vernet exposait son tableau de la

Rencontre de Raphaël et de Michel-Ange dans l'escalier du Vatican et qu'Overbeck regardait cette peinture comme l'œuvre d'un fou.

Il en eût été convaincu bien davantage si je lui avais raconté ce qui m'était arrivé avec Horace Vernet. Un jour que je traversais le jardin de la villa Médicis, M. Horace Vernet me fit entrer dans son atelier pour me montrer son tableau et me demanda ce que j'en pensais. Venant de beaucoup étudier les maîtres primitifs à Florence, je lui avouai que suivant moi, qui venais d'étudier les maîtres de la Renaissance, son tableau n'avait pas le caractère du temps. Il prit la chose assez bien et me pria de lui prêter plusieurs de mes dessins faits d'après les maîtres florentins.

Plusieurs mois après, sur son invitation, étant entré de nouveau dans l'atelier de M. Horace Vernet, je vis que la composition de son tableau, qui autrefois était en largeur se trouvait alors en hauteur !

Il vint un jour m'inviter à dîner à l'Académie avec le grand sculpteur Thorwaldsen qui, à Rome, passait pour un oracle parmi les artistes. Il fut très-aimable et me fit demander par M. Horace Vernet la permission de voir mon groupe dont on lui avait dit beaucoup de bien. Je m'arrangeai pour qu'il ne le vît pas.

Auguste Barbier, l'auteur de la *Curée*, vint aussi me voir à mon atelier, avec Auguste Brizeux. Il me dit la *Curée*, que je ne connaissais pas, et eut l'amabilité de me l'écrire dans un album où Berlioz m'écrivit sa *Captive*, et où plus tard Alfred de Musset m'écrivit le *Rhin allemand*.

Heling. Dujardin
Imp. Eudes, Paris

Une belle fille blonde du Transtévère nommée Angelina me servit de modèle pour ébaucher la femme du groupe de *Caïn* ; un mauvais gamin de sept à huit ans me servit pour l'aîné des enfants ; pour le petit nourrisson qui cherche le sein de sa mère ce fut l'enfant de la *signora* Masucci ma *padrona di casa*, que je fis poser. C'était un beau *putto* de douze mois. Pour le *Caïn* il n'y avait que le vieux Giacomo, le modèle de Canova, qui pût me servir, mais il était trop vieux. J'errais dans Rome, à la chasse des modèles, quand je rencontrai un grand gaillard de six pieds, campagnard de la marche d'Ancône, à qui j'offris de lui faire gagner une piastre par jour. Je l'emmenai immédiatement à mon atelier, et pour qu'il pût se décider à poser, je commençai à travailler à la tête et aux bras, pour ne pas l'effaroucher dans sa pudeur. C'était un bon homme, patient et doux et d'une naïveté étonnante. Après huit jours de séances, je le fis poser nu et pour l'ensemble. Ce malheureux me raconta *qu'il était venu à Rome pour gagner quelque argent et se mettre en mesure pour payer les impôts dont il était frappé par le gouvernement du pape.*

Un beau jour Angelina disparut ; elle fut remplacée par une belle grande femme romaine nommée Vittoria, âgée de vingt ans, la fiancée promise de la clarinette de l'orchestre du théâtre Valle.

Plusieurs mois après sa fuite, Angelina me rendit visite en calèche découverte, vêtue de soie *et couverte de bijoux,* belle à ravir, d'une fraîcheur éblouissante. Elle me raconta qu'elle sortait de la galère où elle avait été mise pour avoir donné un coup de couteau à un homme, et que c'était le cardinal Albani qui l'avait fait mettre en liberté.

Mon cher maître Pradier fuyant le choléra de Paris vint passer quelque temps à Rome. J'eus le regret de ne pouvoir lui montrer mon groupe, qui était emballé. Nous visitâmes ensemble quelques églises : San-Pietro-in-Vincoli, où est le *Moïse* de Michel-Ange, San-Pietro in Montorio, où se trouve la fameuse peinture de la *Flagellation du Christ* de Sébastien del Piombo.

Mon groupe terminé, je pus enfin jouir de la magnifique campagne de Rome. J'allai à Grotta-Ferrata, admirer le chef-d'œuvre du Dominiquin, son fameux tableau de l'*Enfant possédé*, le plus expressif qui soit au monde. On s'étonnera peut-être que j'aie gardé le silence sur les Carrache, le Guide, le Guerchin. Il y a, de cette école, un homme plus fort que ceux-là ; c'est le Caravage, dont la *Déposition de croix* au Vatican est un chef-d'œuvre de puissance et de haut tempérament. *La mort de la Vierge*, que nous avons au Louvre, peut donner une idée de la sauvagerie puissante du Caravage. Eh bien ! malgré le talent de ces hommes étonnants, à part le Dominiquin, le plus tendre, le plus mélancolique, est pour moi le seul vrai peintre de l'école de Bologne qui exprime, par un côté, le sentiment de la nature. Pendant le temps que je travaillais au *stanze* au Vatican, chaque jour je passais une heure entière dans la chapelle Sixtine, en extase devant le sublime plafond de Michel-Ange, que je ne crains pas de proclamer le plus admirable de tous les morceaux de peinture, le plus merveilleux de tous les chefs-d'œuvre

anciens et modernes qui soient sortis du cerveau et de
la main des hommes dans ce bel art où il y a si peu
d'élus.

Chaque fois il m'arrivait ceci invariablement. En proie
à la fièvre que me donnait ce puissant génie, je prenais
en pitié le divin Raphaël; mais cela ne durait pas longtemps, car venant me remettre au morceau que je pei-
gnais comme étude d'après la *Dispute du Saint-Sacrement*, je tombais aussitôt à genoux devant Raphaël, et
lui demandais pardon de mes blasphèmes. Chaque jour,
pourtant, la scène se renouvelait, toujours la même.
C'est qu'il ne faut pas comparer les chefs-d'œuvre.
Jouissons-en, mais il est inutile et ridicule de les comparer. Il est aussi ridicule de comparer Raphaël et
Michel-Ange que de comparer Mozart à Beethoven.
Dans cette voie, nous arriverions fatalement à la bouffonnerie de cette patrouille dont un homme demande à son
caporal ce qu'il aime le mieux, de la lune ou du soleil.

Notre maître Ingres avait cent fois raison de conseiller
à ses élèves d'aller à Rome et de n'en pas sortir. Un artiste
trouve à Rome tout ce qu'il peut rêver pour son art. A
Rome, la nature est un modèle si vraiment beau, que
l'on n'a qu'à copier, soit en peinture ou en sculpture.
L'architecte trouve les plus beaux modèles dans les con-
structions romaines. Rome est le premier musée du
monde, que pas plus que les autres il ne faut décrire,
mais que l'on doit aller voir et revoir. Car à Rome
il reste toujours quelque chose qui vous a échappé, que
vous n'avez pas vu.

J'étais à Rome ce que j'avais été à Florence, ce que

j'avais été à Paris. J'étais tout entier absorbé par mes études. Toute mon ambition était d'acquérir assez de connaissances dans mon art pour vivre honorablement en travaillant.

Quand j'avais un moment à moi, j'allais dessiner dans les basiliques des premiers âges des chrétiens, où l'art païen se mêle avec tant de grâce à l'art primitif et sévère des premiers chrétiens grecs, romains et africains.

Avant de quitter Rome, je tiens à faire connaître au lecteur l'impression que produisit sur moi Saint-Pierre de Rome.

La place de Saint-Pierre, avec ses deux fontaines et sa colonnade, ne manque pas d'un certain effet décoratif, d'une certaine ampleur, mais c'est lourd et d'un style qui n'est pas des plus purs. En somme cet édifice immense, cette œuvre gigantesque, brutale, massive, véritable carrière de pierre, ne me laisse que le souvenir d'un grand temple païen, d'une époque de décadence ; mais il ne me laisse rien au point de vue de l'art. Saint-Pierre de Rome est pour moi le tombeau du christianisme des premiers apôtres ; c'est théâtral, pompeux, ce monument manque de simplicité ; il est peut-être le symbole architectural de son époque. Voilà pour l'impression morale de ce christianisme transfiguré. Pour la partie artistique, c'est un beau tour de force, en vérité, que de vous faire croire que des choses, en réalité énormes, sont beaucoup plus petites qu'elles ne paraissent. J'aime mieux la méthode des anciens artistes grecs, qui me semble plus rationnelle en même temps que plus économique. Ceux-là, au moins, avaient un but louable et qu'ils ont souvent atteint : c'était celui de faire de petits monuments qui parussent très-grands aux yeux du spectateur, tandis que Michel-Ange, en faisant Saint-Pierre de Rome, a construit un immense édifice qui ne paraît pas véritablement grand. Cet édifice est gigantesque, mais en réalité il paraît petit relativement à sa taille, et n'est nullement beau. Pour un homme de goût, Saint-Pierre de Rome est une œuvre grosse et antihumaine autant que antidivine. C'est la religion du Christ matérialisée.

Au moment de partir de Rome, je fus puni de mon ignorance relative de la langue italienne à l'époque où j'avais signé le bail de mon atelier et en même temps de ma confiance dans la bonne figure du *signor* Masucci, mon propriétaire. Heureusement que M. Horace Vernet m'avança la somme nécessaire qui me manquait à ma très-grande surprise pour payer ce qu'il me réclamait. Du reste, il faut l'avouer, M. Masucci me croyait riche, d'abord parce que j'étais étranger, ensuite parce que les lettres que je recevais de Paris m'étaient apportées via Saint-Isidore par le courrier de l'ambassade française à Rome, au grand ébahissement des commères du quartier si pauvre des Capucins; enfin, parce que le prince doré, le banquier Torlonia, m'invitait à ses bals. J'assistai notamment à une belle fête dans le palais de marbre de Torlonia : mais quelle différence entre cette fête et celles du marquis Lachesini à Florence ! Chez le banquier, c'était la parcimonie de l'homme qui compte les écus; chez le marquis, au contraire, on voyait le laisser-aller, l'abondance, la large hospitalité

de l'homme du monde qui a de la naissance. Je me souviens
d'avoir valsé à ce bal avec une jeune Italienne, légère
comme un oiseau, dans le grand salon où est le beau
groupe en marbre d'*Hercule qui lance Lycus*, par Canova.
Nous tournions avec une rapidité vertigineuse autour de ce
beau marbre. J'étais ravi, et ma jeune valseuse aussi, on
le comprendra du reste, de passer subitement en ce qui
me concerne au milieu des fêtes les plus splendides, en
sortant de mon trou noir, humide et si malsain que les
modèles ne se décidaient pas sans peine à y poser. La veille
de mon départ de Rome, j'allai prendre congé de M. et
de Mme Horace Vernet et du vieux père Carle Vernet,
qui m'avait dit un jour à mon atelier en voyant mon
groupe de *Caïn :* « Courage, mon ami, lorsqu'un jeune
artiste a fait un travail tel que le vôtre, l'avenir lui appartient. » Cela m'avait fait aimer le vieux Carle Vernet.
Au moment où je sortais du salon de la villa Médicis,
j'entendis le fils de M. de Saint-Aulaire, attaché secrétaire à l'ambassade de France à Rome, qui disait qu'à
l'heure où il parlait sans doute, Louis-Philippe avait
cessé de régner, l'insurrection républicaine de 1832
devant avoir triomphé à Paris. Le lendemain, le
16 juin 1832, à cinq heures du matin, je prenais une
place dans le cabriolet de la berline de voyage que
j'avais retenu la veille, ayant à côté de moi M. de X***,
avec qui j'aurais bien voulu ne pas partir.

XXV

Nous sortîmes de Rome par la porte de Saint-Jean de Latran.

Sur la place de Saint-Jean de Latran, chaque année, au mois de mai, le pape vient officier solennellement; de la *loggia* de la basilique, d'où l'on jouit d'un magnifique panorama, il bénit le peuple agenouillé, venu en foule des environs.

Cette bénédiction est beaucoup plus imposante que celle que donne le souverain pontife le lundi de Pâques, du haut du balcon de Saint-Pierre, parce qu'à Saint-Jean de Latran le spectacle de la nature est plus beau et plus grandiose, et parce que là c'est une fête populaire en même temps qu'une fête religieuse.

Aussi, la saltarelle et la tarentelle dansées par les jeunes Transtévérines tiennent-elles plus de place dans nos souvenirs que la *girandola*, les illuminations célèbres du château Saint-Ange et les fêtes bruyantes du carnaval.

A dix minutes de la porte de Saint-Jean de Latran, le cocher à qui j'avais, la veille, donné deux piastres àcompte sur les six que je devais lui payer à Naples, fut remplacé par un autre voiturier à mauvaise figure, que j'avais refusé pour me conduire à Naples.

Son œil en dessous se tourna vers moi avec un horrible sourire. J'étais vendu!... ·

Il fallut me résigner, n'ayant que l'argent nécessaire pour arriver à Naples.

Je déjeunai à Albano avec M. de ***, mais je sus bientôt qu'il y avait dans une chambre voisine de la nôtre trois personnes qui occupaient l'intérieur de notre voiture, et dont deux étaient M. Saint-***, basse-taille, et sa femme première soprano, qui allait chanter à Naples à San-Carlo, où elle était engagée.

Cette dame avait chanté à l'Opéra-Comique de Paris. M. le marquis de *** était tombé amoureux d'elle et l'avait épousée.

Nous finissions de déjeuner, quand l'affreux *vetturino* vint me réclamer le prix de ma place entière, que, suivant les conventions faites à Rome, je ne devais lui payer qu'à Naples.

Je refusai très-poliment en m'appuyant sur les conventions faites avec son camarade, qui m'avait trompé en me livrant à lui.

Ce misérable se jeta sur moi et voulut me prendre de force mon argent. M. de X***, ceci soit dit à sa honte, ne s'interposa pas entre nous.

Indigné de tant d'audace, je fis pleuvoir sur l'ignoble face du *vetturino* une grêle de coups de poings qui le surprit grandement, et dans la rage qui me possédait, je lui appliquai un épouvantable horion sur ses vilains yeux.

Sauvé par miracle des mains de ce misérable, qui, ayant saisi ma cravate, menaçait de m'étrangler, j'allai porter plainte contre lui. Le commissaire de police me conseilla d'abandonner au *velturino* les quatre piastres déjà payées, de ne pas partir avec lui et de rester à Albano; mais ne voulant pas avoir l'air d'avoir peur de cet homme, outre que l'argent me manquait, je ne suivis pas les sages avis du commissaire de police. Aujourd'hui que je suis devenu un homme d'expérience, je dois avouer que le commissaire avait mille fois raison.

M. de X***, rougissant sans doute de m'avoir abandonné dans ma lutte inégale avec ce misérable cocher, m'avait suivi chez le commissaire ; il gesticulait, criait et faisait beaucoup de bruit pour rien, terminant toutes les phrases par le fameux : *Siamo Francesi sapete!* « Nous sommes Français, savez-vous ? »

A quoi le commissaire répondait fort sensément : « Fussiez-vous Turcs, messieurs, j'ai mon devoir, le même à accomplir pour tous les voyageurs. »

Au lieu de nous arrêter à Velletri, le cocher nous mena coucher, le 17 juin, au fort de la canicule et de la malaria, au milieu des marais Pontins.

M. de P***, sa femme et sa belle-sœur dormaient certainement dans l'intérieur de la voiture. M. de X*** dormait aussi à côté de moi dans le cabriolet du véhicule. Moi seul je veillais dans cette lourde voiture, car l'œil de chacal du cocher, qui brillait dans l'ombre, m'avertissait assez que j'étais plus que personne menacé d'un danger.

Vers onze heures et demie à minuit, engourdis par

la chaleur suffocante et l'air empesté que nous respi-
rions, nous entrions dans la salle basse d'une masure,
où après nous avoir servi un repas sans nom, on nous
fit monter dans de sales chambres, au premier étage.
M'étant jeté sur mon lit de sangle sans me déshabiller,
je m'endormis comme une masse inerte, étouffé par
l'air que je respirais.

A un certain moment, éveillé par un simple bruit,
semblable au frôlement d'une robe de femme le long
d'un corridor, je me précipite de mon lit, et instinctivement je porte la main à la poche de ma redingote, où
j'avais mis mon portefeuille : il avait disparu ainsi que
mes lettres pour Naples.

Étant promptement descendu dans la cour de l'*osteria*,
j'apercevais une masse noire dans l'ombre ; c'était la
voiture tout attelée dehors et qui allait partir. Je saute
à la tête des chevaux et crie que personne ne partira
avant que j'aie retrouvé à l'*osteria* mon portefeuille,
qui m'a été volé.

On eut l'air dans l'auberge de chercher mon portefeuille, qui naturellement ne fut point retrouvé.

« *Ma signor, non potete partire, non avete il vostro
passaporto* », me dit tout bas mon scélérat de cocher.
« Mais, monsieur, vous ne pouvez partir ; vous n'avez
pas votre passe-port. »

Et cela fut dit d'un ton mielleux, faux, nasillard, qui
ne peut être connu que de ceux qui ont voyagé en Italie.

Ce fut pour moi un trait de lumière. Le jour qui
commençait à paraître me permit d'observer sur la laide
face de mon cocher les traces de la scène de la veille.

Son œil gauche, entouré d'un cercle noir, le rendait complétement hideux.

A Terracine, il fallut payer le cocher et déclarer à la douane que je n'avais plus de passe-port.

Pendant que je donnais des explications au commissaire de police de Terracine qui habitait tout en haut du pays, mon *vetturino* partit pour Naples, emportant ma malle et le reste de mes bagages, si bien que je me trouvai seul sur la place, lorsque je revins de chez le commissaire faire ma plainte, n'ayant plus que deux piastres dans ma poche. Je devais toucher à Naples la dernière somme que mes tantes m'y adressaient de Lyon.

Il me fallut écrire à M. de Saint-Aulaire, ambassadeur de France à Rome, pour lui demander un autre passeport. Je jetai ma lettre à la poste n'ayant que peu d'espoir qu'elle arriverait à destination. Suivant les dernières nouvelles reçues par le fils de M. de Saint-Aulaire, le gouvernement de Louis-Philippe ne devait plus exister à Paris.

XXVI

Au moment où je me trouvai jeté dans la petite ville sale et mal entretenue mais pittoresque de Terracine, la fièvre était dans toutes les maisons. Les rares habitants qui se tenaient à peine sur le seuil de leurs maisons étaient verts et jaunes comme des pestiférés.

Je logeai chez une bonne vieille femme qui avait une belle tête, et dont je fis un croquis à l'aquarelle.

Enfin, après cinq jours d'angoisse je trouvai à la poste un nouveau passe-port et une lettre fort obligeante de l'ambassadeur de France, qui me faisait des offres de service. Une sorte de vice-consul, un Italien, vint me demander de la part du même ambassadeur si je n'avais pas besoin d'argent. Je lui répondis que non, et le remerciai.

Moyennant quelques *baiocchis*, j'arrivai à Fondi, sur la frontière du royaume de Naples, après avoir traversé Itro, qui a conservé sa physionomie du temps des guerres féodales, et dont le château fort, situé au sommet d'un monticule, semble fait pour mitrailler les environs. Plus bas, en me rapprochant de la mer, j'aperçus dans le lointain la ville toute blanche de Gaëte.

J'avais rencontré un matelot de la marine royale de Naples, qui se rendait à Molla; nous fîmes route ensemble.

La nuit venait lentement; la forteresse de Gaëte se détachait en une formidable masse brune sur un ciel étoilé, pendant que Molla était tout illuminé, pour fêter la veille du *Corpus Domini*.

C'est près de là que Cicéron fut assassiné. Après avoir traversé Minturne et la Capoue moderne, qui n'a rien de délicieux, j'arrivai à Naples, ayant deux sous dans ma poche.

Je me rendis chez Mme Abel qui donnait la table et le logement aux Français, moyennant cinq francs par jour. Je retrouvai là M. de X..., le bon, l'excellent camarade Cendrier, et la famille de l'illustre M. de P..., qui habitait un grand appartement au premier étage.

Par son animation et la richesse de ses magasins, Naples me produisit l'effet d'un petit Paris. L'ambassadeur de France, M. de la Tour-Maubourg, n'était pas à Naples.

Je demandai à un secrétaire d'ambassade toutes les facilités dont j'avais besoin pour travailler au Musée.

« Je vois, monsieur, me dit ce secrétaire, que vous ne connaissez pas le pays; ici, avec cette chaleur, on se laisse vivre, mais on ne travaille pas. »

Cela ne l'empêcha pas de m'envoyer avec beaucoup de courtoisie tout ce que je lui avais demandé.

Dès le lendemain matin, j'allais m'installer au Musée,

où j'ai passé de bien bonnes heures à dessiner et à fouiller dans les richesses de l'art antique, d'une beauté incomparable.

Le soir, au môle, j'allais au milieu des cris des lazzaroni, des femmes et des enfants, jouir de la grande scène de la *Muette de Portici*, réalisée par la nature.

Disons en passant et pour la seconde fois, que c'est une chose bien étonnante que cette invention d'Auber, qui n'a jamais quitté Paris.

M'éloignant de ce bruit étourdissant, j'allais à peu près tous les soirs, avant de me coucher, me jeter dans les flots bleus de la mer tranquille, en un endroit écarté.

Je nageais ainsi loin, bien loin. Je me livrais voluptueusement à ce repos délicieux. Tout était bleu sombre autour de moi, les étoiles brillant au-dessus de ma tête m'apprenaient seules à distinguer le ciel de la mer, il me semblait que je nageais plutôt dans l'espace infini que dans l'eau, que je sentais à peine et que je ne voyais pas.

Toujours triste, je caressais souvent l'idée de la mort. La dernière fois que je pris ce bain nocturne dans la baie de Naples, je fus pris subitement de la manie du suicide invincible. Mais la mort n'avait cette fois rien d'effrayant pour moi ; dans une délicieuse extase, je me sentais couler doucement sous l'eau ; j'allais ne plus souffrir de la méchanceté des hommes, et m'éteindre sans bruit, sans agonie. Comme j'étais heureux !

Je me livrai ainsi délicieusement à mon délire, qui, en réalité, n'était qu'un affreux égoïsme, lorsque subite-

ment je pensai à ma mère ! Comme réveillé en sursaut
de mon rêve, je remontai sur l'eau et je nageai de toutes
mes forces pour atteindre le bord. Mais j'étais allé si
loin, que maintenant que j'étais revenu à la raison, plus
je faisais d'efforts pour rejoindre la terre, plus elle semblait s'éloigner de moi. Il y eut un moment où je criai :
au secours ! au noyé ! bien qu'il n'y eût là personne qui
pût m'entendre. Enfin, je me trouvai étendu sur la terre,
épuisé et sans connaissance. La fraîcheur de l'aurore
me tira de mon sommeil léthargique ; et je repris mes
sens en ouvrant de grands yeux à la lumière du jour. Je
me mis à la recherche de mes vêtements, que je retrouvai à un quart d'heure de distance de l'endroit où j'avais
abordé.

Je dois ici, pour n'y plus revenir, raconter le dernier
épisode de l'histoire de mon *velturino* des marais pontins.

J'allai au bureau de police des *vetturini* à Naples réclamer non pas ma malle qui avait été laissée avec celle
de M. de X. chez Mme Abel, mais bien le reste de mes
bagages que mon cocher avait emporté avec lui. On
m'offrit à ce bureau de le poursuivre, mais ne voulant
pas m'engager dans un procès, j'oubliai bientôt cette
triste affaire.

En sortant du bureau des *vetturini*, je vis au coin
d'une rue le coquin qui me guettait. Quand je passai
près de lui, il me dit :

*Si non avessi avuto figli da me stesso t'avrai ammazzato
l'attra notte à l'albergo.* « Si je n'eusse eu des enfants, je
t'eusse moi-même assommé l'autre nuit dans l'auberge. »

Mais oublions cet affreux type de *velturino* que les voyageurs ont jadis, sans nul doute, rencontré en Italie, et revenons aux belles curiosités de Naples. Je fus obligé d'accepter, par économie, la compagnie de M. de X... pour faire des excursions dans les environs de Naples, ne pouvant faire autrement.

Étant parti de Naples à pied, dans l'après-midi, nous arrivâmes au pied du Vésuve, au soleil couchant. Pour échapper à l'influence des miasmes sulfureux qui nous suffoquaient, nous essayâmes de fumer. Nous n'eûmes qu'à nous baisser pour allumer nos cigares dans les fentes du cratère où le feu brillait.

Nous passâmes la nuit à parcourir la montagne dans tous les sens, accompagnés d'un guide très-fort, qui savait admirablement son Vésuve.

Il me semblait qu'après nous avoir montré les laves du Vésuve dorées par le soleil, puis argentées par la lune, après nous avoir fait jouir d'une belle nuit semée d'étoiles dans un ciel d'azur, il me semblait que la nature avait épuisé tous les moyens de surprise; je vis que je me trompais, quand le soleil se leva !

Après un moment d'extase silencieuse devant un tel tableau, nous descendîmes gaiement; car ces laves qui la nuit nous paraissaient si noires n'étaient plus au jour, que les résidus bruns de forges gigantesques.

Puis, quittant M. X..., je gagnai la mer et montai dans une barquette, où, seul avec mon petit *marinaro*, je longeai la côte gracieuse d'Amalfi et de Sorrente, saluant, en passant le poëte martyr, Tasso Torquato.

En vue de Sorrente, je priai mon petit batelier de lâ-

cher ses avirons et de dormir. Je contemplais avec déli-
ces cette belle mer dont je me sentais amoureux, lorsqu'elle me punit de mon audace par un affreux mal de
cœur qui me força de m'étendre à mon tour dans le bateau et de dormir ; pendant ce temps, éveillé, mon petit
nautonier faisait le quart.

Il y avait longtemps que je reposais ainsi, quand mon
jeune batelier, me frappant sur l'épaule, m'éveilla en
me disant : *Signor, siamo arrivati, ecco Napoli*, « Monsieur, nous sommes arrivés ; voici Naples. »

En effet, nous arrivions au môle, dans l'après-midi, à
l'heure où les lazzaroni mangent leur macaroni, ou dor-
ment.

Je fis un autre jour, avec le même M. de X..., une
excursion à Salerne, dessinant, chemin faisant, quelques
croquis. Car ce pays est riant, florissant et délicieux.
Les vignes plantées au pied des arbres forment des guir-
landes d'un arbre à l'autre de la route.

A deux pas de Salerne se trouve Pæstum que je visitai seul un jour de siroco, avec un ciel gris couvert de
nuages. Tout ce qui avoisine les temples de Pæstum a
l'air triste et désolé.

Je m'installai là pendant plusieurs heures, pour dessiner le temple le mieux conservé. J'étais suffoqué par
la malaria, épouvanté par la solitude sauvage qui régnait
autour de moi, et où je ne voyais rien de vivant, excepté
quelques grands oiseaux de proie qui ont établi leurs
repaires dans les temples.

En quittant ce lieu empesté, je rencontrai, à quelque
distance, un petit pâtre qui grelottait de fièvre sous son

manteau troué, et au loin dans les herbes du marécage, quelques buffles, reniflant l'air pesant du siroco.

Ce pays m'a laissé une profonde impression de tristesse; mais nul n'est plus beau, plus parfait comme puissance de couleur dans les tons sombres et harmonieux.

XXVII

Ayant visité Arésina, où ont été trouvées presque toutes les œuvres qui ornent le musée de Naples, je m'empressai, le lendemain, de me rendre à Pompéi.

Je n'essayerai pas de décrire cette ville merveilleuse conservée intacte sous les cendres du Vésuve. L'illusion est si complète, que je m'imaginais voir un char de bronze traîné par un cheval noir à la crinière coupée en brosse, volant et soulevant la poussière désormais incrustée dans le granit gris du pavage des rues, fait de dalles colossales.

Je fus ramené à Naples par un caricolo, espèce de cabriolet qui arrive à Naples au triple galop du cheval couvert de grelots et de plumes rouges, chargé à outrance d'hommes, de femmes et d'enfants qui criaient, juraient et riaient à se tordre sur les essieux des roues, sur les brancards ; partout c'est une grappe humaine affolée.

Naples est la ville des distractions. Vous avez, à vos pieds, le panorama de la grande Grèce, à droite Circé, à gauche le Vésuve, puis Amalfi. En face de vous, sur l'horizon toujours bleu de la mer, la silhouette énergique des trois îles de Capri, d'Ischia et de Procida.

Me trouvant, dans la matinée, sur la plus haute terrasse, du couvent des Camaldules, accompagné d'un vieux et digne moine, je crus voir Dieu m'apparaître dans toute sa splendeur.

Je me retournai vers le vieux moine qui, par discrétion, s'était un peu éloigné de moi pour me laisser tout entier à mon extase. Il se rapprocha alors de moi, et, me voyant embarrassé, il me dit :

« Lorsque vous serez fatigué du monde et de ses erreurs, venez ici, mon fils ; vous y serez le bienvenu.

— Merci, mon bon père, lui répondis-je ; j'ai à Paris une mère, que j'aime, et qui a besoin de moi pour ses vieux jours. Dans quelques années, lorsque je lui aurai assuré une existence, et si je ne suis pas marié, je reviendrai ici prier Dieu à côté de vous, et avec ferveur admirer son œuvre sublime, en face de ce tableau incomparable. Dieu est là plus resplendissant qu'en aucun lieu du monde.

En présence d'une telle manifestation de l'Être suprême, je mets au défi de rester sceptiques les hommes de génie que j'ai aimés parce que je les ai connus, non pas tels qu'ils se sont plus à se faire méconnaître, mais tels que je les ai vus : les Chateaubriand, les Lamennais, les Proudhon, les Auguste Comte et tant d'autres qu'il serait trop long de citer.

Entre la maladie de l'orgueil et la basse humilité, il y a heureusement la dignité humaine, qui nous fait ce que nous sommes. Mais j'ai eu beau chercher dans tout le cours de ma vie ; la présence de Dieu est la meilleure influence sous laquelle puisse vivre tout être humain qui désire mener une vie honorable et faire une bonne fin.

Tout pensif, je descendis du couvent des Camaldules par des sentiers pierreux où des lézards énormes, des scorpions et des tarentules grouillaient au soleil.

Je regagnai Naples en longeant la mer bleue, à côté des maisons blanches de Portici.

Ayant consacré plusieurs jours à visiter les églises, Saint-Janvier et les autres curiosités de la ville de Naples, je dessinai les remarquables statuettes qui décorent l'arc du château de l'Œuf.

Le 20 juillet 1832, je partis de Naples pour Marseille, directement sur le bateau à vapeur.

XXVIII

En débarquant à Marseille, j'eus sous les yeux une belle collection d'Arabes et de Kabyles, qu'on amenait d'Afrique, prisonniers de guerre.

Ayant admiré au musée un bon tableau de chasse de Rubens, des tableaux du sculpteur Puget et son joli groupe en marbre de l'*Assomption de la Vierge*, et ayant constaté que l'arc de triomphe et ses médiocres sculptures de pierre, auquel on travaillait, était une œuvre sans physionomie et sans caractère, malgré le talent de David d'Angers et de M. Ramey, tous les deux de l'Institut, je quittai cette ville plein d'admiration, mais que je ne me plairais pas à habiter continuellement.

Je me rendis à Aix, où je m'empressai de visiter la statue du roi René, par David d'Angers.

Cette œuvre, je dois l'avouer, me parut beaucoup au-dessous de sa réputation.

Ayant passé une heure tout au plus dans cet amas de boutiques en toile grise et au milieu de cette cohue qui s'appelait la célèbre foire de Beaucaire, et où l'art n'a rien à voir, je sautai sur le premier bateau à vapeur venu, qui, en moins d'une heure, me transporta à Arles.

Dans ce court trajet, je fis la rencontre de deux jeunes parisiens qui bientôt devinrent mes amis. L'un était M. D..., qui, à la suite des événements de 1832, avait quitté l'École polytechnique, pour cause politique, l'autre, ami de M. D..., abandonnait les études qu'il faisait pour entrer à l'École des Mines.

L'un et l'autre me sollicitaient de les accompagner en Algérie, où ils allaient tenter de fonder un établissement agricole. En nous baignant dans le Rhône nous convînmes que, si j'allais à Alger avec eux, nous traverserions d'abord la Corse, et ensuite l'Espagne à notre retour. Je devais rembourser les frais de ma part de voyage à mon retour à Paris, et sur le prix de ma petite statue d'*Hyacinthe* en marbre en cours d'exécution.

On joua à pile ou face pour décider si j'accompagnerais en Afrique ces deux messieurs.

Le sort décida que je verrais la Corse, l'Algérie et l'Espagne.

Nous avions rencontré sur le même bateau un cousin de M. Ingres, un certain M. de L..., qui sans être jeune aimait beaucoup les jeunes gens, et qui était recherché par eux.

Nous visitâmes de compagnie la ville d'Arles, ses arènes et sa cathédrale, dont le cloître me rappelait celui de Saint-Jean de Latran à Rome.

Regrettant vivement de quitter si vite cette ville toute romaine, nous vînmes à Nîmes, où j'essayai d'initier mes compagnons de voyage aux beautés de l'art des anciens, en visitant les bains d'Auguste, le temple de Diane, l'amphithéâtre si bien conservé qu'il sert aux fêtes du pays, et surtout la Maison carrée, chef-d'œuvre d'architecture romaine, dont l'Italie tout entière ne peut montrer l'équivalent.

On a eu l'heureuse idée de faire de la Maison carrée le musée de la ville de Nîmes.

N'eût été le beau tableau de la *Locuste* de ce pauvre Sigalon, qui mourut à Rome, du choléra, en 1839, on se serait cru au musée de Naples ou à Pompeia.

On se croirait encore en pleine antiquité, en présence du pont du Gard, admirable construction romaine, remarquable par son architecture et par le lieu pittoresque où elle se trouve.

De Nîmes, nous allâmes à Avignon, la ville papale et féodale, et le mistral ne me permettant pas de faire un croquis de la vaste plaine du Rhône, nous montâmes en voiture pour nous rendre à Vaucluse, qu'a illustré Pétrarque, le chaste amant de madonna Laura. Ce n'était pas sans de violents battements de cœur que j'allais atteindre Vaucluse.

Mais combien fut grand mon désenchantement ! au lieu de la terre gracieuse et toute fleurie que j'avais rêvée, j'eus devant moi un château féodal en ruines, planté sur un mamelon, au milieu de montagnes arides, une rivière sans eau, des maisons mornes, une ville profondément triste. Je ne voyais que des peupliers sans feuilles et tout rabougris. Je me sauvai, en persiflant à outrance ce pauvre M. de L.....

Nous fîmes à Vaucluse la rencontre du bon camarade Corbin, l'architecte, qui était devenu quelque peu saint-simonien. Peu de temps après notre rencontre à Vaucluse, j'appris qu'il était mort; et je suis heureux ici de lui donner un souvenir. Nous revînmes à Marseille pour mettre à exécution notre projet de voyage. Mais il nous fallut gagner Toulon, afin de nous embarquer pour la Corse.

Le port de Toulon est le plus grand port de guerre de la France. Le bagne était plein de malheureux galériens dont quelques-uns, condamnés pour faux en écritures, avaient des figures patibulaires, et le reste des têtes atroces, horribles à voir.

Débarqués à Ajaccio, nous apprîmes que nous ne pouvions traverser la Corse, pour nous rendre à Alger. En attendant le vapeur qui, en 1832, faisait le service d'Ajaccio à Marseille, et n'ayant rien de mieux à voir, nous visitâmes la mauvaise baraque des Bonaparte, qui ne valait pas alors mille écus. C'est pourtant une page de notre histoire que cette maison, et quelle histoire! que non-seulement les Français, mais que tous les Européens ne devraient pas oublier.

Ce qui me frappa le plus, mes camarades et moi, c'est le maquis et l'allure tout à la fois provocatrice et guerroyante des habitants de l'île.

Que peut-on espérer de gens qui ne marchent en ville qu'armés jusqu'aux dents?

Il était difficile à cette époque de se rendre en Algérie, de Marseille ou de Toulon. Outre les navires de la marine de guerre, il n'y avait que de mauvais bricks de commerce. C'est à un de ces derniers que nous fûmes obligés de nous adresser.

Nous partîmes de Toulon, le 11 août, à neuf heures du soir, par un magnifique clair de lune, sur un brick vieux et lourd, qui portait des marchandises à Alger.

XXIX

Pendant la première journée de notre traversée, nous fîmes peu de chemin. Mais le calme plat allant toujours en augmentant, nous fûmes forcés de nous arrêter pendant neuf jours aux îles Baléares. Chaque matin, j'ouvrais de grands yeux pour voir si je ne découvrirais pas la terre africaine, mais la réponse du capitaine était toujours : « Majorque, Minorque ou Iviça. »

Pour échapper à l'ennui de l'insupportable vie du bord, je me mis à prêcher aux matelots la doctrine saint-simonienne, au point de vue philosophique et industriel, il était vraiment curieux d'entendre ces braves et naïfs matelots me faire mille questions comme celles-ci : « Alors, comme ça, disaient-ils, dans cette nouvelle religion, mon garçon pourrait apprendre à lire et à écrire, devenir un savant tout comme un autre?

— Oui, mes amis, répondais-je.

— Et ma pauvre femme n'aurait plus à se tuer le corps et l'âme pour nourrir ses enfants quand je ne suis pas là? ajoutaient-ils.

— Eh non! mes amis, » disais-je.

Je leur expliquais ainsi chaque jour ce que mon imagination me révélait à propos de la grande formule saint-simonienne : « A chacun selon ses œuvres, à chacun selon sa capacité. »

Et je prenais chaque jour un plus grand ascendant moral sur ces braves gens. Il y avait parmi eux notamment un gros matelot, un vieux loup de mer, qui sanglotait quand je lui expliquais la loi nouvelle de l'équitable répartition des récompenses méritées par le travail. Il me baisait les mains, et me regardait, malgré moi, comme un être surnaturel.

Aussi, le soir surtout, au milieu de la mer silencieuse, je puisais dans mon amour pour l'humanité une éloquence que je ne me connaissais pas.

« Comprenez-vous, mes amis ? leur disais-je ; au lieu d'avoir à votre tête des chefs, des gouvernants placés par l'intrigue ou par le hasard de la naissance, vous aurez des chefs que vous aimerez, que vous estimerez, à qui vous serez heureux d'obéir. Pourquoi ? Parce qu'ils seront les meilleurs, les plus instruits, et que vous les aurez choisis vous-mêmes parmi les plus capables. »

J'ai le regret de dire que les rudes leçons de l'expérience m'ont fait voir, plus tard, qu'alors je rêvais ! Et pourtant, c'est la justice dans l'humanité que cette équitable répartition par la vertu et les talents.

La surexcitation où me mettaient mes prédications m'avait donné une fièvre nerveuse qui m'empêchait de fermer l'œil pendant la nuit.

Une fois vers trois heures du matin, ne pouvant goûter une minute de repos, je descendis de la chaloupe qui

me servait de chambre à coucher en plein air sur le
pont, ne pouvant m'habituer à descendre dans les ca-
bines dont l'odeur nauséabonde m'oppressait. Je quittai
ma chemise, et monté sur le bastingage, je me précipitai
dans la mer. Aussitôt l'homme de quart sonna la cloche
d'alarme. En un clin d'œil, tout le monde à demi vêtu se
trouva sur le pont.

Trouvant délicieux le bain que je prenais, je riais de
la mine effrayée des matelots et ne pouvais comprendre
le cri que me jetait le bon capitaine, en bonnet de coton :
« Les requins ! les requins ! » disait-il.

Mes deux camarades seuls se pâmaient de rire. J.....
ne savait pas du tout nager, mais D..... qui savait
tant soit peu nager, n'y peut résister, se jette à l'eau.
Mais au lieu de nager, il se met à barboter. Tous les
matelots, dont pas un seul ne sait nager, sont dans l'angoisse. On jeta une corde à D....., qui, au milieu de
tout ce trouble, ne perdit pas la tête, et, sans cesser
de rire, remonta bravement par l'amarre qui lui avait
été tendue.

Étant remonté sur le navire comme D....., et par
les mêmes moyens, j'eus à essuyer les reproches du bon
capitaine qui, avec tout l'équipage, me disait combien
j'avais eu de chance de ne pas avoir été mangé par un
requin ; car, dans ces parages, et par un ciel aussi lourd,
c'est par bandes qu'ils se montrent.

Je commençai à comprendre le danger que Dumangin
et moi nous venions de courir. Et le jour même, j'eus
une triste preuve de ce que le capitaine et les hommes
me disaient au sujet des requins.

Un pauvre jeune homme, en plein midi, s'étant jeté à la mer pour repêcher une flamme, tombée à l'eau, fut, sous mes yeux, coupé en deux.

Au surplus, un mois après, des passagers de deux bricks que nous avions découverts une heure avant ce terrible accident, nous racontèrent qu'ayant eu des cholériques, dont les corps avaient été jetés à la mer, une bande de requins leur avait fait escorte depuis le golfe de Gascogne.

Enfin, après quinze jours de traversée, nous arrivâmes en vue d'Alger. Je ne pourrais dire l'impression que me fit le spectacle, si nouveau pour moi, d'une ville tout orientale, dont les maisons blanches s'étageaient en amphithéâtre.

Mais ce n'était rien à côté de ce qui nous attendait au moment du débarquement. C'était dans l'après-midi; le rivage était couvert d'une foule bariolé, dont les costumes étaient brillants mais plein d'harmonie. Je n'avais pas épuisé toute mon admiration en face de la campagne de Rome et du golfe de Naples, comme d'abord je l'avais cru.

Mes instincts de coloriste s'éveillaient à un point qui me faisait toucher au délire. Les officiers d'artillerie, camarades d'école de J..... et de D....., leur disaient : « Mais votre compagnon de voyage est fou. »

Quelques jours après notre installation dans une jolie petite maison mauresque, où nous étions merveilleusement servis par un sous-officier, M. Prosper de la Goutte me mena au camp de Kouba, pour que je fisse une visite à M. de Lamoricière qu'il connaissait comme étant adepte saint-simonien. M. de Lamoricière qui, depuis, est devenu célèbre, venait d'être nommé capitaine de la première compagnie des zouaves que l'on formait.

Mon intention était de faire de M. de Lamoricière un croquis que j'aurais offert à ses amis, mais il était malade, et couché sur un lit de camp composé de deux planches, et enveloppé dans son manteau, il lui fut impossible de poser.

Un sous-officier très-dévoué à Lamoricière me raconta quelle énergie il déployait dans les dangers qu'il courait au milieu des Arabes incorporés :

« Chaque nuit, me disait ce sous-officier, nous faisons le guet pour empêcher un de nos hommes récemment engagés, d'attenter aux jours du capitaine, que nous aimons nous, Français, mais que ces gueux de moricauds exècrent autant qu'ils l'estiment et le craignent. »

Le lendemain de notre visite au camp de Kouba, nous fûmes témoin d'une scène assez réjouissante pour la marine française.

Un brave et naïf garçon, surnommé David, aspirant de première classe de la marine nationale, avait été envoyé en croisière avec quelques hommes dans une chaloupe armé d'un petit canon, pour donner la chasse à un bâtiment barbaresque.

La mer étant devenue grosse, la chaloupe s'était séparée de la corvette, et pendant une semaine, on l'avait crue perdue avec son équipage.

Mais un jour, je vis amener à l'Intendance, comme

porté en triomphe, ce bon David, qui apportait sa prise, laquelle se composait non-seulement du bâtiment qu'il avait reçu l'ordre de poursuivre, mais encore de deux autres bâtiments, et tous les deux chargés de blé.

Dans le pays classique de la couleur, j'eus naturellement à me réjouir d'avoir pratiqué en Italie l'étude à l'aquarelle, et je m'y livrais de tout mon cœur.

Comme il faisait chaud, D..... restait couché dans sa chambre.

Quant à J..... et à moi, armés, chacun de notre fusil, nous poussions nos excursions dans la plaine de la Mitidja.

Un matin, de très-bonne heure, nous partîmes avec l'intention d'aller le plus loin possible, emportant des vivres pour plusieurs jours.

A la porte Bab-Azoun, des officiers d'artillerie avec qui nous prîmes le café nous recommandèrent d'être très-prudents et de ne pas nous écarter, mais à vingt-deux ans on ne doute de rien.

En cheminant dans la plaine nous rencontrâmes un grand gaillard armé jusqu'aux dents, couvert d'une blouse grise, avec des accessoires assez bizarres par leur sauvagerie.

C'était un Parisien, appartenant à une famille de riches négociants, laquelle avait voulu le marier malgré lui. Il s'était réfugié en Algérie, où il vivait du produit de sa chasse qu'il vendait en ville ; il nous initia aux ressources secrètes de la plaine de la Mitidja. Après avoir tué du gibier plus à lui tout seul que nous deux ensemble, il nous mena coucher à la ferme du Dey.

C'étaient de vastes bâtiments arabes abandonnés, dont la cour était pleine de paille.

Vers dix heures du soir, nous nous installâmes dans cette cour, ouverte de tous côtés. Ayant allumé du feu, nous fîmes rôtir deux perdrix, en les embrochant dans une branche d'arbre ; et nous dînâmes en buvant gaiement notre vin renfermé dans une outre de cuir que nous nous passions à la ronde. Pendant notre dîner, notre grand sauvage parisien nous racontait les histoires les plus extraordinaires.

A un certain moment, voyant des feux s'allumer de distance en distance sur les montagnes de l'Atlas, il se mit à nous dire gravement, du ton d'un homme bien convaincu : « Ah! les Arabes allument leurs feux ; c'est bon signe ; ils vont sans doute faire une descente en plaine, cette nuit, et nous aurons leur première visite. »

Nous nous arrangeâmes de notre mieux pour dormir. Mais j'eus toute la nuit les plus affreux cauchemars.

Le jour commençait à paraître, J..... et moi nous nous mîmes en route du côté de la Maison carrée. Notre sauvage nous quitta pour continuer sa chasse solitaire du côté de la mer.

Vers dix heures du matin, J..... et moi, nous fîmes la rencontre d'une caravane de bédouins, montés sur leurs chevaux, armés de leurs longs fusils, sabres au côté, pistolets à la ceinture. La tête baissée sous leurs burnous blancs, attachés avec des cordes de poil de chameau, ils tournaient sur nous leurs yeux noirs et brillants, qui n'avaient rien de rassurant.

Mon camarade et moi, sans échanger un mot, et serrant nos fusils dans nos mains, nous ne quittions pas du regard nos terribles bédouins.

Ils voulurent bien passer auprès de nous, sans nous demander même nos fusils, ce qui était très-généreux de leur part.

« Car enfin, me disais-je en moi-même, je tirerai bien mes deux coups de fusil, mais après?... »

Nous marchâmes encore deux heures en avant dans la plaine.

Nous nous trouvions sur un petit monticule où nous jouissions d'une vue splendide : à gauche, nous avions la mer, et en face de nous la plaine, s'étendant jusqu'aux montagnes de l'Atlas, lesquelles se noyaient dans un ciel d'un blond tendre et laiteux.

Il pouvait être midi; nous avions 40 degrés de chaleur, mais la brise de la mer rendait la température très-supportable. Pendant que je m'asseyais pour commencer une aquarelle, J..... s'éloignait de moi à quelque distance pour faire la sieste à l'ombre d'un buisson de cactus, de vignes sauvages, dont le fruit avait un certain goût analogue au muscat.

Cherchant à fixer avec mon pinceau et mes couleurs l'impression délicieuse que j'éprouvais, j'étais parfaitement heureux; un silence complet régnait autour de moi, mais, à un certain moment, un léger bruit, semblable au frôlement de quelque corps léger sur des herbes sèches, me fit détourner la tête. Mais, ne voyant rien, je m'imaginai que c'était la brise qui, rasant la terre, produisait ce bruit en passant sur les broussailles d'alen-

tour. Ce bruit se renouvela jusqu'à cinq fois, et j'avais
fini par n'y plus faire attention, lorsque, me retournant
machinalement, à ma grande surprise, je vis, à quinze
pas de moi, le cou allongé, appuyés sur leurs genoux,
quatre grands bédouins cherchant à voir ce que je pouvais bien faire, ainsi assis au milieu de la plaine de la
Mitidja.

Cette apparition me bouleversa quelque peu, mais
dominant mon émotion, je fis semblant de continuer
mon aquarelle, et ne bougeai pas, ayant seulement
allongé la main sur mon fusil.

Au bout de quelques minutes, ils se retirèrent avec
aussi peu de bruit qu'ils en avaient mis à s'approcher
de moi.

A peu près deux heures après, J..... me rejoi-
gnait en m'apportant quelques petites grappes de raisin
blanc.

« Comment avez-vous dormi ? lui demandai-je.

— Je n'ai jamais aussi bien dormi dans un lit, » me
répondit-il.

Je lui racontai la visite que j'avais reçue.

Après trois autres nuits, et de nouvelles rencontres,
tout aussi bienveillantes, de ces beaux Arabes dont,
depuis qu'ils ne m'ont pas coupé le cou, je déclare être
l'ami passionné, nous rentrâmes à Alger.

Les officiers avec qui nous avions pris le café quelques jours auparavant croyaient que nous étions seulement sortis le matin du même jour pour aller chasser ;
ils refusèrent de croire que, depuis le jour de notre rencontre, nous n'étions pas rentrés à Alger.

Quand je leur montrai les dessins que j'avais faits, ils furent bien obligés de se rendre à l'évidence, mais ils n'en revenaient pas ; notre aventureuse expédition avait eu lieu fort peu de temps après la malheureuse retraite du général Berthezène.

XXX

Je fis demander à l'autorité supérieure la permission
de faire un dessin de la grande Mosquée, mais l'autorité
n'y pouvait rien, j'observai les Arabes entrer dans
la mosquée.

Ayant remarqué qu'ils ôtaient leurs chaussures et les
laissaient à la porte, je fis comme eux ; mes chaussures
déposées à la porte, j'entrai et je me mis à faire une
aquarelle de cette intéressante mosquée.

Au bout de quelques instants, tous les croyants assis,
les jambes croisées, bercés par leurs prières, à part
quelques exceptions, se livraient à un sommeil délicieux
et profond.

Ceux qui entraient s'approchaient de moi avec indignation, et juraient entre leurs dents. Silencieux, je
continuais mon travail, j'avais l'air de ne pas comprendre, lorsqu'une espèce de sacristain de l'endroit
vint me prier, en langue franque, de le suivre. Ce que
je fis ; il me conduisit auprès des muphtis, des prêtres
de la mosquée.

Ces messieurs, assis sur des tapis, à la manière

orientale, prenaient leur café et fumaient de longues pipes, dans une salle décorée de faïences, ouverte sur une cour plantée d'arbres, et où une fontaine d'eau limpide répandait une délicieuse fraîcheur.

Le sacristain ayant parlé, j'expliquai aux prêtres que je dessinais l'intérieur de la mosquée, comme j'avais dessiné toutes les choses intéressantes que j'avais rencontrées en Algérie, que j'avais laissé à la porte mes chaussures, comme j'avais vu faire à tous les croyants qui entraient.

Je montrai à ces messieurs mes pieds déchaussés, ce qui les fit sourire agréablement, et ils me firent reconduire à ma place, au grand ébahissement de ceux d'entre les Arabes qui ne dormaient pas.

Il manquait à ma collection un chef arabe. J'allai un jour tout droit devant moi jusqu'à la porte de Bab-Azoun, bien certain de trouver ce que je cherchais, et décidé à prier le premier chef que je rencontrerais de vouloir bien me servir de modèle.

Je rencontrai bientôt un beau grand gaillard de six pieds, et je tâchai de lui faire comprendre ce que je désirais de lui, par la pantomime la plus expressive possible. Mais je ne pus y réussir.

L'Arabe paraissait tout à fait désolé de ne pas me comprendre, lorsqu'il aperçoit, de l'autre côté de la rue, un juif qui passait. Il m'indique du doigt cet interprète; en effet, je lui explique mon désir en mauvais italien. L'Arabe, à qui le juif transmit ma pensée, répond qu'il accepte volontiers ma proposition et, immédiatement, il m'accompagne chez moi.

Lui ayant fait apporter, sur la terrasse qui me servait
d'atelier, une pipe, du tabac et du café, je fis, d'après
lui, un dessin à l'aquarelle. Quand mon travail fut terminé, je mis la main à ma poche, comme pour le payer,
mais l'expression de son visage me prouva que je l'avais
offensé ; apercevant sur ma table une tasse de cuir verni
que j'avais achetée à Marseille, j'eus l'idée de la lui offrir,
en lui indiquant, par un geste, l'usage qu'il en pourrait
faire en traversant les déserts.

Mon chef arabe me donna alors tous les signes pos-
sibles de sa reconnaissance. Aussi, ma conviction est-
elle que les moyens qu'emploie le gouvernement français pour réduire cette race sont on ne peut plus
mauvais.

Ne voulant pas quitter Alger sans emporter quelques
dessins d'après des femmes, je me servis de l'interven-
tion d'un beau juif, de vingt à vingt-cinq ans, pour pé-
nétrer dans plusieurs familles arabes et juives. Il commença par me laisser seul chez lui avec sa jeune et jolie
femme. Sa robe de soie, grenat-violet, ornée d'une bor-
dure d'or au crochet, faisait valoir le beau ton mat de
ses chairs glacées, d'un ton fin de laque de Smyrne. Sa
ceinture était un simple foulard, attaché plutôt que
noué, non à la taille, suivant la mode européenne, mais
au-dessus des seins. Ses petits pieds nus étaient chaus-
sés de pantoufles arabes de velours noir et brodées
d'or.

Le jeune mari ne rentra qu'au bout de quatre ou cinq
heures pour recevoir sa pièce d'argent.

J'avais dessiné, dans la rue, plusieurs négresses à

leur insu. Quand elles s'en aperçurent, elles me couvrirent d'imprécations en criant et gesticulant comme de véritables guenons.

La personne qui m'avait mené à la soirée des officiers me conduisit dans une maison où se trouvaient plusieurs femmes arabes et une toute jeune négresse, fort belle, de quatorze à quinze ans. Je m'apprêtai à dessiner celle-ci ; je m'approchai d'elle pour arranger quelque chose de son ajustement d'une façon plus pittoresque. A peine eus-je touché les plis de sa draperie, et avec tout le respect imaginable, que ce ne fut plus une femme, mais une bête féroce, une tigresse dont la bouche jetait des flots de bave blanche, et qui faisait entendre des cris horribles tirés du fond de son gosier.

Ma collection de dessins était à peu près complète, grâce à la complaisance des juifs qui m'introduisaient dans les maisons arabes.

Je vis un jour un beau jeune homme, imberbe, flânant sur la place du Marché. Désirant le dessiner, je lui fis offrir à déjeuner chez moi.

Il déjeuna très-bien ; il avait l'air on ne peut plus content. Lui ayant fait servir du café par mon sous-officier, je lui indiquai l'escalier par où montaient les gens que je faisais poser, et il monta gaiement. Mais, quand il me vit mettre la main à mes crayons et à mes couleurs, il me demanda, par signes, la permission de s'absenter pour certains besoins impérieux. J'avais remarqué sur ses traits une émotion qui trahissait la crainte que lui inspirait le crime qu'il allait commettre en se laissant peindre.

Le malheureux souffrait d'autant plus qu'il avait mangé mon déjeuner, ce qui l'engageait à ses yeux.

Il était depuis quelque temps dans le petit cabinet lorsque, de la terrasse où je m'étais placé en observation, je le vis entr'ouvrir lentement la porte. Se croyant seul, il s'élança dans l'escalier pour se sauver dans la rue. Mais je le saisis par un pli de son burnous, et le priai de remonter. Mais mes prières furent inutiles, ainsi que les menaces de mon sous-officier.

« Toi en prison », lui disait celui-ci ; à quoi le jeune Arabe répondait : « Mahomet ! »

Voyant que rien ne le décidait, je le poussai devant moi, et prenant mon fusil qui était chargé, je le mis en joue et le fis remonter sur la terrasse. Dès lors il resta fort tranquille et je le dessinai aussi promptement que possible pour abréger son martyre.

Mon aquarelle terminée, je la lui montrai : il se reconnut. Je lui donnai un douro, ce qui valait six francs de notre monnaie. Il fut enchanté; les scrupules religieux se taisaient devant la pièce d'argent.

Il me rappelait ce nègre qui, m'ayant demandé à boire du vin pendant qu'il posait, me répondit aux observations que je lui fis sur la loi de Mahomet interdisant l'usage du vin : « Oh ! Mahomet est enfoncé par le Dieu des Français. »

Mon histoire avec ce jeune Arabe fit du bruit et courut toute la ville. Un jour, dans le salon de Mme de Mirbel, un an après, un interprète du gouvernement la racontait d'une façon qui la rendait méconnaissable. Il soutenait pourtant sa version.

« Mais, monsieur, me disait-il, j'y étais.

— Cela se peut, monsieur, lui répondis-je en l'attirant dans un coin du salon ; mais, ajoutai-je, c'est moi qui ai dessiné le jeune Arabe en question ; je suis monsieur Etex. »

Il me fit des excuses, et nous rîmes beaucoup de cette histoire.

Conduit au tribunal arabe d'Alger par M. Paravay, que le gouvernement français envoyait pour étudier la législation du pays, je soutenais à M. Paravay, qui était d'un avis contraire, que j'aurais plus de confiance dans le jugement du cadi entouré de ses conseillers, qu'en la décision d'un jury composé de boutiquiers qui ne comprennent rien à la justice pas plus qu'à la législation.

La première affaire qui fut appelée était une affaire de vol. L'accusateur et l'accusé, mis face à face, s'expliquèrent tour à tour devant les juges qui cherchaient à découvrir la vérité, non-seulement dans leurs paroles, mais dans leurs regards, leurs gestes et leur maintien. Je fis comme eux, et sans entendre un seul mot de ce que disaient les plaideurs, je dis à M. Paravay ainsi qu'à l'interprète : « Celui-ci est le voleur, celui-là est le volé, » et le cadi rendit un jugement qui me donnait raison.

On appela une autre affaire : c'était un vieil Arabe qui avait renvoyé sa femme et s'obstinait à ne pas vouloir la reprendre ; celle-ci, qui s'expliquait d'une fenêtre grillée, sans cesser d'être voilée, excitait visiblement l'intérêt et la compassion des juges. A la fin, une espèce de geôlier vint avec une énorme clef chercher le vieil Arabe, qui, sans sourciller, se laissa conduire dans la prison voisine.

Le 15 septembre, nous nous embarquions sur un bon brick de commerce, pour Carthagène, non sans avoir dit adieu à la ville si pittoresque d'Alger, et à la nation arabe, si intéressante.

« Pauvres Arabes, disais-je en moi-même, je vous salue et je regrette que l'on ne vous ait pas laissés tranquilles. »

XXXI

Un de mes rêves allait donc se réaliser : j'allais voir l'Espagne !

Le premier jour de notre traversée, nous eûmes à subir un terrible ouragan, l'équinoxe d'automne commençant à se faire sentir. Selon mon habitude, j'étais resté sur le pont ; un brave matelot vint me ficeler au grand mât à l'aide d'un cordage ; et, toute la nuit, je demeurai là au milieu de la pluie, aveuglé par les éclairs.

Le matin, au lever du soleil, je remerciai l'astre bienfaisant qui, sans calmer mes douleurs d'estomac, venait au moins réchauffer mes membres engourdis, par le froid et les tortures de cette sublime et trop cruelle nuit.

Le lendemain, le calme étant revenu, nous pûmes entrer dans l'excellent port de Carthagène. Nous apprîmes avec une grande joie que nous pouvions purger notre quarantaine à bord, sur notre petit brick.

Je me fis un genre d'occupation ; le matin, je passais

à l'encre pour tuer le temps, mes croquis faits d'après nature dans les rues d'Alger et dans la plaine de la Mitidja ;
le soir, pendant une heure avant de dîner, je me livrais
à l'exercice de la natation.

J'avais besoin, du reste, de faire diversion à mes
préoccupations, car ni à Toulon, ni même pendant mon
séjour à Alger, je n'avais pu avoir aucune nouvelle de
mon groupe de *Caïn*, dont le succès devait décider de
tout mon avenir.

Le consul de France à Carthagène était M. Pouqueville, le frère de l'ancien consul de France à Athènes.

Il s'ennuyait à son poste autant que nous à bord.
Aussi fut-il heureux quand, par la longue baguette du
garde de la santé, je lui tendis la lettre de recommandation qui m'avait été donnée par son frère pour le consul
général à Milan, et dont je ne m'étais pas servi, n'étant
pas allé à Milan, lors de mon premier voyage en Italie.

Il semblait qu'enfant de Paris, né au milieu des révolutions, la guerre civile dût me suivre partout. Ce qu'il y
a de certain, c'est qu'au moment où nous débarquions à
Carthagène une émeute venait d'éclater dans cette ville.
Elle s'apaisa heureusement et nous pûmes reprendre le
cours de nos pérégrinations.

M. Pouqueville, qui était garçon, nous avait invités à
dîner, pour le jour de notre débarquement. A ce dîner
devaient assister de charmantes jeunes femmes espa-
gnoles. Mais l'état de nos finances, que je venais de véri-
fier après avoir payé le capitaine du brick, nous força de
renoncer à ce plaisir et aussi à celui de voir Séville,
Grenade, l'Alhambra et toute l'Andalousie. Je n'hésitai

pas à m'imposer ce sacrifice, me voyant obligé d'emprunter en mon nom de l'argent à M. Pouqueville.

Cela parut dur à mes camarades, qui m'accablèrent de reproches. Mais je leur répondis en versant sur la table le montant de la bourse commune.

Tout compte fait, il nous restait à peine deux cents francs.

Mais nous avions de beaux costumes arabes, que J..... avait achetés à Alger !

J'invitai nos deux camarades à quitter leur belle toilette de ville et à reprendre les souliers ferrés, les guêtres, la blouse et le bâton du voyageur, et nous montâmes dans une petite charrette, recouverte en toile grise, qui devait nous conduire à Albacète, et de là à Madrid, dans le cas où nous ne pourrions nous rendre dans cette ville en diligence.

Avant de partir je me chargeai de faire agréer par M. Pouqueville nos excuses pour notre absence à son fameux dîner. Je lui fis cadeau d'une aquarelle assez grande, d'une vue de Carthagène qui lui plaisait beaucoup quand nous la lui avions montrée de notre bord.

Une chose me charmait, c'est que notre voyage économique allait nous montrer en détail la partie de l'Espagne que nous allions traverser.

Dans la province de Murcie, je trouvai l'élégant costume espagnol qui semble tenir le milieu entre le costume oriental et le costume occidental ; il se compose du pantalon blanc en toile, très-large et très-court, d'une large ceinture rouge en laine ou en soie, d'un gilet de velours violet ou noir, avec des boutons à grelots en argent, d'une chemise de toile blanche à larges manches serrées au poignet ; ajoutez à cela, pour coiffure, la montera ou marena de velours noir, recouvrant le grand mouchoir de madras, noué sur la tête, des bas bleu clair et des espadrilles fermées par des cordons rouges croisés sur la jambe, la veste jetée sur l'épaule gauche, et enfin un bâton recourbé à la main, et vous pourrez vous figurer le costume espagnol de la province de Murcie, que je préfère à celui, pourtant si coquet, du maio de l'Andalousie.

Du haut du clocher de la cathédrale de Murcie nous pûmes jouir de la vue d'une vaste plaine verdoyante, chose très-rare dans le midi de l'Espagne, sans en excepter les jardins d'Aranjuez.

Nous dinâmes à Pozzo de Canada chez un aubergiste, maître d'école, dont les élèves criaient leurs leçons à l'unisson avec la friture qui cuisait bruyamment dans l'huile bouillante.

La diligence allait d'Albacète non pas à Madrid, mais à Valence, et nous nous arrangeâmes de nouveau avec le propriétaire de notre petite voiture. Nous aurions aimé pourtant à voir Valence et surtout l'Alhambra, mais quoi ! l'argent nous manquait.

Chacun de nous ayant acheté un énorme couteau castillan à Albacète, nous continuâmes notre route.

Passant par le pays du fameux Don Quijota della Mancha, nous devions avoir et nous eûmes en effet des aventures de plusieurs sortes. La première fut la rencontre dans la montagne d'un honnête rôdeur de nuit.

Il était tard ; fatigués de la marche de la journée, mes

camarades dormaient sur une botte de paille jetée sur nos malles, notre conducteur était à la tête de son cheval; quant à moi, je cheminais à vingt pas en arrière.

Buena noche, bonne nuit, vint me dire tout à coup le rôdeur de nuit en question.

J'avais travaillé la langue espagnole pendant notre quarantaine. Ce que je savais, joint à l'italien que je connaissais assez bien, me permettait d'exprimer ma pensée en langue espagnole. Aussi, quand notre rôdeur de nuit eut appris de moi quels pauvres diables d'artistes nous étions, il fut sans doute bien désappointé et à peine avait-il fait un demi-mille de chemin à côté de moi qu'il donna un signal par un coup de sifflet et disparut ensuite dans les rochers qui bordaient la route, en me disant : « *Buen viage Senor, vada ousted con Dios.* »

Notre seconde aventure de la province de la Manche fut notre arrivée à une certaine posada où il y avait une jolie padrone, brune piquante, rondelette, coquettement ajustée, de vingt à vingt-cinq ans ; elle avait à côté d'elle sa filleule, jeune maritorne, de seize à dix-sept ans, assez sale et pourtant assez jolie.

Il y avait dans cette posada grand nombre de muletiers qui étaient tous couchés à l'exception d'un jeune maïo brun, bien taillé, qui montra le bout de son nez à distance au moment où je causais avec ces dames. Je crus apercevoir, à la clarté d'une lanterne accrochée au mur, un regard oblique et tant soit peu jaloux, qui m'était destiné, derrière ce nez sortant d'un manteau brun.

Il est vrai que tout en commandant notre dîner, je me montrais assez entreprenant avec les princesses, lesquelles n'étaient farouches ni l'une ni l'autre. Cela s'explique assez par l'habitude qu'elles avaient de recevoir dans leur posada les muletiers de toutes les Espagnes.

Le lendemain, après avoir traversé un pays assez bien cultivé, nous arrivâmes, le soir, à la posada de Mola.

Il y avait, dans la grande salle où nous étions une de ces vastes cheminées circulaires formant un dôme semblable à ceux des petites mosquées d'Alger. Le bois était placé au centre du foyer et la flamme s'élevait perpendiculairement. La fumée s'échappait par un tuyau placé au sommet d'un petit dôme en pointe. Des Espagnols, enveloppés de leurs amples manteaux, faisaient cercle autour du feu, sans se déranger aucunement à notre approche, pleins de cette arrogance fanfaronne, unique, et tout espagnole, que l'on ne rencontre qu'en ce noble pays du Cid.

La maîtresse du lieu vint nous offrir, en s'adressant à ma personne, du gibier de toute espèce, des lièvres, des perdrix, des bécassines, voire même des faisans ; avec le calme d'un stoïcien et le flegme d'un Anglais, je répondis, au grand ébahissement de la noble assistance :

« Madame, donnez-nous de la soupe à l'oignon, à l'ail et aux œufs, puis une omelette avec un demi-boisseau de pommes de terre dedans. »

J'ajoutai à la carte de notre menu ce demi-boisseau de pommes de terre pour nous élever à la hauteur de la noble assemblée.

Impossible de dire les airs contenus des Espagnols; mes camarades s'enfuirent dans la pièce voisine pour ne pas éclater de rire au nez de ces fiers Castillans; car nous étions en pleine Castille.

Quelques jours après nous arrivions à Aranjuez, palais important consacré aux plaisirs des roi d'Espagne. C'est plutôt un ensemble de palais qu'un palais. Cela est bizarre et de mauvais goût, mais c'est bâti sur les rives du Tage, c'est vert et frais, chose rare en ce pays. Le cirque pour les courses de taureaux est assez beau. Il y a un couvent et une place où se trouve une statue qui m'a si peu impressionné que, dans mes notes, je n'en dis même pas le sujet.

Enfin, nous faisons notre entrée solennelle à Madrid, par la porte de Tolède, dans notre charrette couverte de poussière.

Notre conducteur payé, il nous restait à chacun deux sous pour nous faire raser.

Notre premier soin fut de courir à la poste où devait se trouver la lettre de crédit de J..... sur un banquier de Madrid.

Il y avait, en effet, au bureau de la poste restante, une lettre pour M. Jubin de Paris, mais il nous manquait trente ou quarante sous pour la retirer. Nous la prenons dans nos mains, chacun à notre tour, nous la retournons dans tous les sens, et nous échangeons des regards où se lit notre embarras.

Nous sentons que nous sommes arrivés à cette seconde, où il n'y a plus à hésiter, où il faut prendre un grand parti.

Notre situation était trop humiliante pour être avoua-
ble, surtout en Espagne. Un monsieur vêtu d'une
façon singulière, à l'air étrange, se présente pour réclamer en espagnol une lettre à lui adressée de Paris.

M'approchant de lui, je lui adresse la parole en mauvais espagnol ; il me répond en bon français. L'œil de
Jubin s'illumine d'espérance ; je dis à mon interlocu-
teur notre détresse, il me remit immédiatement une
pièce d'or, qui lui fut rendue le même jour.

Cet original était un Parisien qui, parti depuis vingt
ans, à l'âge de douze ans, s'était engagé comme mousse
et avait fait et défait quatre à cinq fois sa fortune dans
l'Amérique du Sud. Il avait, en outre, reçu une douzaine de coups de couteau ; il revenait à Paris avec un
joli magot, pour embrasser une sœur qui, seule, lui
restait de toute sa famille.

Quand nous eûmes de l'argent, mon premier soin fut
d'organiser une visite à Saint-Hildephonse, à la Granja et
à l'Escurial.

Saint-Hildephonse, qui n'est qu'une mesquine copie
du château de Versailles, a toutes les faiblesses d'art que
l'on trouve dans une copie. Aussi, nous remontons promptement en voiture pour aller visiter l'Escurial, célèbre
monastère bâti par Philippe II, et dont la pierre noirâtre rappelle par sa sévérité triste les jours lugubres de
l'inquisition.

Mais le plus curieux se trouve à la sacristie. C'est là
que l'on voit de sublimes peintures de Léonard de Vinci,
la *Perle*, la *Visitation*, et la *Vierge au Poisson*, de
Raphaël.

J'étais depuis longtemps initié aux beautés de ce dernier artiste. Tournant la tête à gauche, je reçus l'impression étrange de l'étonnant tableau du dîner d'Emmaüs du fougueux Rubens. Puis j'admirai une Vierge de Murillo avec l'Enfant-Jésus, une autre Vierge d'André del Sarto, un *Jacob gardant les troupeaux de Laban*, en costume de paysan des environs de Madrid du féroce Espagnol, et peinture d'une exécution puissante et bien autrement réaliste que celles de nos singes français.

Je fus heureux de trouver là deux Sébastien del Piombo, dont l'un est très-beau : *le Christ portant sa croix*, où l'on sent la réunion harmonieuse des trois arts : peinture, sculpture et architecture.

Dans les diverses salles du couvent, je remarquai de fort belles peintures de l'école espagnole, entre autres la *Tunique de Joseph apportée à Jacob*, par mon peintre préféré, par le prestigieux, naïf et fin Vélasquez. Il y a encore là un tableau de *Saint-Jérôme dans le désert*, par le Titien, qui m'a paru tant soit peu lâché, et une belle *Scène* de Paul Véronèse, peinture très-blonde et très-fine.

Deux ou trois lieues, avant d'arriver à la Granja, nous traversâmes une montagne, où le soleil couchant se jouant au milieu de pins gigantesques disposés comme un décor de théâtre, produit un merveilleux effet.

Nous revînmes à Madrid assez à temps pour assister à une belle course de taureaux, donnée à l'occasion du rétablissement de la santé du roi Ferdinand. Le célèbre matadore Montès était alors dans toute sa vigueur. Nous fûmes entraînés presque malgré nous à ce dégoûtant spectacle par les jeunes attachés de l'ambassade française à Madrid.

Le taureau, lancé dans l'arène, fouettait ses flancs de sa queue, baissant la tête et regardant de côté les cavaliers et les chevaux, qu'il fallait pousser à l'attaque en éperonnant vigoureusement. Les picadors fondirent sur l'animal armés de longues lances. Le beau rôle était au taureau.

Montès parut, tenant à la main sa longue épée. Interdit de tant d'audace, le taureau resta un moment immobile, puis il baissa la tête pour enlever au bout de ses cornes son chétif adversaire ; mais celui-ci, pirouettant sur une jambe, échappa en se jouant à l'assaut de la bête ; ayant plusieurs fois recommencé le même jeu avec une adresse et un calme incroyables, il plongea à la fin jusqu'à la garde sa longue épée, au point de jonction qui se trouve dans la colonne vertébrale du taureau, entre les vertèbres cervicales et les vertèbres dorsales, et l'animal tomba mort.

« Bravo, Montès ! crièrent longtemps les dames élégantes qui garnissaient les loges à l'amphithéâtre ; les hommes agitèrent en l'air leurs sombreros, en poussant le même cri : « Bravo, Montès ! »

Le cachetero donna alors un dernier coup de poignard au taureau, quoiqu'il fût bien mort, et trois mules noires, au poil luisant, coiffées de plumes rouges, arrivèrent au galop dans l'arène. La queue du taureau fut attachée aux traits des mules, qui repartirent au galop, traînant le noble animal dans la poussière. Ce spectacle est toujours le même, honteux et dégoûtant.

Je dois néanmoins avouer que si la première course
à laquelle j'assistai m'arracha des exclamations d'horreur, je ne pus néanmoins résister au désir de retourner
à chaque course qui eut lieu pendant que j'étais à
Madrid.

Ce qui prouve que tout homme subit fatalement l'influence du milieu qui l'entoure.

A la galerie de peinture qui venait d'être bâtie au
Prado, je trouvai les plus beaux Vélasquez que j'aie
jamais vus; ceux des autres collections de l'Europe ne
peuvent donner qu'une faible idée de ceux-là.

Les peintures de Vélasquez vaudraient à elles seules
un voyage en Espagne. Si vous ajoutez à ces ouvrages
les chefs-d'œuvre des maîtres italiens, tels que le sublime
tableau de Raphaël *lo Spasimo*, on conviendra qu'il
faudrait être difficile pour n'être pas complétement satisfait.

XXXII

Je menais ainsi en Espagne l'agréable vie de touriste, quand, subitement, j'en fus arraché par une lettre de Paris, qui m'annonçait que mon groupe de *Caïn* était arrivé. J'allai donc aussitôt retenir ma place au courrier de Madrid à Bayonne.

Dès le départ de Madrid, la malle-poste était escortée par des dragons qui, couverts de larges manteaux blancs, avaient l'air, la nuit, de fantômes.

Trois ou quatre partis se disputaient alors le pouvoir en Espagne, et le courrier lui-même avec qui j'essayais de m'entretenir indiquait par son silence quel danger nous courions. Burgos, où s'arrêta pour la première fois le courrier, me laissa une faible impression. J'y avais vu pourtant le tombeau du Cid. A Vittoria, où fut la seconde station du courrier, je fis quelques dessins dans la cathédrale, qui est d'un assez bon gothique, mélangé toutefois de mauresque.

Pour la première fois depuis de longs mois, entre Bayonne et Bordeaux, je vis la pluie tomber du ciel, et

j'éprouvai une douce sensation de rafraîchissement.
De Bordeaux à Paris, je traversai rapidement des pays
très-intéressants ; mais je n'avais qu'une pensée : arriver
à Paris le plus vite possible, pour embrasser ma mère
et déballer mon groupe de *Caïn*, que j'avais cru perdu.

Ainsi, deux ans après mon départ, je rentrais à Paris,
et j'en prends pour juge le public, mes lecteurs, n'avais-
je pas bien employé les deux fois quinze cents francs
qui m'avaient été alloués ?

Ne croit-on pas que ce genre d'encouragement vaut
mieux pour les jeunes gens, offrant réellement des espérances, que le grand prix de Rome, lequel ne sert qu'à
éveiller de puériles vanités et à tromper beaucoup de
jeunes gens sur leur vraie vocation ?

Heureux de retrouver mon petit logement de la rue
de Furstemberg, je me mis à travailler et à finir mon
marbre d'*Hyacinthe mourant*, pour M. le comte Turpin
de Crissé, et je déballai mon groupe de *Caïn*, que je fis
monter sous une remise sans porte, dans la cour de la
maison que j'habitais.

M. Pradier et M. Ingres furent les premiers invités à
voir mon travail.

M. Pradier ne me dit pas grand'chose directement ;
mais j'appris par le bon et aimable camarade Chapon-
nière que, chez M. Gérard, il avait dit qu'à Paris, et
même en Europe, moi seul j'étais capable de modeler
certaines parties de ce groupe.

M. Ingres s'extasiait sur le caractère et la belle exécution de ce groupe. Mais, après toutes ces louanges, il
me dit :

« Tâchez de vous faire commander ce groupe en marbre, puis, avec l'argent de cette commande, faites un Caïn debout, dans une attitude qu'il voulut bien m'indiquer, et anéantissez ce travail. »

Comme je ne comprenais pas il ajouta : « Votre groupe est superbe, personne en ce temps-ci, n'est capable de modeler cela ; c'est du beau, très-beau Canova ; c'est de la sculpture d'expression ; brisez cela, je vous le répète, mais seulement quand il vous aura été commandé.

M. Ingres, à ce moment là, me paraissait avoir perdu la raison. Aujourd'hui, quarante ans après que ce jugement a été porté, je le comprends mieux ; et j'avoue que la sculpture étant l'art de la forme par excellence, l'expression y devient un danger. Les tentatives faites depuis dans ce genre ne servent qu'à donner raison à ce que me disait M. Ingres.

Le baron Gérard, disait que mon groupe était une belle tirade de Corneille. C'était bien sans le savoir que j'avais fait du Corneille, car, je dois le confesser à ma honte, je ne connaissais pas grand'chose de ce mâle et sublime génie, excepté le Cid que j'avais lu.

Mon groupe ayant été emballé à Rome, fraîchement moulé, dans de la sciure de bois, il en était résulté que le plâtre n'était pas encore sec, parce que la sciure avait bu toute l'eau qu'elle avait pu absorber.

Mais, heureusement, ce qui d'abord m'avait alarmé se trouva, en définitive, être un bonheur. La sciure de bois avait profondément imprégné le plâtre d'une teinte harmonieuse, qui le faisait ressembler aux marbres du

Parthénon, lesquels ont, comme on sait, subi l'épreuve du temps, le soleil et la pluie, et le feu, leur ayant, pendant plusieurs siècles, donné une couleur qui double leur beauté

Mon groupe, sous la remise sans porte où je l'avais monté, étant exposé à être gelé, je fis part de mon inquiétude à M. Lenormant, qui me fit obtenir par M. de Forbin, directeur du musée, la permission de remonter mon groupe dans la salle de l'exposition de sculpture au musée. M. de Forbin me fit désigner la place du bas de l'escalier, où mon ouvrage fut exposé.

Cela me valut une brouille sérieuse de plusieurs mois avec mon maître M. Pradier.

Celui-ci ne voulait pas qu'il y eût à cette place autre chose d'exposé que son charmant marbre, sa statue *Cyparis ;* il m'invita, un peu trop durement peut-être, à retirer mon ouvrage.

Je lui expliquai que je n'avais nullement l'intention de lui être désagréable, que je reculerais en arrière mon groupe aussi loin qu'il le voudrait, et enfin que mon plâtre, heurté comme un modèle fait avec fougue, avec l'inquiétude de la misère et de la maladie, ne pouvait que faire ressortir les beautés de son marbre, que je regarde, en somme, comme son chef-d'œuvre d'exécution.

M. Pradier, mon maître et mon ami, pour qui j'aurais donné ma vie, *me traita rudement et me répondit qu'il exigeait que mon ouvrage ne fût pas exposé dans la même salle que sa statue.* Je vis bien que certains hommes, comme un certain M. Desbœuf, avaient excité Pradier contre moi.

Jusqu'alors j'étais resté calme et modéré, mais à ce moment, le voyant si ingrat et si déraisonnable, je me redressai de toute la hauteur de ma conscience et des sacrifices que je lui avais faits, et je lui dis :

« Vous êtes tout-puissant aujourd'hui, cher maître ; je ne suis qu'un débutant, seul, sans appui. C'est la guerre que vous me déclarez, et c'est une guerre bien injuste, entendez-vous. »

Je racontai à M. Gérard ce qui venait de se passer : « Il est fou ! » me répondit-il.

Au moment où l'exposition allait s'ouvrir, je rencontrai chez M. Gérard M. de Cailleux, qui me dit que mon groupe allait être enlevé du lieu où il était placé. Je lui répondis que je n'avais pas demandé cette place, qu'elle m'avait été assignée par l'administration du musée, et que je n'avais pas le pouvoir d'empêcher ce qui me serait imposé par la force.

J'avais terminé et j'envoyai à la même exposition de 1833 mon marbre d'*Hyacinthe*.

M. Édouard Charton m'avait demandé un dessin sur bois pour graver mon groupe dans le *Magasin pittoresque*, qu'il fondait. Je fus invité chez Mme Récamier et chez Hippolyte Carnot, où je rencontrai Pierre Leroux, J.-L. Ampère, Édouard Charton, etc.

Là, je soutins, un soir, cette thèse, que depuis j'ai reconnu être si vraie, à savoir qu'au lieu d'être encouragé comme il l'est par tous les gouvernements que j'ai vus se succéder en France, l'art aurait avantage à être abandonné à lui-même.

Combien vivent misérablement dans les arts, qui eussent fait un chemin honorable dans une carrière industrielle ! Mais quoi ! Les récompenses qu'ils ont obtenues dès leurs débuts, souvent par très-peu de talent et beaucoup d'intrigue, les ont trompés sur leur vocation.

« Si, disais-je chez Hippolyte Carnot, il se trouve, dans cette maison, un peintre né véritablement homme de génie, il fera le portrait de l'enfant de votre portier. Ce portrait sera vu, en passant, par les locataires et le propriétaire qui lui commanderont le portrait de leurs enfants et de leurs femmes.

» S'il a du génie, il sortira quand même de la foule. Donc, laissez faire chacun, surtout ne vous mêlez pas de ces affaires d'art, où vous ne pouvez que vous tromper. »

M. Ingres, en voyant mon tableau des *Médicis*, me conseilla de ne plus faire que de la peinture, et M. Gérard m'engageait à envoyer à l'exposition le même petit tableau des *Médicis* fait à Rome en 1831. Mais je résistai à cet entraînement, bien convaincu que les coteries jalouses et malveillantes auraient déjà assez de peine à reconnaître en moi un simple sculpteur, digne et capable d'exécuter une commande officielle.

Pendant que l'on me disait que mon groupe faisait sensation au salon de 1833, j'avais bien à faire pour vivre et parer à tant de frais.

Quelques jours avant la fin de l'exposition, Alexandre Dumas vint me trouver à mon atelier de la rue de Sèvres, n° 11, pour me dire que M. Thiers, le ministre, lui avait assuré que j'avais la croix d'honneur, et que mon groupe de *Caïn* m'était commandé en marbre pour le prix de *trente-cinq mille francs*.

« Je n'y crois pas, lui répondis-je ; je suis seul, sans appui, mon cher Dumas. »

Je fis la même réponse, le même jour, à M. Henriquel Dupont, qui était venu à l'exposition m'annoncer la même nouvelle, et de nier de nouveau ; mais lui, Henriquel Dupont, de me faire raconter la petite histoire suivante, par M. Trognon, précepteur du prince. de Joinville :

Le jeune prince de Joinville était malade ; autour de son lit étaient réunis le père, le roi Louis-Philippe ; la reine Amélie, sa mère ; ses sœurs, Mlles les princesses Marie et Clémentine d'Orléans ; les jeunes princes, ses frères ; toute la famille, enfin ; le jeune prince pouvait avoir douze à quatorze ans. Il y eut un moment où il parut plus souffrant ; le roi lui dit :

« Qu'as-tu ? Il me semble que quelque chose t'oppresse. »

Le jeune prince ne répondit pas. La reine Amélie, s'approchant alors de son lit, lui dit à son tour :

« Mon fils, qu'avez-vous ?

— O ma mère, il est vrai que je souffre davantage en ce moment.

— Pourquoi ?

— Je crains bien que le groupe de *Caïn* ne soit pas commandé en marbre.

— Mais si, mon enfant, j'ai entendu le roi, votre père, dire qu'il voulait que cette commande fût faite. »

Sur quoi le roi, s'approchant de son enfant, l'embrassa et lui dit : « Tâche de dormir tranquille, Joinville, que cela ne te tourmente pas ; le groupe de *Caïn* sera com-

mandé en marbre à la suite du Salon, et c'est demain
que le Salon ferme. »

Voilà ce qui m'a été raconté par M. Trognon, précepteur du prince de Joinville, que je n'avais pas l'honneur de connaître, et en présence de M. Henriquel
Dupont.

Malgré tout cela, malgré la promesse faite par le roi
à son fils malade, mon groupe ne me fut pas commandé.

M. de Cailleux me dit qu'il était chargé, de la part de
Sa Majesté, de me donner à choisir entre trois bustes qu'il
commandait à la suite de l'exposition : le buste de Mgr le
duc d'Orléans, celui de M. Fontaine, et celui de M. Percier, les deux architectes du roi associés.

« Le roi, ajouta M. de Cailleux, désirerait que vous
préférassiez le buste de son fils, Mgr le duc d'Orléans. »

Mon choix fut bientôt fait ; malgré les câlineries per-
fides de M. de Cailleux, je choisis le buste du vieux
Percier, l'architecte du Louvre.

Celui-ci, que j'allai trouver, pour faire son buste
d'après nature, fit de la modestie exagérée. Je lui dis
que j'avais préféré son buste à celui du duc d'Orléans,
mais on en resta là ; et je ne fis pas le buste du vieux
Percier qui, tout flatteur pourtant, ne voulut pas poser
pour moi.

Pendant le carnaval de 1833, Alexandre Dumas, qui
se livrait à toutes les excentricités imaginables, eut
l'idée de transformer son logement de la cité d'Orléans,
situé au quatrième étage et mansardé, en une salle
de bal.

Il était le camarade de tous les jeunes artistes du temps, tels que Célestin Nanteuil, Tony Johannot, Louis Boulanger, de Châtillon, Devéria, Eugène Delacroix, Jadin et beaucoup d'autres.

Tous apportèrent leurs palettes et leurs pinceaux à Alexandre Dumas, qui fournissait les couleurs et la colle. Et les murs furent couverts des sujets à la mode, dans le genre noir et sombre ; c'était fort laid.

Le jour solennel du bal arriva. J'étais invité, mais je ne comptais pas y assister. Le jour même du bal, M. Lenormant vint me prier de demander pour lui une invitation à Alexandre Dumas ; ce que je fis, et ma demande fut bien accueillie. La seule recommandation que me fit Dumas, c'est que nul ne serait admis à ce bal, s'il n'était costumé.

Je donnai rendez-vous à M. Lenormant chez ma mère, où je dînais de fort mauvaise humeur, de la corvée de conduire Charles Lenormant à ce bal sans y entrer, lorsqu'une dame, une voisine, vint chez ma mère, et me gronda de n'être pas plus gai à mon âge.

Cette dame avait rapporté d'Espagne un magnifique costume d'Andalouse, tout garni de jais et de dentelles. Elle m'en dit tant et tant, que je me laissai persuader, surtout à cause de ces deux messieurs Dumas et Lenormant. On alla chercher de fins souliers de satin noir chez Hubert, le cordonnier de la duchesse de Berry ; un coiffeur me rasa avec soin, et plaça des fleurs rouges dans les boucles de mes cheveux postiches. Une belle mantille de dentelle noire fut ajustée, avec son grand peigne espagnol, par cette dame, qui me donna un charmant

éventail, qu'elle m'apprit à manier, et, avant neuf heures
du soir, je me présentais chez Alexandre Dumas, donnant le bras à M. Lenormant, mon cavalier, lequel était
vêtu d'un magnifique costume égyptien, qu'il avait porté
pendant son voyage en Égypte.

Alexandre Dumas, ne me reconnaissant pas, demanda
à M. Lenormant quelle était la charmante dame espagnole qu'il amenait à son bal.

« Quoi? lui dis-je, prenant la parole, il vous suffit de
quelques heures pour oublier les traits de vos amis? »
Quand il me reconnut, ses yeux s'écarquillèrent, sa
bouche se pinça et ses joues se gonflèrent absolument
comme celles d'un triton soufflant dans sa conque.

Jadin, déguisé en cocher des pompes funèbres, annonça le vieux général Lafayette, qui n'était pas costumé.
« Général, lui dit Dumas, il m'est impossible de vous
laisser entrer sans costume. » Le représentant de la liberté
des deux mondes revêtit, tout en riant, le domino de
satin rose que lui présentait Jadin, le cocher de la mort.

Il y avait à ce bal des illustrations de tout genre, des
philosophes, des poëtes comme Victor Hugo, des socialistes comme Charton, des acteurs comme Frédéric
Lemaître. Beaucoup de femmes assistaient à cette fête
dont la plupart étaient attachées à nos premiers théâtres
de Paris. Ainsi, à côté de Mlle Falcon, dans tout l'éclat
de sa gloire, de sa jeunesse et de sa beauté, brillaient
Mlle Mars et Mme Dorval.

Je ne voulais pas aller à ce bal ; j'y eus pourtant grand
succès. C'était à qui danserait, galopperait et rirait avec
l'*Andalouse au teint bruni*.

On excita contre ladite Andalouse Mlle Déjazet, à la langue si déliée, à la voix si lutinante et si fraîche. Je soutins de mon mieux les attaques de cette sémillante et spirituelle artiste, dans un couloir qui conduisait à la salle du souper et où la foule se pressait, riant aux éclats.

XXXIII

A cette époque, M. Thiers obtint de la chambre des députés ce vote de cent millions pour terminer les travaux de Paris, en souffrance depuis trente ans.

M. Eugène Delacroix m'avait dit la veille que l'on me destinait les douze pendentifs de la Madeleine. Mais M. Thiers me parla d'un trophée à l'Arc de l'Étoile, qui devait représenter 1814 et avoir plus de quarante-cinq pieds de hauteur.

Je ne me sentais pas de goût pour ce travail; il me semblait extraordinaire que cette date de 1814, date de nos malheurs, parût en trophée sur notre Arc de Triomphe.

« Il n'importe, dit M. Thiers, j'y tiens, j'ai besoin de 1814, comme date. »

Voyant que je ne mordais pas à son idée, il fit sonner à mes oreilles la somme ronde de trois cent mille francs de travaux, au cas où je pourrais lui composer le trophée de 1814. Rien n'y fit.....

M. Thiers me prit alors par le côté faible des artistes : par l'amour-propre.

« Personne, me dit-il, parmi les statuaires que j'ai
fait appeler, n'a pu composer ce trophée. L'auteur du
groupe de *Caïn* seul peut et doit traiter ce difficile
sujet. »

Ce langage flatteur me séduisit à moitié ; sans m'engager positivement, je promis d'étudier la question.

M'étant fait conduire à l'Arc de l'Étoile, qui était couvert de sa vieille charpente depuis vingt ans, et l'ayant
examiné avec soin ; m'étant rendu compte du caractère
de l'édifice ; maître de mon sujet décoratif, j'allai ensuite au bois de Boulogne pour le composer. En me
roulant sur l'herbe, je recueillis les impressions qui
m'étaient restées de mon enfance sur cette date néfaste
de 1814.

Comme je réfléchissais ainsi, une idée lumineuse me
vint à l'esprit : Qu'y a-t-il eu de plus beau en 1814,
me dis-je, si ce n'est la défense du sol de la patrie?

Je me sentis sauvé. Au lieu d'un amas de défroques,
de manches de vestes, de casques, d'épées et de fusils,
des obus, des canons, il faut des hommes, des femmes,
des enfants, un vieillard, toute l'humanité, en un mot.

Je jetai sur mon cahier de croquis l'idée fondamentale
du groupe principal, de l'homme de vingt-cinq à trente
ans qui défend le sol de la patrie contre l'étranger, en
même temps qu'il couvre de son corps son père blessé,
sa femme et son enfant. Un cavalier est renversé ; or
un cheval a toujours un excellent effet décoratif, surtout en sculpture architecturale. Au-dessus de tout cela
devaient, dans une première pensée, planer deux figures,
celle de la Résistance et celle de la Commisération. A

l'exécution du petit modèle esquissé, je supprimai la seconde figure pour donner plus d'unité et de simplicité à ma composition.

Je me mis sur-le-champ à modeler mon esquisse en terre glaise, et j'écrivis au ministre que je venais de trouver un projet que j'avais fait mouler en plâtre.

Le ministre m'envoya, le soir même, *une ordonnance* pour m'annoncer que le lendemain, à sept heures, il m'attendrait à son cabinet. Dès six heures, je fis charger mon esquisse sur le dos d'un commissionnaire, et avant sept heures j'étais dans le salon du ministère, avec d'autres artistes, une douzaine pour le moins, et tout l'état-major des travaux publics. Mon esquisse fut apportée sur la grande cheminée du salon.

« Tiens, dit M. Thiers, qui sortit de son cabinet, c'est original. Mais, ajouta-t-il, vous ne faites donc pas un trophée d'armures ?

— Ma foi non, répondis-je, monsieur le ministre ; j'ai pensé qu'il valait mieux faire un beau groupe qui exprimât une noble pensée.

— Mais votre génie de l'avenir, c'est de la révolte ; dans votre cavalier renversé, le cheval est trop saillant. »

M. Thiers me fit encore d'autres critiques de métier proprement dites.

Je défendais modestement mes idées ; quand je vis que le ministre me harcelait de ses critiques et ne laissait plus rien de ma pensée, je lui résistai, et avec calme je lui fis mes observations.

« Quel est le maître de nous deux ? » me dit M. Thiers.

Je lui répondis : « Vous êtes, il est vrai, monsieur le

ministre, le maître de faire exécuter ce travail par qui
bon vous semblera, mais moi, je ne pourrais l'exécuter
que comme je le sens. »

A ce mot, M. Thiers rentra brusquement dans son
cabinet et en ferma la porte avec bruit.

Pendant que tranquillement je faisais recharger mon
esquisse sur le dos de mon commissionnaire, M. Jean
Feuchère, le sculpteur, m'arrêta à la porte du salon, me
disant combien il était fâché de ce qui venait d'arriver ;
il blâmait ma conduite, me disant qu'il était vraiment
désolant de me voir privé de l'occasion de faire un bel
ouvrage ; car, ajouta-t-il, « votre composition est très-
bien ».

Je répondis à Jean Feuchère : « Je ne regrette rien ;
ce serait à recommencer dans les mêmes conditions,
que je ne trouverais pas autre chose à dire que ce que
j'ai dit. »

Cela donna sans doute à M. Thiers le temps de la ré-
flexion. Et à son honneur, je dois dire que, devant tous
ces artistes et ces employés réunis, sur l'heure et au
même instant, il me rappela et me dit :

« Monsieur Étex, veuillez, je vous prie, composer
le trophée de gauche, celui de 1815, pour faire le pendant, et aussitôt que vos deux esquisses seront faites,
apportez-les-moi. »

Ainsi, de la misère je passais subitement, par un ca-
price du sort, à ce qui pouvait, pour beaucoup de gens,
ressembler à la fortune : car j'étais chargé de deux morceaux de sculpture estimés alors à quatre-vingt mille
francs chacun.

Quand je lui apportai mes deux esquisses, M. Thiers fut ravi. Il voulait me confier tout un côté de l'Arc de l'Étoile. J'eus de la peine à lui faire comprendre que d'autres artistes de talent avaient besoin de travailler. Je lui citai en première ligne mon maître, M. Pradier, bien que nous ne nous parlassions plus depuis l'affaire de l'exposition de mon groupe de *Caïn*.

« Je ne puis pas, me répondit M. Thiers, confier un travail monumental à l'auteur des deux statues de l'*Ordre* et de la *Liberté* qui viennent d'être placées à la Chambre des députés. »

Je me retirai, charmé des bons procédés de M. Thiers.

Quelques jours après, passant devant l'École des Beaux-Arts, je rencontrai Duban, qui me fit part de son embarras au sujet des travaux qu'il était chargé de faire exécuter pour les fêtes de juillet 1833. Je lui promis de faire toute la sculpture, en lui assurant que je serais prêt au jour dit. Je travaillai dix-huit heures par jour, et tout fut terminé à l'heure fixée. Duban fut content et les ministres aussi.

M. d'Argout vint une fois, avec M. Thiers, me voir travailler au quai d'Orsay à un vaisseau que l'on construisait pour la fête. Je modelais en ce moment le fleuve de l'un des bas-reliefs; quand M. d'Argout s'arrêta sur mon échafaudage, il attira mon attention. Le malin M. Thiers reconnut le lendemain son collègue dans mon bas-relief et rit beaucoup de cette ressemblance.

Le 27 juillet, je fis jeter un crêpe noir sur ma statue de la proue du vaisseau, qui représentait la Ville de Paris; cela produisit un bon effet, et en pareille occasion

j'ai toujours, depuis, employé le même moyen, et avec
le même succès.

Le 29 juillet, il y eut à l'Hôtel de Ville un grand bal
auquel j'assistai. M. Thiers me prit le bras et se pro-
mena longtemps avec moi. Les ducs d'Orléans et de
Nemours arrivèrent à l'heure où s'ouvrait le bal. Je fus
invité à faire vis-à-vis au duc d'Orléans.

Après la contredanse, M. de Montalivet me prit par la
main et me présenta à M. le duc d'Orléans comme ayant
accepté de faire son buste.

Sans me déconcerter, je répondis à M. le duc d'Orléans que l'on m'avait effectivement offert de me confier
son buste pour le compte de la liste civile, mais que
j'avais remercié.

« Pourquoi ? » demanda le jeune prince en rougissant
jusqu'aux oreilles.

« Parce que, répondis-je, les princes ne posent pas.
Ensuite, pour un artiste, des séances ailleurs qu'à son
atelier, des allées et venues, des difficultés sans nombre,
l'empêchent de faire un bon travail. Et c'est pourquoi
j'ai refusé cet honneur.

— Mais, répondit le jeune prince, je vous promets de
poser, et je vous donnerai tout le temps qui vous sera
nécessaire pour faire un bon travail. Dites-moi votre
jour, votre heure, et je serai à votre atelier. »

Insister plus longtemps eût été de mauvais goût, in-
convenant. En politique, j'avais le droit de garder ran-
cune à Louis-Philippe ; mais, pour être conséquent avec
mes principes, je ne pouvais pas tenir rigueur au jeune
duc d'Orléans, que l'on appelait en ce temps *Poulot,*

à cause de ses joues rebondies, de son teint rose et de son air enfantin et bon.

Quelques jours après, j'allai aux Tuileries, donner une première séance au jeune prince. Cette séance me fut si désagréable, que le lendemain j'écrivis que si le prince voulait me voir continuer son buste, il fallait qu'il voulût bien prendre la peine de venir poser à mon atelier, rue de Fleurus.

Je reçus un jour du prince une invitation d'aller à Compiègne. Je m'y rendis dans l'espoir d'étudier ses chevaux. On sait qu'il y avait un cheval cabré dans l'un de mes deux groupes.

Je fis un commencement de dessin du jeune prince dans son habit de général, pour l'exécution de son buste.

Après le déjeuner, on fit servir le café sur la terrasse du château, et le duc d'Orléans dit à M. de Cambis de faire défiler les chevaux devant nous, ce qui fut fait. Parmi ces chevaux, je remarquai le grand Ibrahim, un beau cheval de chasse gris pommelé. Je priai le duc d'Orléans de l'envoyer à mon atelier, lors de son retour à Paris, ce qu'il fit trois mois plus tard.

Après l'exhibition des chevaux, le duc d'Orléans se fit apporter une nappette, dont il attacha les deux bouts autour de son bras droit, et s'étant fait amener un petit dogue qu'il avait rapporté d'Angleterre, il fit saisir les bouts de la napette par l'animal et le souleva, le faisant tournoyer de plus en plus vite : le chien ne lâcha pas. Ce fut le prince qui le premier s'arrêta pour reprendre haleine. Dans une seconde reprise, qui dura plus longtemps

Heliog. Dujardin

Imp. Eudes Paris

que la première, le petit animal ne lâcha pas davantage
la nappette. Le duc de Nemours, s'approchant de son
frère, lui dit sèchement, les lèvres pincées : « Lâche-le
donc, Chartres ; lâche-le donc ! » Le prince ne le lâcha
pas.

Au dîner, le duc d'Orléans était en uniforme de général, le duc de Nemours en colonel des lanciers. Il y
avait parmi les invités des militaires à moustaches blanches, de vieux généraux. Je ne puis cacher la pénible
impression que je ressentis en voyant ces vieux gro-
gnards s'aplatir devant ces tout jeunes gens, dont l'aîné
n'avait pas plus de vingt ans et le plus jeune seize à
dix-sept ans au plus.

Depuis quelques mois, mes affaires prenaient une
meilleure tournure. J'avais converti ma médaille d'or
de mille francs en couverts d'argent, et avec ce que
j'avais gagné aux travaux des fêtes de juillet j'avais
acheté un mobilier neuf.

Enfin, pour comble de bonheur, le 5 août 1833, je
reçus la lettre suivante :

« Paris, le 3 août 1833.

» *Ministère du Commerce et des Travaux publics,
bureau des Beaux-Arts. Trophées de l'Arc de l'Étoile,
côté de Neuilly.*

» Monsieur,

» J'ai décidé que vous serez chargé d'exécuter les
deux grands trophées de l'Arc de l'Étoile, côté de Neuilly.
Une somme de soixante-dix mille francs, payable en 1833,

1834 et, s'il y a lieu, dans les années suivantes, vous est allouée pour l'exécution de chacun de ces trophées.

» Je désire, monsieur, que vous trouviez dans ma décision une preuve de la confiance que m'inspire votre talent. Dans l'intérêt de l'harmonie des sculptures dont il s'agit, je vous invite à vous entendre avec l'architecte du monument et avec MM. Cortot et Rude, qui sont chargés des grands trophées du côté de Paris.

» Recevez, monsieur, l'assurance de ma parfaite considération.

» Le Ministre du Commerce et des Travaux publics,

» A. THIERS.

» *Monsieur Étex, statuaire.* »

Je demandai deux mille cinq cents à trois mille francs pour le travail extraordinaire que j'avais fait lors des fêtes de juillet, à M. ***, l'entrepreneur. M. ***, à qui il était alloué cent vingt-cinq mille francs rien que pour le vaisseau, faisait des difficultés. Je m'indignai ; mais il me dit que les cent vingt-cinq mille francs n'étaient pas touchés par lui, qu'il lui avait fallu en donner vingt-cinq mille à quelqu'un, « et puis, et puis... » ajouta-t-il en soupirant.

Je racontai à M. Duban, mon ami, ce qui se passait. Il fut très-fâché de l'embarras que j'allais lui causer, me dit-il avec amertume.

Ce soir-là, je racontai au foyer de l'Opéra l'histoire des vingt-cinq mille francs.

Deux mois après, j'étais appelé chez le juge d'instruction, où M. *** et son associé étaient assis sur un banc.

Je soutins avec fermeté ce que m'avait dit M. Lasnier.

M. X. ne me parla plus depuis l'affaire du pot-de-vin de vingt-cinq mille francs. Pour moi, je ne pourrais dire à qui M. *** avait été obligé de donner ces vingt-cinq mille francs.

M. Thiers voulut bien m'appeler un matin au ministère pour me demander mon avis sur les esquisses des différents morceaux de sculpture de l'Arc de l'Étoile. Sur la première, je répondis : « Très-bien »; sur la seconde je fis la même réponse, et ainsi sur toutes.

M. Thiers n'était pas content de moi. Je le vis bien sans qu'il me fît de reproches.

Je ne pouvais lui dire autrement. Il vit bien qu'il répugnait à un concurrent de porter sur l'œuvre d'un confrère un jugement qui pouvait lui nuire, surtout clandestinement, sans responsabilité. Je l'ai fait alors; je devais le faire comme tant d'autres choses honorables, et pourtant j'ai été la victime des artistes de mon temps !

M. Thiers, s'il l'eût voulu peut-être, n'eût pas eu de peine à trouver des juges plus complaisants que moi.

Un jour, Marochetti m'amena dans sa voiture à son château de Vaux, près de Triel; en route il me fit ses confidences :

« Mon cher Étex, me dit-il à un moment d'effusion, nous sommes, parmi les sculpteurs modernes, les deux seuls qui comprennent l'art décoratif et monumental. M. Thiers a grande confiance en vous. »

Je fis observer à Marochetti qu'il y avait d'autres

artistes statuaires de talent, nos maîtres, tels que David et Pradier, Bosio, son maître à lui, etc. « Bah ! ils ne nous vont pas à la cheville pour l'art décoratif », dit Marochetti.

Le lendemain, chez lui, le soir au dîner, après le champagne, Marochetti me dit en vrai Piémontais qu'il était : « Voyez-vous, mon cher Étex, je briserai tout ce qui se trouvera devant moi, je me moque de l'art ; mais, dans dix ans, je veux avoir une brochette de croix depuis là jusque-là, fit-il en me montrant toute la partie gauche de son habit. Et vous, mon cher, qu'en pensez-vous ?

— Moi, dis-je à Marochetti, je tiens assez peu à la brochette de croix ; mais je voudrais bien, d'ici à dix ans, avoir fait un bon ouvrage qui fît vivre mon nom parmi les hommes, et j'espère y arriver peut-être. Dans dix ans, vous aurez votre brochette, je n'en doute pas. Vous n'avez donc rien à craindre de ma part ; nous suivrons deux routes si différentes, que jamais je ne me rencontrerai sur votre chemin. »

XXXIV

Quand on me sut chargé de deux grands trophées à l'Arc de l'Étoile, mon nom, qui déjà n'était pas en odeur de sainteté auprès de l'Institut, fut maudit. Pas de calomnie qui ne fut débitée dans les ateliers sur mon compte.

Je devenais de plus en plus triste, car je vivais complétement isolé.

Une vieille dame voulait absolument me marier avec une jeune personne qui possédait vingt-trois mille livres de rente en « bonnes terres », disait la bonne dame, chaque fois qu'elle en parlait. Elle m'invita un jour à dîner à Choisy-le-Roi ; j'y allai à cheval.

Quand je m'avançai pour la saluer : « Elle est là, me dit-elle, la demoiselle aux vingt-trois mille francs de rente ; vous allez la voir. »

« Pauvre jeune fille ! pensai-je, si je la rencontrais ornée seulement de ses qualités, je l'épouserais peut-être. Mais vue, comme on me la présente, derrière ses vingt-trois mille francs de rente en bonnes terres, elle est tout à fait impossible; » et, prétextant un service à rendre à mon cheval, je m'arrêtai, et tout à coup, piquant des deux, je revins promptement à Paris.

Ce que c'est que notre destinée dans le mariage !

Obligé, en rentrant à Paris, de faire, sans une minute de retard, le buste de l'évêque de Clermont, et n'ayant pu trouver un morceau de marbre d'Italie, je dus chercher, et avec beaucoup de peine je trouvai une dame qui avait des marbres français tirés des carrières des Pyrénées.

Cette dame avait une charmante jeune fille de dix-huit ans, qui allait dessiner depuis deux ans chez Mme Ingres, et recevait aussi des leçons de mon maître.

Je la demandai en mariage, après avoir eu avec elle une conversation sérieuse.

Je lui avais dit : « Je vous aime tant, que je pourrais vous tuer dans certains cas. »

Un regard d'ange me répondit : « Je n'ai pas peur.

— Je suis violent, passionné ; je vous préviens, bel ange, que je ne répondrais pas de ne pas vous quitter, si les choses n'allaient pas au gré de mes désirs.

— Cela ne sera pas.

— Enfin, je viens d'avoir un succès, j'ai un beau travail dans mes deux trophées de l'Arc de l'Étoile. Vous vous faites peut-être des illusions sur la vie que vous mèneriez avec moi. Détrompez-vous, chère demoiselle ; la haine, l'envie et la méchanceté des hommes, dont j'ai déjà tant souffert, me poursuivront toujours davantage. Ajoutez à cela ma propre faiblesse. Peut-être me trouverai-je un jour réduit à la plus humble mansarde. Peut-être serez-vous obligée vous-même de me faire là une bien maigre cuisine. Voilà le réel, le possible dans ma vie d'artiste, toute de dévouement aux idées qui font sa foi, à sa conscience et à son art.

— Je l'accepte.

— Oh! alors, comptez sur moi. Je ferai tout ce qui dépendra de moi pour vous rendre heureuse. »

A partir de ce moment, nous disposâmes notre mariage.

Le 25 octobre, le père de ma fiancée mourut, heureux de penser que sa fille se mariait avec l'auteur du groupe de *Caïn*, dont il avait vu le croquis dans le *Magasin pittoresque*.

Nous nous mariâmes au grand autel de l'église Saint-Thomas d'Aquin. Nous dînâmes seuls chez la mère de ma fiancée, avec sa bonne tante Rose qui l'avait élevée et qui l'adorait.

Dès le lendemain j'allai travailler à mes grands modèles de l'Arc de l'Étoile.

Pour la première fois de ma vie, j'allais au travail tout à fait heureux. Mais comme il n'y a pas de bonheur sans mélange, au bout de quelques jours nous reçûmes la nouvelle de la mort du père de ma femme bien-aimée.

Puis, l'avant-veille de mon mariage, moi qui ne pleure jamais, je passai la nuit à sangloter.

Sa mère et sa tante partirent pour Toulouse. Cette séparation l'affligea grandement : ces deux excellentes femmes l'avaient tant aimée !

Au mois de février, fatigué outre mesure et crachant le sang, je fus obligé de partir pour le Midi avec ma femme, dont la présence était nécessaire pour le règlement des affaires de la succession de son père.

Six semaines de séjour dans le Midi me rétablirent tout à fait.

Je fis à Toulouse le médaillon de mon beau-père et aussi celui du docteur Viguerie. Un vieil oncle de ma femme, voyant mes opinions politiques, me dit un jour : « Mon cher neveu, rappelez-vous ce que je vais vous » dire, et tâchez d'en faire votre profit : j'ai toujours » été de l'opinion du gouvernement existant, et je m'en » suis toujours bien trouvé. Je vous engage à faire » comme j'ai fait. »

Cependant j'appris que les artistes de l'Institut me faisaient passer pour mort et demandaient à faire mes grands trophées de l'Arc de l'Étoile. Je fus obligé de revenir à Paris en toute hâte pour prouver que j'étais bien vivant.

XXXV

Avant mon départ pour le Midi, Monseigneur le duc d'Orléans m'avait donné à mon atelier une nouvelle séance pour son buste. Malgré mon respect pour les sentiments du fils, je ne pus taire mon opinion sur le père.

Le jeune prince fut, il faut l'avouer, plein de tact et d'esprit. « Je comprends, dit-il, qu'avec vos idées, vous » pensiez ainsi ; mais je vous assure que c'est bien diffi- » cile, et que le Roi, à qui vous ne rendez pas justice, » a fort à faire pour tenir tête aux difficultés de la » position. »

En quelques mois, en travaillant avec rage, je modelai les modèles de mes deux groupes de l'Arc de l'Étoile, que le duc d'Orléans vint voir avant qu'ils fussent moulés à mon atelier de la rue de Sèvres, n° 11.

Je priai vainement M. Thiers de faire changer les piédestaux qui n'étaient plus en rapport de proportions avec des groupes de cette importance, non plus qu'avec l'Arc, modifié par les architectes Huyot et Blouet.

Mon premier enfant, ma fille Marie, venait de naître.
M. Thiers, m'ayant invité à une soirée au ministère de
l'intérieur, me dit : « Mon cher Étex, j'ai une vacance
» de logement de douze cents francs par an qui vous
» revient de droit. Vous faites les trophées de l'Arc de
» l'Étoile : ordinairement on donne des ateliers pour
» exécuter les grands travaux de l'État, on ne vous en
» a pas donné cette indemnité, vous pouvez l'accepter.
» Ce n'est pas une faveur, c'est un droit acquis par votre
» travail. »

Je remerciai M. Thiers du fond du cœur, mais je lui
dis qu'il me semblait que j'étais bien jeune pour accepter une telle indemnité, qu'il y avait parmi les artistes
des vieillards nécessiteux, qu'à ceux-là on devait offrir
cette indemnité ; que, s'il voulait me le permettre, je
lui en désignerais un, M. Broc, qui avait obtenu la première médaille, comme peintre d'histoire, au Salon
de 1833, tandis que j'obtenais celle de la sculpture.

M. Thiers me dit que j'avais tort, étant devenu depuis
peu de temps père de famille. Je refusai en faveur du
vieux Broc.

Le lendemain matin, je courus au cabinet de M. Cavé,
pour lui annoncer que l'indemnité de logement qui
m'était destinée par M. Thiers était donnée à M. Broc.

« Vous arrivez trop tard, me dit M. Cavé. Voici, au
» bas de cette feuille, la signature du ministre qui n'a
» pas même lu ce qu'il a signé, ayant confiance en moi. »

Mon indemnité de logement était accordée au compositeur de musique M***, qui gagnait peut-être cent
mille francs par an.

Les deux groupes de 1814 et de 1815 devant être terminés avant ceux de mes confrères, bien que j'eusse commencé plusieurs mois après MM. Cortot et Rude, qui n'avaient à faire qu'un seul groupe chacun, on décida que l'échafaudage serait enlevé d'abord du côté de Neuilly, où se trouvait mon travail.

M. Thiers, qui n'était plus ministre de l'intérieur, amena dans les ateliers du groupe 1814 M. de Montalivet, son successeur. « Les larmes me viennent aux yeux », dit ce dernier, qui se dit profondément touché. M. Thiers paraissait tout heureux du succès de son protégé de 1833.

Pourtant une rumeur sourde se manifestait. Un jour que j'étais chez le gardien de l'Arc, à changer mon costume d'atelier, je m'aperçois que des messieurs en habit noir montaient un à un, furtivement, pour voir mon groupe de droite, le premier terminé, celui de la résistance 1814. Je reconnais entre autres, et en tête, M. Blouet, l'architecte de l'Arc, puis MM. Léon Cogniet, Seurre aîné, Lemaire, Foyatier, Schnetz et plusieurs autres dont les noms m'échappent.

Je remonte faire les honneurs de mon travail à tous ces messieurs qui me croyaient parti et qui ne tarissaient pas d'éloges sur la beauté de mon ouvrage. Ce qui me prouva la sincérité de M. Lemaire, le sculpteur, en ce moment, c'est qu'il ajouta, en montrant certaines parties, que c'était excellent puisque ça ressemblait, disait-il, à ce qu'il avait fait au fronton de la Madeleine.

Les échafaudages enlevés, on dut mettre des bandes de toile d'emballage grise pour masquer les groupes aux passants, et cela pendant deux grands mois, en attendant l'inauguration du monument. Pendant ces deux mois, je fis un voyage à Londres, où j'allai saluer les marbres sublimes du Parthénon d'Athènes, voir enfin, autrement que par des moulages, les beaux marbres de Phidias.

Le grand jour de l'inauguration de l'Arc-de-l'Étoile étant venu, je n'assistai pas à la fête officielle; mais, dans l'après-midi, je me rendis, avec ma femme et une jeune dame de ses amies, à l'Arc-de-l'Étoile, à l'heure où le peuple y était arrêté en plus grand nombre de mon côté.

Bien que la pluie et le vent eussent frotté les parties saillantes et converti la poussière, amoncelée pendant deux mois sur la toile grise, en une boue noire tout à fait nuisible à l'effet de ma sculpture, le peuple de Paris, je le supposai alors, préférait visiblement mon côté, celui de Neuilly, bien que 1814 et 1815 fussent la défaite et la paix honteuse, et bien que l'autre côté, celui de Paris, signifiât l'enthousiasme de 93, avec la *Marseillaise* et la conquête de 1808 par Napoléon, l'idole des Français.

Depuis, j'ai compris que cette préférence naïve du public de la première heure pour mon côté, celui de Neuilly, était le résultat de mes compositions plus humaines, plus positives, et mieux compréhensibles aux pères, aux mères et aux enfants.

XXXVI

Les coteries, qui de longue main préparaient leur œuvre de dénigrement, trouvèrent leur compte dans la faveur dont mes groupes étaient l'objet de la part du public.

Il y eut jusqu'à des délégations de l'Institut à la direction des beaux-arts pour faire enlever mes groupes. Je restai calme au milieu de l'orage.

Je me rendais seul, chaque matin, à l'Arc-de-l'Étoile, pendant un certain laps de temps, pour juger mon œuvre avec sévérité.

Je trouvais qu'il y avait beaucoup à critiquer, sans doute, mais qu'en somme, mon travail était le plus en rapport avec le style et le caractère de l'architecture du monument.

La postérité, si ces groupes arrivent jusqu'à elle, ratifiera-t-elle ce jugement? Je l'espère.

M. Huyot, l'architecte qui a fait ce qu'il y a de plus beau à l'Arc-de-l'Étoile, bien que je ne le connusse pas, ne se gênait pas pour soutenir cette opinion devant ses collègues de l'Institut, que mes deux groupes étaient mieux que les deux autres, comme sculpture monumentale.

M. Cavé me dit, un jour, que je ne pouvais avoir la prétention de faire admirer mes ouvrages par ceux qui ne les aimaient pas. Je lui répondis que l'antipathie de certaines gens, dont je connaissais le goût, me plaisait mieux que leur sympathie.

M. Cavé ajouta : « Dam ! je dois vous dire que vos groupes sont trouvés mauvais. »

Ce même M. Cavé, quinze jours auparavant, était le plus ardent à me féliciter. Je le priai de m'écrire ce qu'il me disait.

« Ce sera, lui dis-je, une pièce intéressante à laisser dans les archives de ma famille. »

Il écrivit une note dont je m'emparai, tout joyeux ; mais il courut après moi dans l'escalier, et me redemanda la note, que je lui rendis après avoir joui de la crainte qu'il avait que je ne la rendisse publique.

Si, au salon de 1833, la critique avait fort maltraité mon groupe de Caïn, à partir de celui de 1834, où je n'avais que deux bustes, tous mes ouvrages furent éreintés systématiquement, et de parti pris ; et ce fut toujours, à partir de ce moment, avec mon groupe de Caïn, l'œuvre de mon début, que l'on chercha à me démolir.

Je rencontrai un jour M. Guizot, qui était alors ministre de l'instruction publique, il me dit avec son ton sec et bref : « Monsieur Étex, lorsque l'on ne monte pas dans l'art, on descend. »

Cela indique assez dans quelles dispositions d'esprit on était à mon égard. Et notez que j'avais exposé cette année-là ma statue de Léda, mon bas-relief des Médicis et celui de *Françoise de Rimini*, en marbre.

Las de faire des sacrifices inutiles, je donnai ma grande *Léda* en marbre, pour trois mille francs, à M. Odiot. J'ai reçu, en 1851, huit cents francs pour le bas-relief des Médicis, qui est à Londres, et dix-huit cents francs pour mon groupe de Héro et Léandre. Le bas-relief de Françoise de Rimini me revint de l'Exposition de Dublin brisé en plusieurs morceaux.

J'envoyai au salon de 1838 la statue de Blanche de Castille, avec le marbre du buste de M. Dupont de l'Eure.

Un jour que M. Dupont de l'Eure posait, le cou nu, la bonne vint me dire, en écorchant les noms, que M. Thiers et M. du Molet désiraient me parler. Je demandai à M. Dupont de l'Eure s'il lui convenait de voir M. Thiers et M. Molé.

« Certainement, qu'ils entrent! » répondit le vieillard normand, qui était assis sur le fauteuil du modèle comme un sénateur romain sur sa chaise curule.

Ma statue de Blanche de Castille, qui est au musée de Versailles, eut assez de succès pour que, quinze ans après, M. Auguste Dumont, de l'Institut, en ait fait une copie tellement semblable, que souvent j'ai cru que ma statue avait été apportée de Versailles dans le jardin du Luxembourg, où a été placée l'œuvre de M. Auguste Dumont.

Au salon de 1837, j'avais mis une statue de *Sainte-Geneviève*, la patronne de Paris, que M. Alfred de Musset loua dans la *Revue des Deux-Mondes*, me dit-on, comme ayant un torse et des hanches sous son vêtement.

Le jour où, dès l'aurore, les charpentiers étaient venus prendre ma statue à mon atelier pour la porter à l'Expo-

sition, Fieschi, Pépin et Morey montaient sur l'échafaud.
Le hasard d'une promenade très-matinale que je fis, tout
en causant avec un officier d'état-major de mes amis, me
conduisit, à mon insu, au pied de l'échafaud, où, pris
dans la foule, je fus obligé de rester pendant l'exécution.
Si bien que je puis dire encore une fois : « Voilà ce
que j'ai vu ! »

Je vis d'abord un homme pâle et blond roux, de trente-
cinq ans environ, monter les degrés de l'échafaud :
c'était Pépin.

Ses yeux, sortis de leur orbite, étaient levés au ciel.
Il s'approcha de la balustrade en criant à la foule d'une
voix étranglée : « Je suis innocent ! je suis innocent ! »

Les valets du bourreau ne lui laissèrent pas le temps
de répéter la phrase une troisième fois. Ils le couchèrent
sur la planche à bascule, et je vis luire le triangle de fer
poli dans la brume du matin.

Un vieillard, qui avait de la peine à marcher, monta
sur la plate-forme fatale après Pépin. C'était Morey, à la
chevelure blanche. Il s'indignait que les valets du bourreau maltraitassent ses habits.

« Pourquoi, disait-il, abîmer des habits qui peuvent
servir à d'autres ? » Me bouchant les oreilles et me perdant dans les rangs de la garde municipale, je ne relevai
la tête qu'attiré par un mouvement général de la foule.

Tous les regards étaient fixés sur Fieschi qui, au haut
de l'escalier, pérorait en s'adressant aux spectateurs du
côté de la rue Saint-Jacques.

La tête, qui conservait les traces de la blessure de sa
machine infernale, était hideuse à voir, violente et basse

tout à la fois. Je me glissai le long des murs, le cœur navré, maudissant les hommes et leurs mauvaises passions, et je regagnai ma petite maison solitaire.

Mais revenons à ma statue de Sainte-Geneviève. Elle ne fit pas grand bruit à l'Exposition de 1837, mais elle passa pour un des meilleurs ouvrages du Salon. M. de Montalivet me fit appeler ; il voulait l'acquérir pour le compte de l'État.

Il me fallut consentir à la céder pour huit mille francs. J'avais fourni le marbre. Quelques mois après, M. Cavé, n'étant pas fixé sur l'emplacement qui lui serait destiné, me pria de la garder chez moi, ce qui occasionna de nouveaux frais de transport et de logement.

Plus tard, on me fit lire dans le *Moniteur* que la statue de *Sainte-Geneviève* de M. Étex, qui avait été remarquée à une des dernières expositions, avait été donnée au président de la chambre des députés, à M. Dupin aîné, pour orner l'église de Gacogne.

Ma statue n'alla pas à Gacogne, mais à Clamecy ; car M. Cavé me dit que l'on tenait à contenter M. Dupin.

Celui-ci me pria de me rendre à Clamecy en même temps que M. Huvé, l'architecte, pour que je pusse m'entendre avec lui sur la place à donner à la statue, dans l'église de Clamecy.

Au moment de mon départ, il m'écrivit : « Je pars dimanche pour Clamecy, et j'aurais été bien aise de voir un moment M. Étex avant mon départ ; je le salue de tout mon cœur, et l'attends à Clamecy.

» DUPIN. »

Pas de mois, pas d'année.

Sur un papier à tête, où il y a *Chambre des députés*, je reçus, le 18 juillet, de Ruffigny une lettre ainsi conçue :

« Je regrette bien, monsieur, de ne vous avoir plus trouvé à Clamecy, mais je ne suis pas moins charmé que vous y soyez venu avec M. Huvé, pour vous entendre avec lui, afin que votre bel ouvrage soit dignement placé, et qu'il puisse être apprécié, comme il le mérite, par les nombreux voyageurs qui traversent notre cité.

» Votre bien affecté (*sic*),   DUPIN. »

J'avais fait ce premier voyage pour voir quelle était cette belle église de Clamecy. De retour à Paris, j'allai trouver M. Cavé, directeur des Beaux-Arts, et lui demander le payement de ma statue ; il m'offrit quatre mille francs. J'étais si indigné de cette mauvaise foi, que j'allai lui chercher les reçus de mon praticien, qui s'élevaient à plus de trois mille francs, sans compter le marbre, les frais de modèles, de moulage, d'ateliers, etc., et mon travail donc !

M. Cavé me promit, comme compensation, un beau travail ; et ce beau travail, je l'attends encore.

M. Dupin et M. Huvé firent faire à la sourdine, et sans me consulter, un piédestal en marbre sculpté qui est bien la plus laide chose, comme art, que j'aie vue de ma vie.

L'année suivante, il me fallut refaire le voyage de Clamecy et assister au placement de ma statue sur son affreux piédestal. Je fis le médaillon du père de M. Dupin, vieillard octogénaire, à l'œil sec et très-dur, et cela à la sollicitation de l'ami de M. Dupin aîné, percepteur, à qui j'avais été adressé par lui à Clamecy.

M. Dupin aurait voulu que je restasse à Clamecy, pour me montrer comme une bête curieuse à ses électeurs, le jour du comice agricole.

Cette fois, comme toujours, j'eus soin de me soustraire à cette corvée, et j'engage de toute ma force mes confrères à faire comme moi, à ne jamais assister à l'inauguration de leurs ouvrages sur une place publique, par respect pour les autres et par dignité pour eux-mêmes.

Le 8 novembre, je recevais, datée de Paris, la lettre suivante de M. Dupin aîné :

« Monsieur,

« Je n'ai pas été assez heureux pour me rencontrer avec vous à Clamecy. J'ai voulu, du moins, profiter de la réunion du comice pour proclamer devant les représentants de tous les cantons de l'arrondissement le mérite de votre ouvrage et le nom de son auteur. Je repars samedi prochain.

» Votre bien affectionné et dévoué,

» DUPIN. »

M. Dupin, de retour à Paris, vint voir à mon atelier le médaillon de son père, et me commanda trois épreuves en bronze, une pour lui et une autre pour chacun de ses frères. Je fis porter ces trois bronzes chez M. Dupin aîné, et comme il était absent de Paris, je payai le fondeur, les mouleurs, etc.

M. Thiers, pendant qu'il était ministre des affaires étrangères, m'avait fait commander en marbre le groupe de Caïn, que je tenais à exécuter dans un beau bloc de marbre français.

M. Thiers me conseillait de renoncer à cette entreprise ruineuse, mais voyant que je persistais dans ma résolution, il eut la bonté de m'envoyer sous le même pli les deux billets suivants :

« Mon cher Étex, je reçois de M. de Montalivet la lettre ci-jointe, que je vous transmets ; je vous prie de faire remettre le *Moïse* et de commencer le *Jupiter*. Réclamez-le de Depaulis en mon nom ; le plâtre doit être prêt.

» Adieu, mille amitiés.

» A. THIERS.

» 7 septembre 1836. »

« Mon cher Président,

» Je me suis empressé de signer la commande du groupe de Caïn pour M. Étex. J'ai fait avec le plus grand plaisir une chose que je savais devoir vous être agréable.

» Mille amitiés.

» MONTALIVET. »

« C'est demain que paraît décidément le nouveau ministère, moins les ministres de la guerre, du commerce et des travaux publics. »

En 1839, le groupe de *Caïn* en marbre était au Salon. M. Fulchiron, député de Lyon, réclamait à la liste civile un cadeau qui devait être fait à la ville de Lyon, en échange d'un million de soieries qu'elle avait offert à Sa Majesté Louis-Philippe.

M. de Montalivet entraîna un jour le député de Lyon, à l'Exposition (1839), et le plantant devant le colosse en marbre, il lui dit : « Hein ! que dites-vous de celui-ci ? Croyez-vous qu'il ferait l'affaire des Lyonnais ?

— Ma foi, je crois que oui !

— Tope ! c'est fait ; c'est pour vous, Fulchiron. »

Dans le chapitre suivant, j'attaquais, en 1837, le Jury d'admission à nos Salons annuels. Depuis quarante ans que cette lettre a été publiée, trois révolutions ont changé la forme du gouvernement de notre patrie.

Et sous une autre forme, ce sont toujours des artistes juges et parties dans leur propre cause. De la passion à la place de la raison. Ce qu'il y a de plus triste, c'est que le sens moral est tellement abaissé chez ceux qui briguent le triste honneur d'exécuter leurs confrères, que pas un d'eux ne pense que leurs victimes, depuis les plus modestes, les plus faibles jusqu'aux plus forts, ont le droit de leur dire : Qu'en savez-vous ?

Logiquement, que pourraient-ils répondre ?

L'art n'est-il pas infiniment variable dans ses manifestations ? Tel ouvrage sifflé, conspué hier, n'est-il pas applaudi, couvert d'or aujourd'hui ?

XXXVII

Le 5 mars 1837, j'appris que le jury de l'Exposition avait refusé des tableaux d'Eugène Delacroix et des animaux sculptés par Barye. Indigné et affligé de ce refus, je fis lithographier et distribuer la lettre suivante aux membres du Cercle des Arts, dont j'étais membre-fondateur :

« Messieurs,

» Depuis plusieurs années l'admission à l'Exposition du Louvre offre un spectacle trop affligeant, trop grave dans ses résultats, pour que les artistes ne songent pas sérieusement à y porter remède. Quelle confiance peut-on avoir en des juges assez aveugles pour préférer à une toile de Delacroix tant de peintures de toutes espèces, et aux animaux de Barye les figures insignifiantes que nous voyons dans les salles de la sculpture?

» Beaucoup de gens pensent qu'il faudrait admettre sans examen et sans exception tous les ouvrages présentés; mais ils ne songent pas que l'Exposition annuelle a déjà suffisamment l'air d'un bazar, et si l'on ne lui faisait subir aucune épuration, elle serait indigne d'un peuple comme le nôtre. Ils oublient encore que l'admission prononcée par des hommes éclairés et consciencieux peut devenir un titre pour un jeune artiste qui débute, que c'est un encouragement donné par les plus avancés dans la carrière aux nouveaux venus. Mais pour que cela existe, il faut que ces derniers estiment le talent et le caractère de leurs juges, que les juges eux-mêmes n'aient aucune prévention de système contre ceux qui se présentent; il faut enfin que chaque école ait ses représentants. Que des artistes éminents, des hommes qui ont gagné leur réputation par quinze ou vingt années d'études et de travaux, se voient refusés parce qu'ils ne pensent pas sur l'art comme les juges qu'on leur impose, cela ne peut et ne doit pas durer plus longtemps; car quelque talent que vous ayez, qui osera vous assurer que l'année prochaine vous ne serez pas exclus?

» Tout ce que je pourrais ajouter en dirait moins que ce que chacun pense ou éprouve. Le mal est grand, il ne faut pas le laisser croître encore. Et si la réunion de cinq cents artistes et amateurs n'est pas une réunion insignifiante, sans but utile, c'est, je le crois, au Cercle des Arts à prendre l'initiative dans cette circonstance importante.

» Je propose donc une chose qui me paraît naturelle et juste. Je demande que le jury, composé de douze à vingt membres, soit nommé par voie d'élection et choisi par ceux qui chaque année présentent des ouvrages à l'Exposition.

» Voilà, Messieurs, ce que je pense ; si l'on trouve mieux pour arriver au bien, je me joindrai de tout mon cœur à l'opinion qu'on aura ouverte. La question est grave ; il faut s'occuper de la résoudre promptement, dans l'intérêt de tous.

» ETEX.

» Paris, 5 mars 1837. »

Parmi les artistes présents au Cercle, au moment où j'y vins pour soutenir ma proposition, les uns me répondirent : « Moi, je viens ici pour m'amuser » ; d'autres : « Moi, je ne crains pas les rigueurs du jury d'admission. »

Depuis 1848, j'ai pu voir combien mon indignation de 1837 était inutile. Ce que firent les jurys nommés par les artistes était mille fois pire que ce qui avait été fait, avant cette date, par les coteries académiques.

Ce que demande l'artiste laborieux n'est pas autre chose que ce que demande l'ouvrier, c'est d'être traité avec équité. Pour l'artiste, cela est plus difficile, car on n'a pas jusqu'à ce jour trouvé le moyen de distinguer le talent du génie, qui est supérieur au talent.

L'artiste original court grand risque de ne pas réussir dans la carrière des arts, qui devient tous les jours plus commerciale et plus industrielle. Outre que la pensée forte n'est pas toujours comprise, l'artiste est fier. Il se trouve ainsi seul contre la bêtise humaine, laquelle est toute-puissante.

Car le beau, l'idéal ne sera jamais compris d'abord par la foule, mais seulement par les esprits d'élite.

Le 26 août 1836, je reçus de M. Amilhau, député et magistrat, la lettre suivante :

« Mon cher Phidias, la ville de Pau veut élever une
» statue à Henri IV sur l'une de ses promenades pu-
» bliques. Le roi lui promet une statue en bronze. J'ai
» cru que le piédestal devait être orné de bas-reliefs, et
» je vous ai désigné comme l'homme de l'époque pour
» tout ce qui tient à l'art de la sculpture. A la suite de
» ma proposition, on a décidé que je vous prierais de
» venir à Pau pour vous entendre avec une commission
» chargée de s'occuper du monument. Je crois qu'il est
» très-important que vous partiez dès avoir reçu ma
» lettre, parce que le préfet veut que tout soit arrêté
» pour être soumis au conseil général, et que je ne suis
» à Pau que pour très-peu de jours.

» Recevez l'assurance de mon estime et de mon
» amitié.

» AMILHAU. »

M. de Montalivet m'avait promis la commande de cette
statue de Henri IV avant mon départ de Paris.

Revenu à Paris après un mois de séjour à Pau, employé avec l'architecte de la ville à faire des dessins, des
études de l'ensemble du monument, je lus dans les
journaux que, par une influence bien malheureuse pour
moi, M. Raggi, un sculpteur italien, était chargé de re-
produire pour la troisième fois son Henri IV de Nérac,
qui, en bronze en cette ville, devait être exécuté en
marbre pour la ville de Pau.

De plus en plus dégoûté de faire de la sculpture non
commandée, je me mis avec ardeur à plusieurs tableaux :
d'abord à celui qui est à New-York et qui représente le

grand homme des États-Unis apportant la civilisation sur la terre d'Amérique sous l'égide de la Liberté. Pour l'exécution de ce tableau, la famille de Lafayette voulut bien me prêter des portraits authentiques, et tous peints d'après nature, tels que ceux de Washington, Franklin, Jefferson, et tous les présidents des États-Unis, etc., tous amis du général Lafayette.

Je travaillai aussi à mon tableau du *Martyre de Saint Sébastien*, exposé en 1844, que j'ai donné au musée de Rouen, où il est avec mon tombeau de Géricault, que j'ai donné aussi à ce même musée.

Je fis les sculptures du tombeau de la famille Le Harivel du Rocher, au Père-Lachaise.

Un jour que je me promenais solitaire dans les allées du cimetière, j'eus l'idée de chercher le tombeau de Géricault, le peintre du *Naufrage de la Méduse*. Voyant qu'à l'endroit où reposait cet homme de génie, une de nos gloires, il n'y avait même pas une croix de bois, le soir même je me rendis chez Horace Vernet, où je trouvai Paul Delaroche, son gendre et son voisin.

Je leur proposai, à eux les camarades et les contemporains de Géricault, de former un comité et d'ouvrir une souscription et un concours, dans le but d'élever un tombeau à cet homme de génie, mort à 34 ans.

Bien que je n'eusse pas d'abord l'intention de prendre part à ce concours, j'envoyai, dans la crainte de l'avortement du projet, un modèle qui fut choisi à l'unanimité par la commission.

Du jour où je fus choisi par la commission, composée de Eugène Delacroix, Charlet, Horace Vernet, Paul De-

laroche et Léon Coignet, il n'arriva plus un sou à la
souscription ; cependant je tenais à exécuter le tombeau
de Géricault. Une hypothèque prise sur ma maison en
paya les frais. Je voulus exposer le monument au Salon
de 1841. J'avais gravé par derrière les noms de tous les
souscripteurs. En première ligne était inscrit le nom
de M. de Dreux-Dorcy, qui a payé de ses deniers le tableau du *Naufrage de la Méduse,* qu'un Anglais allait
acheter six mille francs à la vente à la criée faite après
la mort de Géricault à l'hôtel Bullion.

Plus tard, le musée avait racheté, de M. de Dreux-
Dorcy, le tableau du *Naufrage de la Méduse,* qui, après
avoir été d'abord au musée du Luxembourg, est aujour-
d'hui au Louvre, où il tient dignement sa place à côté
de Louis David, Gros, Gérard, Girodet, Ingres, Granet
et Prudhon.

Malgré mes succès, j'étais sans travaux, et j'envoyai
à Metz au concours pour la statue de Fabert un modèle
qui fut choisi à une grande majorité, malgré les intrigues académiques de Paris et les influences des hommes
de la localité, comme toujours.

Au mois de septembre 1840, je recevais de M. Cavé
une lettre qui m'annonçait qu'à la date du 1er du courant mois, M. le ministre de l'intérieur avait bien voulu
me confier l'exécution d'une statue colossale en marbre,
représentant Charlemagne, destinée à la décoration de
la salle des séances de la Chambre des pairs. Une somme
de quinze mille francs était allouée pour ce travail.

M. Auguste Dumont, nommé fort jeune de l'Institut,
était chargé du pendant, de la statue de saint Louis, dans

les mêmes conditions. L'année précédente, il m'était
arrivé avec M. Auguste Dumont une petite histoire qu'il
me faut absolument raconter pour expliquer certain
article un peu dur que je fis contre lui dans une brochure sur l'Exposition universelle de 1855.

Je dînai un jour chez M. de Rémusat, alors ministre
de l'intérieur, en compagnie de M. de Rambuteau, préfet de la Seine. Chez M. de Rémusat, on voulait bien
penser quelque bien de moi, ainsi que de mes ouvrages.

« Justement, dit M. de Rambuteau, pour ce qui est
de M. Étex, je le supprime chaque année sur la liste des
travaux à commander ; mais c'est pour lui conserver,
à lui, enfant de Paris, un travail auquel il attachera son
nom. Ce travail, c'est la barrière du Trône.

— Que pensez-vous faire là ? » me demanda M. de
Rémusat ?

Je lui répondis : « Monsieur le ministre, comme statue, il y aura certainement saint Louis, à cause du chêne
de la forêt de Vincennes sous lequel l'histoire raconte
qu'il rendait la justice ; il y aura peut-être aussi Charlemagne ou Philippe-Auguste.

— Fort bien, dit M. de Rémusat. Et de ces bossages en saillie, qu'en ferez-vous ?

— Comme il y a quatre de ces bossages, répondis-je,
un sur chaque face sera un trophée d'armes françaises
des quatre époques principales.

— C'est ainsi, dit M. de Rambuteau, que je le dé-
cide, avec l'approbation de M. le ministre de l'intérieur. »

J'attendais une lettre de commande, lorsque je reçus

à mon atelier la visite de M. Varcollier, chef du secrétariat de l'Hôtel de Ville de Paris et du bureau des Beaux-
Arts.

M. Varcollier me dit que M. le préfet, bien qu'ayant
approuvé mon projet de décoration de la barrière du
Trône, avait dû céder à des influences considérables,
et changer les trophées d'armes en Renommées, pour
donner du travail à d'autres artistes; mais qu'il avait
tenu à ce que je restasse chargé des deux figures colossales de saint Louis et de Philippe-Auguste.

Mon désappointement augmenta, lorsque M. Varcollier ajouta d'un air doucereux : « Avant de vous envoyer
la lettre officielle, je dois vous dire que ce pauvre Dumont n'a rien à faire. Nous voudrions bien le voir exécuter l'une de ces statues, mais le préfet ayant un engagement avec vous et des plus sérieux, il faut que, de
vous-même, vous renonciez à l'exécution de l'une de ces
deux figures. »

Je m'exécutai de la meilleure grâce du monde. J'allai
trouver M. Dumont; nous tirâmes au sort; je fis le saint
Louis.

Pour la statue de Charlemagne, je continuai mes bons
procédés vis-à-vis de M. Dumont qui venait chaque
jour à mon atelier. Quand j'eus achevé mon modèle, il
prit ses mesures et fit son modèle de moitié.

Mon grand modèle ne fut point essayé faute de temps,
me dit le fameux architecte M. de Gisors, à cause des
séances de la Chambre des pairs. Pour comble d'injustice, on vint m'enlever ma statue non terminée, en
marbre, après m'avoir menacé de la faire enlever par

les gendarmes, si je ne la livrais pas immédiatement.
Et, bien que mon grand modèle de la statue de Charlemagne fût terminé et moulé avant que M. Dumont
n'eût commencé son modèle, il eut six mois avant moi
le bloc de marbre pour exécuter sa statue.

Cependant, je crus devoir visiter cet artiste lorsque
MM. Pradier, David d'Angers et Bosio me conseillèrent
de me présenter à l'Institut, en 1855.

Avant d'en rien faire, j'allai donc voir M. Dumont,
convaincu qu'il agirait envers moi en bon camarade.
Quelle ne fut pas ma surprise, lorsqu'il me dit : « *Nous
ne sommes pas républicains à l'Institut.* Puis, j'ai
mes élèves. »

Je corrigeais en ce moment les épreuves de ma brochure sur l'Exposition universelle de 1855. Je payai immédiatement ma dette à M. Auguste Dumont. Je dis
dans cette brochure ce que tous les artistes exposants
ou non exposants pensaient de lui et de ses œuvres
en 1855.

Depuis, M. Auguste Dumont a été, sous l'empire, com-
blé de faveurs. Il était l'un des mignons de ce noble et
digne gouvernement. Que l'on compare sa statue de la
colonne Vendôme à sa statue de la colonne de la barrière
du Trône, et l'on jugera ce qu'il me devait lorsqu'il eut
l'audace et la niaiserie de me répondre ce que j'ai relevé
plus haut à propos de ma présentation à l'Institut.

Ce qu'il y a de vraiment comique dans son Napo-
léon Ier de la place Vendôme, c'est que, vu de dos et du
boulevard, son César ressemble à un simple zouave.

XXXVIII

Au mois d'août 1840, je perdis ma mère, et ce fut ma
plus grande douleur.

En ce moment, accablé d'une grande tristesse, je modelais en terre, et de la grandeur du groupe colossal de
Caïn, le groupe de la *Ville de Paris implorant Dieu
sur les victimes du choléra*. Ce groupe colossal est, depuis 1852, enfoui dans une petite chambre qui sert de
passage à l'hôpital de Lariboisière.

Je reçus la visite de M. de Bois-Milon et de M. Asseline, qui, de la part du duc d'Orléans, venaient me prier
de désigner parmi mes ouvrages celui ou ceux que je
désirais me voir acquérir par Son Altesse royale.

J'eus tort peut-être, mais je me sentis blessé par cette
démarche, qui me parut une offre d'aumône.

Je répondis que je ne voyais dans mon atelier rien
qui fût digne de M. le duc d'Orléans, qui pouvait fort
bien venir dans mon atelier, et me dire : « Cette œuvre
me plaît, cédez-la-moi. »

A quelque temps de là, le jeune prince, qui avait, je

crois, un grand fond de bonté, mourut d'un accident de voiture.

Quand mon frère m'annonça le cruel événement, je prédis immédiatement la fin du règne de la bourgeoisie. Je ne versai pas de larmes dans les antichambres. J'en fus puni : un artiste, assez médiocre, fut chargé de sculpter le tombeau du malheureux prince.

L'année suivante, Mme la duchesse d'Orléans ayant prié M. Ingres de lui désigner le statuaire le plus capable de faire le buste de son mari, commandé par la Corse, M. Ingres me désigna, et je fis ce buste pour la ville d'Ajaccio, où il doit être encore.

Peu d'années après, me voyant encombré d'ouvrages de sculpture et de peinture, je résolus de me rendre en Angleterre, et je consultai là-dessus M. Guizot.

Il me répondit : « En Angleterre, à Londres surtout, on ne sait jamais rien, en fait de réussite, *c'est le coup de vent !* » J'appris plus tard, à mes dépens, combien cette appréciation de M. Guizot était juste.

Quelques jours après avoir reçu la visite de M. de Chabaud-Latour, aide de camp du duc d'Orléans, je reçus celle des deux frères du prince, MM. de Nemours et d'Aumale. Ils furent très-aimables ; mais ce fut tout.

Le duc d'Aumale, les deux mains dans les poches de son pantalon, me disait en regardant un délicieux petit Hercule antique : « Il est un peu chicard celui-là, n'est-ce pas ? » Quant au duc de Nemours, au lieu de m'adresser de ces phrases si courtoises des princes de la branche aînée des Bourbons, il me dit, en allumant un nouveau cigare : « Je vous souhaite bonne chance en Angleterre.

Héliog. Dujardin
Imp. Eudes, Paris

monsieur Étex. » — « Bonne chance », répétèrent les deux frères en quittant mon atelier.

En 1843, Rossini fut amené à mon atelier. Je fis de cet homme de génie une statue qui a été exécutée en marbre et qui est restée à l'Opéra jusqu'en 1873, époque où elle fut détruite par l'incendie.

Comme il avait été question de me confier les deux figures de l'entrée du tombeau de Napoléon Ier aux Invalides, je vis M. Visconti, l'architecte, qui me dit qu'il était engagé avec M. Duret. La vérité est que Visconti aspirait alors à l'Institut.

On ne saurait dire combien les vieilles choses académiques ont d'influence sur la vie des artistes.

A quelques jours de là, M. Visconti me demanda si je me chargerais du monument de Vauban, comme pendant à celui de Turenne; et, le 7 juin 1843, je recevais la lettre suivante :

« MONSIEUR,

» J'ai l'honneur de vous annoncer que, par arrêté du » 6 juin 1843, M. le ministre a bien voulu vous confier » l'exécution du monument de Vauban, qui sera placé » dans l'église des Invalides. Il vous est alloué, pour » honoraires et frais d'exécution, une somme de cin- » quante-cinq mille francs, payable en cinq années, à » partir de 1843. Les marbres nécessaires seront four- » nis par l'État et vous seront livrés par l'architecte du » tombeau de Napoléon.

» Agréez, Monsieur, l'assurance de ma parfaite con- » sidération.

» CAVÉ. »

Au Salon de 1844, j'envoyai en peinture deux tableaux : le *Martyre de saint Sébastien* et celui de *Joseph
expliquant ses songes à ses frères.*

J'exposai au Salon de 1845, en peinture, mon tableau
de la *Délivrance* (la mort du prolétaire, de l'homme
de génie incompris), aujourd'hui au musée de Lyon, à
qui je l'ai donné; en sculpture, un groupe en marbre
de *Héro et Léandre* resté en Angleterre en 1851.

Avant d'exécuter en marbre le monument de Vauban,
j'entrepris de faire un voyage d'étude en Grèce, en passant par l'Italie. Ayant rencontré à Rome, chez un artiste allemand, un délicieux modèle de jeune fille âgée
de quatorze ans, j'en fis ma statue de la jeune Héro, qui
est en marbre au musée de Caen, et en bronze au musée
de Nantes.

Ce second voyage de Rome me fortifia dans mes
aspirations de sculpteur-architecte-peintre. Je revis
M. Tenerani et le bon Schnetz, directeur de l'académie de France à Rome, le peintre français moderne
qui a vécu le plus longtemps à Rome dans une position
officielle.

Eugène Delacroix, à qui je conseillais d'aller en Italie,
me disait : « Je m'en garderai bien, j'y perdrais peut-
être le peu de qualités que j'ai comme coloriste. » Et
cependant, ce même Eugène Delacroix ne manquait pas,
chaque matin, de faire, au moins pendant une heure,
des croquis d'après des gravures des grands maîtres
italiens, qu'il savait apprécier mieux que personne.

Mais quoi! cet homme de génie était enfant sous ce
rapport, car il ne craignait plus de perdre son originalité

en copiant ces mêmes maîtres traduits par des graveurs.

Je lui avais promis de lui faire, ne fût-ce qu'une pochade d'un morceau d'après le *Jugement dernier*, de Michel-Ange, pour lui donner une juste idée de sa couleur, la copie courageuse de ce pauvre Sigalon étant rouge de brique et nullement dans le ton : ce qui trompait Delacroix comme tant d'autres sur le chef-d'œuvre de Michel-Ange.

J'essayai d'aller à la Sixtine copier un échantillon de cette œuvre merveilleuse dans la couleur réelle, dans le ton vrai, pour mieux dire. J'étais en extase devant ce que le génie humain a produit de plus extraordinaire en peinture. Mais il y avait, non loin de moi, un bon vieillard, qui était le pape Grégoire XVI.

Un familier du Saint-Père me dit qu'il avait eu, à quelques jours de là, une singulière affection : ce digne pape, il faut l'avouer, joignait aux nombreuses vertus qu'on lui connaissait, un seul petit défaut : il aimait, disait-on, un peu trop le bon vin.

Lorsqu'il fit cette dernière maladie, son docteur lui avait conseillé de mêler son vin. Le pape avait obéi à la prescription ; il avait mêlé son vin, *mischiato ;* et son nez grossissait toujours. Sa face était violette et enflammée outre mesure. Le docteur se désolait et le mal empirait. Le pauvre docteur n'y pouvait rien comprendre. Enfin, poussé à bout de sa science, il questionna plus scrupuleusement son malade, et lui demanda comment il mêlait son vin.

« *Col vino francese*, avec du vin français, du vin de Champagne, dit le malade.

« — Oh ! je ne m'étonne plus, fit le docteur ; je voulais dire : *coll' aqua*, avec de l'eau, *Santo-Padre*.

— *Oh! che peccato !* quel péché ! fit le bonhomme Grégoire XVI. *Era tanto buono cosi ;* c'était si bon ainsi ! » ajouta-t-il.

Je quittai Rome, où la chaleur devenait insupportable, et repris le chemin de la France. Je passai par Florence, où je revis le vieux Bartolini, qui me fit mille amitiés, et me pria de le remplacer à Paris pour la pose de son monument de la reine Hortense dans l'église de Rueil.

Revenu à Paris, mon premier soin fut d'aller aux Invalides pour juger le modèle du Vauban, que j'y avais placé en plâtre de même grandeur que l'exécution. Sans consulter personne, je décidai que je recommencerais les deux figures de la Guerre et de la Science.

M. le duc de Plaisance, général et pair de France, vint me demander la statue du chancelier Lebrun, son père, un des trois consuls avec Bonaparte, et pour la ville de Coutances.

C'était M. de Mercey, le seul directeur des Beaux-Arts, avec M. de Guizard et Lenormant, qui m'avait montré quelque sympathie ; M. de Mercey m'avait amené M. le prince Lebrun. C'était lui aussi qui m'avait offert l'ancien logement de M. Cortot à l'Institut.

Ce logement, me disait-il, me revenait de droit, à cause des grands travaux de l'État que j'avais exécutés depuis quinze ans dans mes ateliers, construits exprès.

Depuis plus de quinze ans je tentais de me délivrer

de cette charge énorme des ateliers, qui a fait de ma vie un véritable martyre.

Dans mon grenier de l'Institut, je fis des essais de gravure à l'eau-forte, et je composai quarante sujets au trait. Je reçus, au sujet de mon théâtre grec, le billet suivant, de David d'Angers :

« Je suis venu pour remercier le courageux et infatigable Étex du cadeau qu'il veut bien me faire de ses *Compositions sur la Grèce tragique*. Je le prie de recevoir les salutations empressées de son tout dévoué,

» DAVID. »

Palais des Tuileries, le 29 décembre 1847.

« Monsieur,

» Monseigneur le prince de Joinville m'ordonne de vous remercier de l'envoi que vous avez bien voulu lui faire de vos *Essais de composition sur la Grèce tragique.*

» S. A. R. désirerait que vous voulussiez bien accepter le petit témoignage de reconnaissance que j'ai l'honneur de vous adresser avec cette lettre.

» Veuillez agréer, monsieur, l'assurance de ma considération la plus distinguée.

» Le secrétaire des commandements
de Mgr le prince de Joinville,

» A. TROGNON. »

Le prince m'envoyait un porte-crayon, orné d'un diamant.

M. Granet, mon voisin de l'Institut, m'écrivait du fond
de la Provence, où il se tenait le plus qu'il pouvait après
la mort de sa femme :

« Bon voisin, je vous remercie de votre souvenir. Votre
petite lettre m'a confirmé que vous êtes un homme de
cœur. L'on est bien heureux d'en rencontrer dans le
siècle où nous vivons. Gardez donc bien précieusement
cette rare qualité. Du talent et du cœur ; voilà mes amis,
voilà ceux que j'aime et avec qui je désire passer le reste
de ma vie. Toute autre réunion n'a plus de charme
pour moi. Causer simplement de notre bel art, voilà la
seule chose qui me distraira de tous mes malheurs ;
j'espère vous retrouver pour faire cette douce partie, et
vous faire compliment sur votre collection d'eaux-fortes,
que vous avez gravées. Vous êtes jeune, vous avez de la
marge. Employez cette belle époque de la vie à produire
de beaux ouvrages *quand même*. Je ne pense pas vous
suivre ; je suis vieux à présent. Cependant, je fais
toujours un peu de peinture ; je ne vous assure pas
qu'elle soit bonne, mais elle occupe mes moments
d'ennui, et ils ne sont pas rares, malgré notre beau
soleil de Provence. La lumière fût-elle mille fois plus
brillante, elle ne peut pas me rendre l'ange que j'ai
perdu. Vous la connaissiez ! Dieu l'a voulu, je me résigne.
Notre pauvre Legendre est comme moi, il n'est pas
heureux. Celui-là a un noble cœur ; je vous le recom-
mande. Il vous aime, vous devez vous entendre parfaitement. Soignez-le. Je ne vous parle pas de mes autres
amis ; ils sont occupés de leurs affaires, c'est juste.
Adieu, cher et bon voisin ; présentez mes respectueux

hommages à Mme Étex, et vous, comptez sur votre dévoué,

» GRANET. »

M. Granet m'avait surtout fait plaisir en me donnant de chaleureux encouragements sur ma peinture. La couleur, l'harmonie de mon tableau de la *Mort du prolétaire* lui plaisaient.

On a pu juger avec quelle bienveillance j'étais traité par Mme Récamier. Il faut tout dire : elle s'était mis dans la tête que je devais faire son tombeau. Plusieurs de mes ouvrages lui ayant plu, elle me préférait à David d'Angers, qu'elle trouvait encore plus sauvage que moi.

Elle m'avait confié des manuscrits intimes de Chateaubriand, dans le but de se montrer à moi telle qu'elle était aux yeux épris de ce fameux écrivain, de cet ami de sa vie de femme majeure et libre.

Tous ses adorateurs étaient mis à contribution; je lisais dans ce volume, avec les autographes à l'appui, que cette Vénus moderne avait été d'abord la passion de Lucien Bonaparte, président du conseil des Cinq-Cents, lui écrivant au moment d'un grand danger : « Je suis en face de la mort, et je ne pense qu'à vous; » puis la passion de Masséna qui, sous les murs de Gênes, lui écrivit :

« Madame, tout le monde s'étonne de ma conduite au siége de Gênes, mais personne ne sait que j'avais, au poignet de la main qui tenait mon sabre, le ruban blanc qui vous touchait à telle soirée. Par ce talisman, je me sentais invincible. »

Elle fut enfin l'idole de Benjamin Constant, qui, fou

d'amour pour elle, en 1815, lui écrivait : « Dites-moi de quel côté je dois mettre mon nom. Pour vous je sacrifierais plus que ma vie : mon nom, mon honneur, tout. en un mot ! »

Que les contemporains de cette femme s'étonnent tant qu'ils voudront. Voilà des faits qui parlent plus et mieux que tout commentaire.

Mme Récamier a su charmer et captiver les hommes les plus éminents pendant un demi-siècle.

Un jour, je montai à l'Abbaye-au-Bois, chez Mme Récamier, et je remis ma carte à son domestique. Celui-ci me poursuivit dans l'escalier et me pria de remonter, de la part de Mme Récamier.

M. de Chateaubriand était tout seul avec elle. C'était, m'a-t-on dit, chaque jour l'heure à laquelle ils prenaient leur thé. Pendant que Mme Récamier me faisait ainsi les honneurs de son tête-à-tête avec M. de Chateaubriand, le domestique vint dire tout bas à Mme Récamier que M. de Lamartine demandait à entrer.

Après avoir échangé un coup d'œil avec M. de Chateaubriand, Mme Récamier dit à son domestique de prier M. de Lamartine d'entrer.

M. de Lamartine fut très-aimable avec moi ; quant à moi, je le fus fort peu avec lui, j'en conviens. Aussi Mme Récamier m'en fit-elle l'observation, après la visite très-courte de M. de Lamartine. Pendant ce temps-là, M. de Chateaubriand caressait de sa main gauche le bec de sa canne qui était d'ivoire.

« Vous ne savez pas, me dit Mme Récamier, ce que M. de Chateaubriand me disait quand on vous a annoncé :

c'est que, bien que de plusieurs côtés l'on demande à faire son portrait, bien que Paul Delaroche lui ait écrit, M. de Chateaubriand ne veut plus poser que pour vous. »

Je répondis à M. de Chateaubriand que j'étais à sa disposition, et que, quand il voudrait, je l'attendrais à mon atelier.

Je modelai un buste et j'ébauchai son portrait en peinture. Cette ébauche restera l'expression vraie des traits de l'auteur des *Mémoires d'outre-tombe* en 1847.

Il était assez maussade, M. de Chateaubriand; il me reste de lui un mot tout à fait juste. Regardant mon tableau de *Joseph expliquant les songes de ses frères*, il en louait la simplicité: « Dans l'art, comme dans la littérature, dit-il, il y en a toujours trop. »

XXXIX

La veille du fameux banquet organisé par l'opposition contre M. Guizot, c'était un dimanche, j'étais le soir à l'Opéra, où j'avais mes entrées depuis ma statue de Rossini. Dans un couloir, je rencontrai M. Vitet, que j'aimais beaucoup, je lui dis franchement ce que je pensais de la situation où s'était mis le gouvernement de Juillet. Il ne me rit pas au nez, comme avaient fait, en 1830, MM. de la Bouillerie ; mais il me dit que ce banquet n'était qu'une simple taquinerie de l'opposition.

J'étais inquiet, car, bien que j'aie, toute ma vie, marché avec les plus avancés, j'ai plutôt été un évolutionnaire qu'un révolutionnaire , plutôt un constructeur qu'un démolisseur ; enfin, un véritable conservateur dans la bonne acception du mot.

Le soir du 23 février, Paris fut illuminé à la nouvelle du changement de ministère. On sait le coup de pistolet du boulevard des Capucines, l'abdication de Louis-Philippe et sa fuite de Paris.

Dès le matin du 24 février, je me mis en mesure d'être utile à la cause de l'ordre et de la liberté. Je me

rendis à l'Hôtel de Ville, en uniforme de garde national.
Le matin du 25 février, je rencontrai dans l'escalier, où
j'étais de service, mon vieil ami Dupont de l'Eure.
Il me prit par la main, et me fit entrer dans la première
salle, où j'aidai M. Martin, de Strasbourg, à trier les
lettres adressées aux divers ministères. Parmi les lettres
venues des quatre-vingt-six départements, on compta
six mille demandes de places. Ces lettres furent jetées
par moi au feu avec un profond dégoût.

Il serait trop long de raconter tout ce que je fis pour
aider les honnêtes gens dévoués au bien. Il ne me
restait pas même une minute pour m'asseoir, ayant quelquefois sur la cheminée une tasse de lait, dont je ne
pouvais boire une gorgée avant la fin de la journée.

Aussi, combien j'étais heureux quand je pouvais dîner
à l'Institut avec ma femme et mes enfants et dormir
quelques heures, pour reprendre le lendemain la même
corvée !

J'eus l'affaire des prétendus délégués des arrondisse-
ments de Paris, qui s'étaient délégués eux-mêmes à
l'Hôtel de Ville, où ils se faisaient bien nourrir.

Quand le jour des funérailles des victimes fût arrêté,
je proposai pour la cérémonie à M. de Lamartine un
char symbolique représentant le travail protégé par la
loi.

Le 17 mars 1848, allant chez Garnier-Pagès, ministre des finances, je vis que la rue de Rivoli était
remplie d'une foule qui montait aux Champs-Élysées.
C'était une réponse à la manifestation faite la veille par
les *bonnets à poil* de la garde nationale.

M'étant aperçu d'une manœuvre des présidents des clubs, je courus à l'Hôtel de ville avertir ces messieurs et leur affirmer avec énergie que la manifestation de 150 000 hommes qu'ils redoutaient était tout en leur faveur.

Je ne m'étais pas trompé ; M. de Lamartine, que j'accompagnai dans sa voiture à un moment où il était épuisé de fatigue, me dit de son bel organe :

« Quel beau sujet de monument nous allons vous commander, monsieur Etex !

— Occupons-nous, lui répondis-je, de fonder la république. »

Le 17 mars, je n'étais pas tranquille. On disait tout haut dans les rues que le ministre des finances devait être assassiné dans la nuit. Je plaçai deux bataillons de la garde nationale et je veillai.

Vers deux heures du matin, entendant du bruit dans la chambre à coucher de M. Garnier-Pagès, j'entrai : il était sur son séant et vomissait en abondance du sang dans une cuvette. Je n'oublierai jamais son bon sourire reconnaissant quand il me vit auprès de lui, bien qu'il ne sût rien du complot tramé contre lui.

Mon dévouement à la république était complet. Le 15 mai, je fus le plus utile que je pus. Le mercredi, 17 mai, je fus appelé par la commission exécutive pour lui donner mon opinion sur l'état des travaux de la fête du Champ-de-Mars, laquelle avait été manquée le 14 à cause surtout du mauvais esprit de la classe ouvrière égarée et corrompue par les ateliers nationaux.

Le résultat du vigoureux concours que je donnai à

l'exécution des travaux de cette fête fut que M. Armand Marrast voulut me faire nommer directeur des Beaux-Arts ; mais je refusai, convaincu que je n'aurais pas assez de liberté et aussi pas assez de responsabilité.

En pareille matière, c'est une œuvre que l'on signe, tout comme on signe un livre, une statue on un tableau. Mais il faut absolument que le fonctionnaire ait seul la responsabilité de ses actes.

Cependant, on se préparait aux élections de juin.

Le 4, je reçus de M. Crémieux, ministre de la justice, la lettre suivante :

« Mon cher Etex,

» Si le dévouement le plus vrai, le plus désintéressé à notre république ; si un talent hors ligne signalé par tant de beaux ouvrages sont les titres les plus honorables aux yeux du peuple, qui nomme aujourd'hui les représentants, nous vous verrons à l'Assemblée nationale ; vous y viendrez augmenter le nombre des bons citoyens qui mettent la patrie au-dessus de tout et qui placent dans la république l'honneur de la France régénérée.

» A vous,   AD. CRÉMIEUX. »

J'eus d'abord l'idée de faire afficher à Paris, sur la même feuille, la circulaire de Louis-Napoléon et la mienne. Les deux circulaires étaient ainsi conçues :

Voici celle de Louis-Napoléon : .

Voici la mienne : `

CITOYENS,

Jusqu'ici je ne suis connu de vous que par mes deux échauffourées de Strasbourg et de Boulogne, car mes livres, vous ne les avez pas lus. Je porte le nom de Napoléon. A toi, peuple, de bien te rendre compte de la signification réelle de ce nom, que je tâcherai de porter, mais à ma façon, comme le portait le grand Napoléon mon oncle.

Signé : Louis-NAPOLÉON.

CITOYENS,

Enfant de Paris, je ne vous suis que fort peu connu ; mais le nom modeste que je porte n'a d'autre mérite que de signifier : courage, travail et probité.

Je ne vous parlerai pas de mes ancêtres. Comme moi, ils furent d'honnêtes et courageux travailleurs, aimant avant tout l'ordre, autant que la liberté, l'égalité et la fraternité.

Signé : Antoine ETEX.

Mais, ayant écrit ces deux circulaires, je compris que le peuple, si malin, allait rire de moi et acclamer le nom de celui qui avait ruiné la France et détruit la république ; je m'en tins à la circulaire ordinaire et je n'eus que 23 000 voix : il en fallait 100 000. Ce fut Louis-Napoléon qui les obtint.

« Je voterai pour vous, me disait Sainte-Beuve, mon voisin à l'Institut, quoique j'aime mieux vous voir à votre atelier qu'à une Assemblée. J'aime assez que l'on soit où nul ne peut être à notre place. »

Je songeai à ces paroles quelques années plus tard, quand M. Sainte-Beuve fut fait sénateur avec 30 000 francs de rente.

Profondément découragé, j'écrivis à M. de Lamartine pour lui demander une mission à l'étranger, sans rien préciser. M. de Lamartine me fit une réponse fort

aimable et me pria de désigner précisément la mission
que je sollicitais ; mais le courage me reprit, et ma demande n'eut pas de suite.)

Lors des horribles journées de juin, avant que le
premier coup de fusil eût été tiré, je conseillai au général Cavaignac, lequel se montrait de plus en plus
aimable avec moi, de faire afficher sur tous les murs de
Paris cette seule phrase : « *Tout individu qui aura
touché un pavé sera fusillé.* »

Il me semble que cela eût donné du courage aux
hommes d'ordre, et aurait en même temps épouvanté
cette bohème si dangereuse dans nos discordes civiles.

Le 23 juin, à sept heures du matin, on battait le rap-
pel. J'endossai mon uniforme de garde national et je
me rendis un des premiers à mon bataillon, qui se
réunissait rue Saint-Germain-des-Prés.

On vint nous donner l'ordre de nous rendre au ministère de l'intérieur. Vers cinq heures du soir, je rencontrai dans la cour M. Recurt, ministre de l'intérieur,
qui rentrait à son cabinet. Il me tendit la main, et,
m'entraînant avec lui, il me dit : « Laissez là votre
fusil et ne nous quittez pas ; car nous ne savons rien
sur ce qui se passe. »

Dans la soirée, plusieurs individus vinrent s'offrir
spontanément pour porter des secours et des vivres à
ceux qui se battaient, parce que eux et leurs enfants
n'avaient pas de pain.

On leur refusait un *laissez-passer ;* voyant là une
bonne action à faire, et ayant confiance en ces messieurs, qui m'avaient l'air des hommes de cœur, je

demandai le laissez-passer en mon nom et je partis avec ces quatre citoyens. Pour avoir l'assentiment de la commission exécutive, nous nous rendîmes à l'Assemblée nationale. M. de Lamartine rentrait du faubourg du Temple, où une balle avait traversé son chapeau.

Il m'aperçut, et, me tendant la main, il me dit de sa voix vibrante :

« Ah ! monsieur Etex, toutes les fois qu'il y a un danger à courir je vous vois ! »

Je cherchais un représentant du peuple, député de Paris, dont le nom fût populaire. Je rencontrai Pierre Leroux, qui fit la sourde oreille, puis Caussidière qui me répondit :

« Que l'Assemblée décrète la chose, et je vous suis.

— Mon cher, lui dis-je, le dévouement ne se décrète pas. »

Rue Saint-Denis, je fus salué par un coup de fusil à bout portant que me tira un garde national affolé de peur. Je lui sautai à la cravate, et, d'un ton d'autorité, je réclamai le chef qui commandait le bataillon de son quartier. Sur ma demande, on me conduisit dans une salle où les officiers étaient réunis. Quand on m'eut reconnu, ce fut un cri unanime de sympathie.

Je les quittai pour monter le faubourg Saint-Denis et je trouvai, à la mairie du VI⁶ arrondissement, le commandant de la légion, Forestier, le peintre d'histoire, qui se plaignait d'être abandonné.

Rue Charlot, je trouvai une barricade gardée par des fondeurs dont plusieurs me connaissaient. Je leur dis qu'avec leur 15 mai et leurs journées de juin ils tuaient la république, et je parvins à leur persuader de détruire eux-mêmes leur barricade.

Au coin d'une borne, et sous un réverbère, un des leurs jouait en me fixant avec la détente de son fusil.

J'arrivai sur lui, et, la main sur son cœur, je lui dis :

« Vous voulez me tuer?

— Oui, me dit-il ; car vous nous trahissez en voulant nous empêcher d'accomplir notre devoir. »

J'épuisai tout ce que j'avais de raison et d'éloquence pour lui prouver qu'ils allaient contre le but qu'ils voulaient atteindre, que leur entreprise était folle, extravagante.

« Eh bien! venez avec moi, » me dit-il énergiquement. Je le suivis, avec confiance et sans armes, dans le quartier des Enfants-Rouges.

La nuit était noire; il avait plu beaucoup. Il me fit grimper au haut d'une vieille maison, par un escalier étroit muni d'une corde grasse et gluante collée au mur.

Arrivé sous les combles de cette maison habitée par la misère, je vis, à la lueur d'un vieux lampion ébréché, une femme jeune, très-maigre, dont le teint était d'un jaune vert. Elle râlait sur un grabat, entouré de trois enfants malades, dont l'aîné n'avait pas plus de sept ans. Je vidai mes poches et je m'enfuis au rendez-vous que j'avais donné rue du Harlay.

Je revins à l'Assemblée nationale vers quatre heures du matin. Cavaignac et Ledru-Rollin étaient seuls.

« Comment, Etex, me dit ce dernier, depuis hier soir dix heures?...

— Oui.

— Eh bien! qu'avez-vous vu? Qu'en pensez-vous?

— Je pense que dans quelques heures cela va recommencer; il faut porter un grand coup, décréter l'état de siége le plus rigoureux.

— C'est bien mon avis, » dit Ledru-Rollin.

Le général Cavaignac garda le silence.

Je me fis conduire à Orsay pour embrasser ma femme et ma dernière petite fille.

Impossible d'exprimer l'impression que me fit, dans la fraîche et riante vallée d'Orsay, l'aspect de la nature dont le calme contrastait avec l'agitation de Paris. Je me jetai sur mon lit et je fis un fameux somme.

Je fus éveillé, vers quatre heures, par le tambour des pompiers d'Orsay qui se rendaient à Paris. Je les suivis et je revins à Paris acomplir mon devoir, qui était de faire de mon mieux pour arrêter la guerre civile.

Je n'ai pas ici à défendre la mémoire de Cavaignac à qui je ne dois rien. Mais je dois raconter ce que j'ai vu le dimanche 25 juin.

Vers une heure, au moment où la lutte était presque achevée, des gardes nationaux avaient amené, dans la cour et le jardin de l'hôtel de la présidence, quelques prisonniers qu'ils allaient fusiller.

Cavaignac apprend ce qui se passe et je le vois encore avec son burnous, son pantalon et sa chemise seule sous le burnous. Il se précipite la tête nue afin de ne pas perdre un instant, et vient empêcher que personne ne soit fusillé.

« Arrêtez ! dit-il. Tous ceux que vous arrêterez les

armes à la main seront jugés militairement, entendez-vous? Il faut un jugement avant de fusiller un citoyen! »

Ce fut peu d'instants avant cette scène que Mme Émile de Girardin vint réclamer son mari avec une énergie étrange. Je me rappelle une phrase de cette femme furieuse. Elle demandait où était Bastide. On le lui désigna, et, allant droit à lui, elle dit :

« *A h! le voilà donc, cet homme; ah! ah! c'est lui! Les misérables, ils perdront la France!* » Elle sortit alors, se précipitant plutôt que marchant.

Elle allait tomber dans une cave dont la porte était restée ouverte. Je m'approchai avec égard de cette dame, et, lui prenant le bras, je la remis dans son chemin. De sa grosse voix, elle me dit : « Merci, monsieur, merci! »

J'assistai, le dimanche soir, à une de ces scènes moitié héroïques et moitié comiques qu'on ne voit que dans les révolutions. Un groupe de jeunes gardes mobiles de Paris, couverts de sueur et de poussière, apportait un immense drapeau fait avec un drap de lit et des morceaux bleus et rouges d'une étoffe grossière.

Charras, en uniforme de colonel, leur dit :

« Voyons, mes enfants, vous vous êtes tous bien conduits; mais quel est celui d'entre vous qui mérite d'être décoré? Dites-le-moi.

— C'est lui! c'est lui! » se mettent à crier tous les gavroches en montrant un gros petit bonhomme rouge comme une écrevisse, à l'air bon enfant.

Aussitôt Charras détacha sa croix et la lui attacha à la tunique.

« Oh! hi! hi! disait en riant à la fois et en sanglo-
tant le gavroche, qu'est-ce que va dire maman? »

Et il continuait ainsi à répéter :

« Oh! oh! oh! hi! hi! hi! qu'est-ce que va dire maman?... Elle sera bien contente... »

Armand Marrast et Buchez me chargèrent, avec les
divers ministres, d'organiser les funérailles des victimes des journées de juin. Suivant un vote de l'Assemblée nationale, une messe solennelle devait être célé-
brée sur la place de la Concorde. Plusieurs personnes
demandaient que, de la place de la Concorde, le cortége se rendît à la place de la Bastille. Au conseil des
ministres, auquel j'assistais, je fis observer qu'il valait
mieux n'aller que jusqu'à l'église de la Madeleine.
Le général Lamoricière soutint mon idée en disant :
« M. Etex a bien raison. J'en ai assez de coups de fusils
dans les oreilles, dans vos rues de Paris. »

Craignant une émeute et voulant avant tout éviter la
profanation des corps morts sur la place publique, je
fis mettre des pavés dans les cercueils et j'ordonnai de
déposer les corps dans les caveaux de la Madeleine.

La veille de la cérémonie funèbre, j'avais rendez-
vous, à six heures du matin, dans le cabinet du ministre de la guerre, pour donner devant lui et avec son
assentiment quelques instructions aux douze généraux
qui commandaient à Paris. Le ministre m'avait fait
asseoir auprès de lui.

Au moment où il venait d'ouvrir la séance, un huissier entra et lui remit une lettre. C'était le général Cavaignac qui le demandait à son cabinet.

M. de Lamoricière, me présentant à ces messieurs, leur dit :

« Voici M. Etex qui est chargé de la direction générale de la cérémonie; veuillez l'écouter, prendre ses ordres et vous y conformer. Le général Cavaignac m'appelle auprès de lui. Faites ce que vous dira M. Etex ; il a toute ma confiance. »

Je détaillai aux douze généraux ce qui avait été décidé la veille. A la commission exécutive, il s'agissait de ne rien faire qui pût surexciter la population de Paris, dont une partie était encore armée.

Je méritais certainement d'être chargé du monument de Mgr Affre tué devant une barricade du faubourg Saint-Antoine. Il fut mis au concours : j'y envoyai un modèle qui restera le vrai, car celui de M. Debay ne fut qu'une amplification du mien.

On fit un second concours, afin d'avoir le plaisir de m'exclure, car on me connaissait trop pour ne pas savoir que j'étais incapable de m'associer à une intrigue de cette force.

Comprend-on un second concours, à un mois de distance, sur le même sujet?

En pareil cas, ceux qui au premier concours ont eu une idée sont fatalement volés. En effet, M. Debay, qui, au premier concours, avait fait un évêque endormi, envoyait au second concours mon projet de l'évêque tombant sur la barricade et frappé à mort. Il n'y a pas jusqu'à mon bas-relief qui n'ait été copié par M. Debay.

Oh! les concours; quels beaux triomphes pour les médiocrités! Quelle source inépuisable pour les intrigues de toutes sortes ! Et dire qu'il n'y a pas pour l'artiste d'autre moyen de se faire donner un travail d'art monumental !

Lors des dernières élections j'avais été violemment attaqué par le journal de Proudhon. Dans ma circulaire, je demandais des *actes*, des *faits*. Le journaliste me demandait quels étaient ces *actes*, ces *faits*.

Je lui répondis une lettre si précise et si positive, que M. Fauvety, gérant du journal, m'écrivit qu'il ne la publierait pas afin de ne pas nuire à ma candidature, mais que lui et ses amis me tenaient pour un bon citoyen.

Deux mois après, le même journal m'écrivait pour me demander ma part de souscription à son œuvre. Je répondis :

« Citoyen,

» Je suis heureux et fier de m'associer à votre œuvre régénératrice. Propriétaire et père de famille, je ne serai pas suspect en vous apportant ma part de dévouement, mon nom pur de toute souillure. Oui, je le soutiens avec vous, toute propriété qui n'est pas le fruit du travail de celui qui la possède est un vol fait à la société.

» 93 a détruit l'orgueilleuse noblesse, 1830 a été escamoté par Louis-Philippe au profit des intrigants, 1848 détrônera, à jamais, je l'espère, la honteuse influence de l'argent.

» Nos filles à marier ne seront plus cotées comme les actions des chemins de fer à la Bourse, Dieu soit loué !

» Salut et fraternité.

» Antoine ÉTEX. »

XL

Je partis pour Orsay, où ma petite Juliette se préparait à faire sa première communion. Je me rappelle que, faisant poser le bon curé d'Orsay pour son portrait, à propos du pape et de Rome, je lui dis : « A la place de Pie IX, j'irais mendiant jusqu'à Jérusalem, où je prierais pour le bonheur de l'humanité. Il me semble qu'ainsi le pape ramènerait le christianisme à la pureté primitive. »

Rentré à Paris, je ne fus pas peu surpris d'apprendre qu'une lettre écrite par moi, publiée dans un journal, avait fait saisir cette feuille, qui était poursuivie à l'instigation de maître Baroche.

Ne voulant pas abandonner le journal, qui m'avait publié sans me consulter, je fus condamné par défaut à six mois de prison et deux mille francs d'amende.

« Je veux vous défendre, moi, » me dit Crémieux que je rencontrai ; mais la veille du procès, Crémieux venait d'écrire une circulaire en faveur de la candidature de Louis-Napoléon. Je courus lui dire que je ne pouvais concevoir que, s'il voulait conserver la République, il vînt en aide au plus dangereux des prétendants.

Il me répondit que Louis-Napoléon était un prince charmant.

Je me présentai devant le tribunal, sans défenseur. Je ne fus définitivement acquitté qu'à une voix de majorité, ce qui s'explique par les dispositions d'esprit où se trouvait à cette époque le monde propriétaire et bourgeois, dont le jury était exclusivement composé.

Prévoyant les choses fâcheuses qui allaient résulter pour moi de l'élection de Louis-Napoléon, je partis pour l'Angleterre, avec une dizaine de caisses où j'avais emballé mes statues en marbre, mes bronzes et mes tableaux.

Je fis une exposition dans Bond street. La presse de Londres fut bienveillante pour moi. Seulement elle répétait souvent cette ritournelle : « *But is not English-man*, mais M. Étex n'est pas anglais. »

Ce qui prouve que le peuple anglais est toujours et quand même patriote. Quand donc serons-nous Français en France ?

Le premier ministre me fit offrir des commandes, si je voulais me faire naturaliser Anglais; je refusai, bien entendu.

Lord Ellesmere avait fait choix de plusieurs de mes œuvres pour un prix de soixante mille francs. Cette vente allait me relever. Mais la Russie intervint dans les affaires de Hongrie, et lord Ellesmere fit dire que les événements politiques l'empêchaient de faire aucune acquisition.

Marochetti qui, ruiné par ses créanciers, s'était réfugié

à Londres, vint me voir à mon exposition. Il m'engagea à vendre tout ce que j'avais apporté pour le prix des caisses.

Parmi les lettres d'introduction qui m'avaient été données pour Londres, j'en avais une pour M. le comte d'Orsay. Je gardai ma lettre, bien que Louis Blanc, qui le voyait souvent avec lady Blessington, m'eût dit que lui et cette dame avaient manifesté le désir de me recevoir.

J'ai su depuis que le comte d'Orsay, qui avait été jadis le compagnon de plaisirs de Louis-Napoléon en Angleterre, devenu son familier au palais des Tuileries, pendant la présidence et le commencement de l'empire, ne cessa de parler en ma faveur, jusqu'à sa mort.

N'ayant rien vendu à la suite de mon exposition, pour conserver mes ouvrages, je fus obligé de louer à Londres, une sorte d'atelier, à raison de douze cents francs par an.

Dans mon désespoir, j'étais comme tous les étrangers, les Français surtout, qui viennent à Londres avec une invention nouvelle. J'attendais le fameux *coup de vent*. Mais rien ne venait.

Il y avait à Londres un grand nombre de mes compatriotes qui attendaient, quelquefois depuis plus de cinquante ans, ce fameux coup de vent, qui ne venait toujours pas, et qui, en l'attendant, mouraient littéralement de faim. Car on meurt de faim à Londres plus que partout ailleurs, malgré toutes les affaires qui se brassent dans une ville de quatre millions d'âmes.

Dans mon atelier improvisé de Georges street, je

recevais tous les réfugiés français, et je dois dire, à la honte du parti de la démocratie française, qu'à fort peu d'exceptions près, jamais je n'ai rencontré de gens plus ingrats, plus orgueilleux et plus indélicats.

J'espérais cependant que mes ouvrages finiraient par se vendre. Un marchand célèbre de Londres vint me prendre deux tableaux et un bronze, qu'il me disait avoir placés.

En effet, ce pauvre homme les avait placés au mont-de-piété, ce qui fit beaucoup rire Louis Blanc.

Enfin, après six mois d'infortunes, mes ressources étant entièrement épuisées, je rentrai en France, vers la fin du mois d'août.

Au mois de novembre, je reçus une lettre qui m'appelait au cabinet du ministre de l'intérieur, M. Ferdinand Barrot.

« J'ai reçu sur vous divers rapports, me dit-il ; il paraîtrait que les ouvriers du faubourg Saint-Antoine veulent vous mettre à leur tête. »

Vivant seul et dans l'intérieur de ma famille, je vis combien M. Ferdinand Barrot était mal renseigné par sa police.

L'année suivante je retournai à Londres, pour retirer mes marbres et mes tableaux de l'atelier que j'avais loué pour les conserver, en attendant les acquéreurs qui s'obstinèrent à ne pas venir.

M'étant rendu à la préfecture pour prendre un passe-port, je rencontrai M. Carlier qui faisait alors arrêter pas mal de monde. J'allai droit à lui en disant : « Pas de zèle, M. Carlier, si je suis arrêté d'ici à Calais, je dirai

que vous étiez prévenu que je partais pour Londres et
pour arranger mes affaires. Néanmoins, si vous voulez
le savoir, à Londres, je verrai les réfugiés : Louis Blanc,
Caussidière, Ledru-Rollin.

— Très-bien, me dit-il, franchise pour franchise ;
moi, je vous annonce que je vais envoyer trois nouveaux
rapports faits sur vous et contre vous au ministre de
l'intérieur.

— Oh ! des rapports de police faits sur moi ! Cela doit
être curieux.

— Vous les verrez quand vous voudrez. » Je revins
quelques instants après, mais M. Carlier, trouvant en
moi une énergie qu'il n'attendait pas, devint très-aimable
et très-doux, et refusa de me montrer ses fameux rapports qu'il me promit de brûler, ce dont je me moquais
comme de rien.

Je fis à Londres une nouvelle tentative qui ne réussit
pas mieux que la première ; et je laissai mes marbres et
mes tableaux chez M. Sallandrouze, qui devait faire chez
lui une grande exposition de tapis, laquelle serait suivie
d'une vente à la criée.

Je revis les réfugiés que j'avais vus l'année précédente. Quand je me trouvais avec l'un d'eux, il me disait de l'autre : « Défiez-vous d'un tel, c'est un mou-
chard, » et ainsi de tous.

Ce qu'il y a de certain, c'est que, lors de mon retour
à Paris, un ami que j'avais au ministère de l'intérieur
me disait : « Si vous saviez dans quel nid de vipères
vous vivez quand vous êtes à Londres ! Je viens de lire
tout ce que vous avez fait et dit depuis votre départ de

Paris. Si vous lisiez les noms, les signatures, vous seriez stupéfait, terrifié. »

M. Sallandrouze échoua, comme moi, dans les efforts qu'il fit pour vendre mes ouvrages et ses tapis; si bien que j'avais complétement perdu mon temps et ma peine en Angleterre.

Pour mes étrennes de 1850, je reçus du ministre de l'instruction publique, de Paris, une lettre qui m'accusait d'être un démagogue et menaçait de me retirer mon logement à l'Institut si des faits nouveaux étaient signalés contre moi.

Dès le lendemain j'envoyai au ministre la réponse suivante :

« Monsieur le ministre,

» Le rapport dont vous me parlez dans la lettre que vous m'avez fait l'honneur de m'adresser le 29 décembre est trop au-dessous de ma dignité pour que je puisse vous répondre. J'ai besoin de l'oublier.

» J'ai l'honneur d'être, monsieur le ministre, etc.

» A. Étex,
« Statuaire et peintre. »

27, quai Conti, à l'Institut.

XLI

En 1851, eut lieu à Londres l'exposition universelle
à laquelle M. Sallandrouze envoya tout ce que j'avais à
Londres ; puis il vint me demander, à Paris, les plâtres
de mes groupes de *Caïn* et de la *Ville de Paris implo-*
rant Dieu sur les victimes du choléra. J'obtins une première médaille.

Je m'occupais avec ardeur de la publication de mon
Cours élémentaire de dessin.

Le 31 juillet, le ministère de l'instruction publique
m'envoya ma récompense : un décret du président de la
République m'enlevait mon logement et mon atelier à
l'Institut.

Je portai mon *Cours de dessin* à Proudhon qui alors
était prisonnier à la Conciergerie.

J'avais modelé son buste. Il m'écrivit à ce sujet :
« J'entends dire que vous n'avez pas craint d'étaler mon
ingrate figure, ce qui attire à l'original, dont l'amour-
propre s'en rit, et à l'artiste qui n'en peut mais, force
critiques désobligeantes. Mon cher sculpteur, ce n'est
pas tout de savoir pétrir l'argile et tailler le marbre ; il

faut encore, vous le voyez, choisir des sujets qui soient agréables au public.

» Mon cher Étex, vous avez assez souffert comme cela de ma rencontre dans le monde. »

Ce même buste en plâtre faisait partie des ouvrages exposés à Bond street. Un jour un gentleman anglais vint dire à la personne qui tenait l'exposition : « Combien faut-il payer pour avoir le plaisir de briser ce buste ? »

Pour rester indépendant et digne, j'avais été forcé de vendre à Alexandre Dumas une partie de ma propriété d'Orsay. Ne gagnant rien et ne sachant où donner de la tête, j'écrivis à M. Dupin aîné pour lui rappeler les trois médaillons en bronze de son père, qu'il m'avait commandés pour ses deux frères, ainsi qu'un pour lui-même.

Voici un extrait de ma lettre à M. Dupin :

« Monsieur,

» Les temps sont durs pour moi. Je viens donc vous prier de régler la petite affaire des trois bronzes du médaillon de feu monsieur votre père.

» Agréez, etc.   ÉTEX. »

Voici la lettre que je reçus de M. Dupin :

« Paris, le 11 août 1850.

» Monsieur,

» J'avoue que votre lettre a lieu de m'étonner. C'est pour moi une règle invariable de ne jamais laisser une dette en arrière et de payer comptant tout ce que je dois ; et si j'avais été votre débiteur à un titre quelconque, je n'aurais certes pas laissé écouler un mois, et à plus forte raison six ou sept années, sans me libérer. Aussi j'ai la conscience de ne vous rien devoir. Si vous avez été à Clamecy pour y surveiller la pose de votre statue de sainte Geneviève, c'est que vous l'avez désiré. Vrai Pygmalion d'une statue que vous affectionnez à juste titre (car elle a un grand mérite d'exécution) vous avez voulu présider à sa pose, et je ne suis intervenu que pour vous recommander à mes amis, afin que le séjour de Clamecy ne fût pas trop désagréable. M. Ferrière, l'un d'eux, ami éclairé des beaux-arts, vous a reçu et hébergé : vous m'en avez paru extrêmement satisfait, car vous m'en avez remercié, et vous n'avez pas dû regretter les trente francs qu'il a dû vous en coûter pour aller, et autant pour revenir.

» Mon vieux père, âgé de quatre-vingts ans, vous a reçu aussi et accueilli : vous en avez été touché, et, de vous-même, frappé de l'aspect de ce vieillard, il vous a plu de faire un croquis de son profil, *qu'il ne vous a pas commandé*, et qui a été pour moi l'objet d'une surprise, quand vous m'avez fait *hommage*, ainsi qu'à mes frères, de cette plaque à peine ébauchée, mais où l'on remarque, j'en conviens, le génie qui vous distingue.

» J'ai été touché de cette attention de votre part ; et de mon côté, je n'ai pas hésité à vous aider de mes bons offices quand vous les avez réclamés, notamment lors de votre voyage en Angleterre. Tout a donc été de part et d'autre affaire de courtoisie.

» Maintenant vous dites : *les temps sont durs et dif-ficiles;* j'en conviens, mais d'abord ce n'est pas plus ma faute que la vôtre; et ensuite ce n'est pas un motif pour battre monnaie à mes dépens et pour convertir en *obligations pécuniaires* des relations qui n'ont jamais eu ce caractère ni dans mon intention, ni dans le fait.

» Votre talent, monsieur, est trop distingué pour recourir à de tels expédients. Et pour moi, j'y résiste absolument.

» Recevez, je vous prie, l'assurance de ma considéra-tion distinguée,

» Dupin. »

Je laisse au lecteur le soin de juger le procédé de M. Dupin l'aîné, le grand Dupin, comme on l'appelait de son vivant.

M. Tamisier, capitaine d'artillerie et représentant du peuple, m'avait annoncé que le coup d'État devait se faire le lendemain, 18 novembre.

La partie fut remise.

Le 2 décembre au matin, mon pauvre fils Paul, mort en Cochinchine, à Saïgon, officier d'artillerie de ma-rine, le 5 mai 1867, vint me dire : « Papa, on arrête en ce moment le maçon Nadaud, député de la Creuse. »

Je descendis sur le quai, et je lus l'affiche de Louis-Napoléon.

Je me dirigeai, par le quai Voltaire, vers le palais des Tuileries. Un groupe de braillards en blouses bleues, lon-geant la grille du palais, criaient: « Vive la République ! »

J'avais fait la rencontre de M. Ulysse Ladet, du journal

le Temps. Tout à coup la grille du bord de l'eau s'ouvrit, et nous vîmes l'homme du Deux-Décembre s'avancer sur le pont Royal, pâle, ayant à sa droite et derrière lui à quelques pas son oncle Jérôme et à sa gauche le général Excelmans ; puis venait une escorte choisie de quarante officiers supérieurs.

Poussé en ce moment par une force irrésistible, je m'avançai sur le milieu de la chaussée du pont Royal, et me mettant à la tête du cheval de Louis-Napoléon, le poing fermé, je criai de toutes mes forces : « Vive la République ! A bas les traîtres !

— A bas les traîtres ! Oui, la République », répondit Louis-Napoléon, et il passa.

A ce moment quelqu'un me tendait la main et me disait : « C'est très-bien, très-bien : c'est l'acte d'un bon citoyen. »

C'était le comte Molé, ancien président du conseil des ministres, qui me donnait cet encouragement.

Un sergent des chasseurs de Vincennes me dit en ce moment tout haut : « Ce serait drôle, citoyen, s'il réussissait, ce gas-là ! » Je montai avec M. Ladet dans une voiture, et je dis au cocher de nous conduire au Panthéon.

Rue Soufflot, nous rencontrâmes Proudhon en redingote verte, qui descendait de Sainte-Pélagie, la canne à la main, où il était en prison. Nous allâmes à l'Hôtel de Ville, Proudhon étant monté avec nous.

Avant de pousser ce dernier plus loin dans l'aventure, je le prévins que nous allions peut-être nous faire tuer. Il me répondit : « J'appartiens à la Révolution ! »

Place de la Bastille, je fis arrêter la voiture, et M. Ladet et moi allâmes à l'entrée du faubourg. Là, comme partout, il n'y avait nulle émotion populaire.

Je dis à un groupe d'ouvriers qui se trouvaient là : « Eh bien ! Vous êtes contents? On vous a rendu complétement le suffrage universel. Ne comptez-vous pas défendre la République et les lois?

— Ah ! oui, me répondirent-ils en se croisant les bras. Ce sera comme aux journées de juin, et puis pour nous toujours les prunes. »

Je me sentais entraîné par un groupe d'hommes vers le canal Saint-Martin, lorsqu'un individu à barbe noire s'approcha de moi et me dit assez bas pour que seul je l'entendisse : « Filez, filez, citoyen Étex, vous êtes entouré de mouchards. »

Pendant plus d'un mois, chaque voiture qui s'arrêtait au pavillon de l'Institut me semblait destinée à venir me prendre.

Un jour, M. Pelletan me dit : « Notre tour ne peut tarder; vous êtes, m'a-t-on dit, le cinquième sur la liste. » Je trouvai, une fois, à mon atelier de la rue de l'Ouest, la carte de M. Carnot, qui avait écrit au crayon : « Serait-il vrai, comme on me le dit, que vous avez reçu un ordre d'exil? J'espère qu'il n'en est rien. »

Peu de jours après le coup d'État, j'allai m'installer à ma maison de la rue de l'Ouest. M. de Marcey me dit que j'avais eu tort de quitter mon logement et mon atelier de l'Institut.

Je fis plus, pour obéir à ma conscience : dès le lendemain du coup d'État, j'écrivis au grand chancelier de la

Légion d'honneur que je retirais ma fille aînée de la maison de Saint-Denis. y

Dans l'année qui suivit le coup d'État, j'eus une nouvelle douleur : je perdis M. Pradier; qui, en résumé, m'avait le plus souvent témoigné de l'intérêt.

Tandis que d'autres artistes demandaient que je fusse guillotiné, lui, quelques jours après le coup d'État, me disait : « Mon cher Étex, je sais ce que vous venez de faire encore après tout ce que je vous ai vu faire déjà depuis juillet 1830. Vous avez plus que payé votre dette. Restez tranquille, et occupez-vous de votre femme et de vos enfants, et vivez heureux, si vous pouvez. »

Les élèves de Pradier se réunirent chez moi, leur doyen.

Celui qui a su le mieux exploiter le nom de Pradier après sa mort, comme il l'avait déjà fait pendant sa vie, nous trahit, au point qu'après avoir empêché l'œuvre commune, il se donna le droit, comme exécuteur testamentaire, de faire retirer mon petit modèle de tombeau, de l'exposition de 1853.

Après tant de douleurs et de mécomptes, je ne savais plus à quel saint me vouer. Je savais, par expérience, ce qu'étaient les Saint-Simoniens et les Phalanstériens. Malgré ma vive sympathie pour leurs réformes économiques, celles des premiers surtout, je trouvais que tous ils tendaient visiblement à un matérialisme révoltant. J'étais encore une fois au bout de mes forces.

J'étais dans cet état d'esprit et de mes désillusions, quand je fus mis en rapport avec M. Auguste Comte. Je m'enfonçai de toute ma force dans le culte de l'huma-

nité, j'y appris quelque chose de la synthèse dans l'histoire et dans l'art ; ce qui pour moi n'était qu'affaire de
sentiment devint un fait irrévocable. Je sentais bien que
le sentiment sans la science restait impuissant, mais la
philosophie positive d'Auguste Comte m'apprit que la
science sans le sentiment restait aussi lettre morte.

Je modelai le buste d'Auguste Comte, et je fis de lui un
grand portrait (1) avec ses trois anges et les attributs de
sa théorie humanitaire et sociale, qui se résume en une
dictature morale et intellectuelle. Mais qui sera le dic-
tateur ? Sera-ce vous ? Sera-ce moi ?

Je m'aperçus que, mis à l'épreuve dans plusieurs
circonstances décisives, les amis de l'humanité, dont la
devise capitale était de vivre pour autrui, s'occupaient de
vivre beaucoup pour eux-mêmes, y compris le maître.

Aussi, après avoir laissé de ma laine à ce nouveau
buisson, j'écrivis à Auguste Comte que sa religion sans
Dieu me paraissait impossible ; mais que je lui serais toujours reconnaissant de m'avoir mis scientifiquement sur
la route du progrès par l'ordre dans l'humanité : ce qui
avait toujours été mon rêve par excellence, quoique non
formulé jusqu'à lui.

Je crois devoir donner ici un extrait de la première
lettre que je reçus de M. Auguste Comte :

(1) Ce portrait à mi-corps et de grandeur naturelle était chez M. Aug.
Comte qui le destinait, avec mon consentement, au Musée de Montpellier,
sa ville natale. Mme Aug. Comte, qui vivait séparée de son mari depuis
longtemps, ne voulut jamais se séparer de ce tableau pour le voir aller au
Musée de Montpellier. Elle fit pis : elle eut le triste courage, au lieu de le
laisser aller à sa destination, de couper la toile, de détruire le tableau en
ne gardant que la tête de son mari, qui ne fut pas même respectée par
le vandale qui la retoucha après avoir coupé l'œuvre en morceaux.

« Notre heureuse entrevue du 28 octobre 1852 m'a laissé le plus vif désir de nouveaux entretiens, surtout depuis que vous avez pu suffisamment apprécier le positivisme par une digne lecture du volume que j'eus alors le plaisir de vous offrir. La cordiale simplicité de vos manières m'a d'autant plus touché que c'est la première fois que je la trouvais chez un artiste aussi éminent, quoique ce soit à mes yeux le signe le plus ordinaire de la vraie grandeur, aujourd'hui si rare en tous genres. Elle ne m'a pas moins séduit par les nobles tendances synthétiques qui distinguent si profondément votre génie esthétique. Si donc je puis avoir le bonheur de vous convertir pleinement à la religion positive, je regarderai cette conquête comme l'une des plus décisives pour le prochain avénement de la grande régénération humaine, tant secondée à mes yeux par la phase dictatoriale où vient d'entrer notre République, quoique d'une manière trop brusque et surtout trop empirique. Votre âge, votre verve me permettraient alors de vous voir ouvrir par de hautes productions la nouvelle voie que le dogme de l'humanité vient de fonder pour l'art moderne ainsi parvenu finalement à la sainte mission sociale.

» Salut et fraternité.   AUGUSTE COMTE. »

Je terminai mon groupe de la *Ville de Paris implorant Dieu sur les victimes du choléra*, et je l'envoyai au salon de 1852 ; mais les membres du jury, élus par mes envieux, joints aux violateurs de la constitution au 2 décembre, cachèrent mon œuvre au public, en l'en-

tourant de planches, au moment où les meilleurs ouvrages du Salon restaient exposés.

Malgré l'article que je publiai en 1849 sur le tombeau
de l'empereur, Visconti m'appela pour terminer le monument de Vauban, où, suivant lui, tout était bien, tant
comme architecture que comme sculpture. A l'honneur
de Visconti, il avait voulu que, dans un but d'harmonie
et d'ensemble, je fusse chargé à la fois de l'architecture
et de la sculpture du tombeau de Vauban.

M. de Mercey m'avait envoyé à Lons-le-Saulnier pour
faire la statue du général Lecourbe, qu'il m'avait fait
commander pour cette ville longtemps avant le coup
d'État.

J'envoyai à l'exposition universelle de New-York de
1853 mon tableau des *Grands hommes des États-Unis*
fondant la grande République sous l'égide de la Liberté.

Le 2 mai 1853, je reçus une lettre de M. de Nieuwerkerke, qui me demandait le buste de Charlet, que j'avais
placé sur son tombeau au cimetière Montparnasse, et
qu'il paya à Mme veuve Charlet.

C'est vers ce temps qu'un jeune homme de vingt-deux
à vingt-quatre ans vint me demander le tombeau de sa
mère au nom de M. Raspail, prisonnier à Doullens.

Un jour M. Vieillard, que je connaissais depuis 1833,
vint me dire que l'empereur désirait me voir. Mon embarras fut grand.

Je me disais : « Si je refuse, j'aurai l'air de ne pas me
sentir assez fort pour oser affronter la présence du
César. »

Je répondis à M. Vieillard que, comme artiste, je ne

voyais rien qui pût m'empêcher de voir l'empereur Napoléon III.

Le duc de Bassano m'envoya une lettre d'audience pendant que j'étais à la campagne, et je me crus quitte de cette corvée.

Mais une nouvelle lettre d'audience m'arriva, qui me donnait rendez-vous pour le dimanche 6 juin, à une heure trente minutes, au palais de Saint-Cloud.

Ce jour d'audience m'était donné dix jours à l'avance : pas moyen de l'esquiver.

Le samedi 5 juin, je reçus la visite de M. Camille Raspail.

Je lui demandai si son père et lui seraient contrariés dans le cas où je parlerais du tombeau de sa mère à l'empereur que je devais voir, le lendemain, au palais de Saint-Cloud. « Au contraire, me répondit-il, car on nous a prévenus que nous aurions des difficultés avec la police le jour où nous découvrirons le monument terminé. »

Je me sentis plus fort pour affronter la visite de Saint-Cloud.

Louis-Napoléon me reçut avec une grâce et une affabilité parfaites. Il me dit qu'il serait heureux de faire quelque chose qui pût m'être agréable, et cela dans les termes les plus délicats. Mais voyant que, contre l'ordinaire, je n'avais rien à lui demander, il me parla de la statue de Lecourbe et de sculpture.

Pendant que je déroulais mes dessins, il me dit combien Lecourbe avait été un grand général pour la guerre de montagnes. Il me demanda si ma statue, qu'il trouva naturellement fort belle, ne pouvait pas être inaugurée le 15 août. Je lui dis que cela était impossible.

Sans perdre un moment, je lui dis alors que, pendant l'hiver de 1845-1846, j'avais fait placer à Rueil, dans l'église, le tombeau de la reine Hortense, lorsqu'il était, lui, à Londres, exilé.

« Ah! c'est vrai, dit Napoléon III, Mme Salvage me l'a dit, je me le rappelle maintenant. »

J'ajoutai que tout dernièrement M. Raspail fils était venu me prier de faire le tombeau de sa mère, au nom de M. Raspail père, qui avait passé une partie de sa vie en prison.

« Ah! oui, fit l'empereur ; voyons donc le dessin. Comme je lui expliquais ce dessin, qui était très-près de lui, il toucha tout à coup un corps dur, mon gros *agenda* d'architecture peut-être, et il fit trois grands pas en arrière.

Peut-être se souvint-il qu'il m'avait rencontré le 2 décembre, quand je lui avais crié : « A bas les traîtres! » Ce qu'il y a de certain, c'est qu'à partir de ce moment il fut moins confiant, moins gai et surtout moins animé. Il me fit compliment de mon monument de Vauban aux Invalides.

« Je ne vous en dirai pas autant de celui de Napoléon Ier. Napoléon chez Louis XIV, cela jure.

— Oh! c'est bien vrai, cela jure, dit Napoléon III. N'est-ce pas? Ce grand trou invite à cracher dedans.

— Non pas, dis-je avec une sorte de pudeur ; mais le lieu est mal choisi.

— Si, si, dit Louis-Napoléon, et ce n'est pas seulement

le plan, c'est le monument lui-même qui est mauvais. Ce pauvre Visconti, ajouta-t-il, je l'aimais beaucoup, mais il s'est complétement trompé cette fois. »

Je lui dis qu'il y avait un moyen d'améliorer l'effet du tombeau de l'empereur, qui était de le changer en un monument franchement souterrain, en couvrant le grand trou.

« Je crois que vous avez raison, » fit l'empereur.

La conversation étant épuisée sur ce sujet, Louis-Napoléon se mit à dire : « Qu'est-ce que m'a donc dit M. Vieillard, que votre projet était de partir pour les États-Unis ? Pourquoi ? »

Je suppose que c'était pour me faire dire : « Parce que je n'ai pas de commandes du gouvernement. »

Je lui répondis que j'avais en Amérique plusieurs ouvrages et surtout un grand tableau représentant ses grands hommes apportant la civilisation à leur pays sous l'égide de la Liberté. « Voulez-vous, ajoutai-je, jeter un coup d'œil sur la photographie de ce tableau ?

— Ah ! oui, fit l'empereur, ils sont très-ressemblants. Vous savez que je suis aussi allé en Amérique. »

Et je sortis plus léger que je n'étais entré, et bien persuadé qu'on placerait sans difficulté la statue de Mme Raspail au Père-Lachaise.

M. Vieillard m'a dit que jamais, depuis ce jour, l'empereur n'avait prononcé mon nom, ni parlé de cette entrevue.

Le successeur de Visconti, comme architecte de l'empereur, était loin de valoir son prédécesseur, et il fut impitoyable pour moi. Il refusa, avec tous ses bons amis

de la commission des travaux du Louvre, ma statue du
Puget, exécutée en pierre, et ma statue de Vauban, que
m'avait demandée M. Visconti, toutes les deux en
marbre, avant sa mort.

Après avoir terminé le buste du général Cavaignac, je
modelai celui de M. Vieillard, que j'avais rencontré un
jour sur le boulevard et qui m'avait montré une lettre
de Napoléon III refusant d'accepter sa démission de
sénateur, bien que lui seul eût voté contre l'empire
parmi les sénateurs.

Pendant une séance que je donnais à M. Vieillard
pour son buste, je reçus des États-Unis une lettre qui
m'invitait à me rendre aussi promptement que possible
à New-York, pour retirer de l'exposition mes ouvrages
qui avaient été saisis et allaient être vendus à la criée.

M. Vieillard me conseilla de partir pour New-York.

L'exposition universelle de 1855 venait de s'ouvrir;
j'y avais envoyé plusieurs ouvrages en sculpture, architecture et peinture. Mais le jury continua de se montrer
impitoyable pour moi. Néanmoins, ma statue de *Hyacinthe* en bronze, mon groupe de *Caïn* en plâtre, des
bustes en marbre et mon tableau d'*Eurydice* aujour-
d'hui au musée du Luxembourg à qui je l'ai donné
firent partie de cette exposition.

Quel nom donner à l'existence de l'artiste, qui ne se
présente aux concours qu'avec la certitude d'être la tête
de turc sur laquelle tout le monde doit frapper?

Mourir crucifié, c'est souffrir un certain laps de temps;
mais dans les arts, le crucifiement dure autant que l'on
produit, que l'on vit intellectuellement.

Ayant réalisé la somme indispensable pour mon départ, je fis retenir sur le *Saint-Louis* ma place de Paris pour New-York.

Cependant, je voyais pleuvoir chez moi, de tous côtés, des procurations d'artistes qui me chargeaient de leurs intérêts aux États-Unis. Enfin, trois jours avant mon départ de Paris, quelle fut ma surprise de voir arriver M. Mocquard qui venait, me dit-il, de la part de l'empereur, me confier le soin de défendre les intérêts de nos nationaux?

« Les artistes exposants, me dit M. Mocquard, ont cru n'avoir affaire qu'au gouvernement américain, tandis qu'ils ont affaire à des particuliers qui, paraît-il, ont fait faillite. Aussi, l'empereur m'a-t-il chargé de vous assurer de tout l'appui moral de son gouvernement. J'ai été heureux de la circonstance pour vous témoigner mes sentiments affectueux et toute l'estime que vous n'avez cessé de m'inspirer. D'autant plus, mon cher monsieur Étex, que comme vous et notre ami Vieillard, j'ai toujours été républicain. »

M. Mocquard resta longtemps avec moi et causa beaucoup. « Croyez bien, me dit-il, que c'est la France entière qui a voulu l'empire. » En même temps, je me rappelais avec tristesse ce que Mme Étex m'avait raconté de l'entrée de Napoléon à Toulouse. M. Mocquard disait donc vrai, c'était bien la France qui avait voulu l'empire, me disais-je.

Le lendemain, je reçus des mains de mon ami, M. Vieillard, deux lettres de recommandation pour notre ambassadeur à Washington, l'une de M. Fould, ministre d'État, et l'autre de M. Walewski, ministre des Affaires étrangères.

Le même jour, je reçus de M. Mocquard une petite lettre fort aimable qui enveloppait cinq billets de mille francs.

Je les renvoyai par l'homme de confiance de M. Mocquard, en lui écrivant de vouloir bien me dire à quel titre cette somme m'était envoyée du cabinet de l'empereur. M. Mocquard me renvoya les cinq mille francs, qui m'étaient, disait-il, donnés à titre d'indemnité pour le voyage que j'entreprenais à mes dépens et qui devait être si utile à nos nationaux.

A la mort de notre ami Vieillard, quelques années après, je m'empressai de faire un buste en marbre, et je l'envoyai à l'empereur pour lui rembourser la somme de cinq mille francs.

En arrivant à New-York, j'éprouvai la plus cruelle déception ; je compris qu'il n'y avait là absolument rien à faire pour un artiste de ma trempe, bonne ou mauvaise ; le lendemain, je retirai mes ouvrages sans aucune difficulté. Je me présentai ensuite au nom d'autres artistes, tels que Horace Vernet, Foyatier, Gudin, Aligny et autres. J'obtins le même succès.

J'essayai de placer quelques ouvrages, mais je ne réussis que pour un buste en marbre de la danseuse, Mlle Cerrito, de Paul Gayrard, qui venait de mourir à Paris quand j'apportai à sa femme le prix de ce buste.

M. de Montholon fit reporter en France tout ce qui appartenait à nos nationaux, non-seulement les objets d'art, mais ce qui appartenait au commerce et à l'industrie.

Aussi, au consulat de New-York, me disait-on que je serais porté en triomphe à mon retour à Paris.

Je fus mis en rapport avec M. Fernando Wood, maire de New-York, qui voulut bien se charger de présenter au Conseil municipal mon tableau de la gloire des États-Unis ; il fut placé dans une des salles du City-Hall, le 4 juillet 1855, jour anniversaire de l'indépendance des États-Unis.

Étant allé à Washington, je présentai mes lettres à l'ambassade. M. Boilleau, premier secrétaire d'ambassade, faisait les fonctions d'ambassadeur. Il fut pour moi des plus gracieux. Il voulut à toute force me présenter lui-même au président des États-Unis, M. Pierce, disant qu'agir autrement c'était faire un affront à son ambassadeur, à tous les ambassadeurs étrangers et au gouvernement américain lui-même.

Il faut dire que, depuis huit jours, mon nom était si fréquemment imprimé dans les journaux de l'Union, que j'étais plus connu que si j'eusse habité en silence telle ou telle ville des États du Nord ou du Sud depuis vingt ans.

La réception du président Pierce fut très-amicale. Malgré la présence de notre agent diplomatique, je lui affirmai que la France était plus républicaine que l'on ne pensait, et qu'on en aurait un jour la preuve.

M. Boilleau me mena dîner chez lui, puis, le lendemain, il me conduisit chez son beau-père, le sénateur Benton, dont je fis le médaillon.

A ma dernière séance, je vis une charmante et délicieuse femme, une autre fille de M. Benton ; c'était mistress Frémont, qui était ravie du médaillon de son père.

Je n'ai rien vu de plus délicieux que cette belle personne, une blanche créole, dont je fis le portrait et le médaillon.

Quand le colonel Frémont revint des montagnes Rocheuses, il me trouva terminant le portrait de sa femme dont il fut charmé. Je fis aussi le buste de M. Pierce, le président des États-Unis.

Je dînai plusieurs fois à sa table avec plusieurs personnages considérables, et c'est tout ce que j'ai reçu pour mes œuvres faites et laissées aux États-Unis.

Ce qui m'étonne le plus, c'est que, parmi ces gentlemen et ces ladies, dans leurs voyages à Paris, personne ne soit venu me visiter à mon atelier, afin au moins de me donner un remercîment.

Enfin, jugeant qu'il n'y avait rien à faire en Amérique pour le véritable artiste, je regagnai la France aussi promptement que possible, et plus pauvre que devant.

Bien qu'on m'eût prédit qu'à mon retour à Paris je serais porté en triomphe, je n'obtins pas même un remercîment.

Plus tard, M. Walewski disait à une parente de Mᵐᵉ Étex, qui dînait à sa table, que jamais il ne signerait rien pour moi. Ce qui m'obligea de lui rappeler que, sans ma démarche de 1855, tout était perdu pour les Français exposants, puisque pour liquider leur affaire du palais de cristal, les embarrassés y avaient mis le feu six mois après mon expédition.

Je me sentais heureux de me retrouver en France,

au milieu de ma famille et de mes compatriotes. J'avais été nommé, malgré mon absence, commissaire pour le banquet qui devait avoir lieu à la suite de l'exposition de 1855 ; au dernier jour, mes collègues me donnèrent, à la presque unanimité, une sorte de dictature.

J'avais pris la parole à une réunion générale pour m'opposer à des empiétements ridicules du Palais-Royal. Comme je l'avais prédit, on eut non un banquet, mais une orgie, et l'hôtel du Louvre, que l'on inaugurait par cette fête, conserva les traces de ce qui se passa d'ignoble cette nuit, sans femmes heureusement.

Pendant que j'étais aux États-Unis, on m'avait maltraité le plus possible à l'exposition.

On me raconta qu'à une des dernières séances du comité des récompenses, un membre du jury de sculpture avait dit :

« Mais messieurs, nous avons oublié Étex et son groupe de *Caïn*.

— Ah ! répondit quelqu'un, Étex n'a pas besoin de cela. »

J'avais laissé à M. Havin, du *Siècle*, le manuscrit de mon travail sur l'exposition des beaux-arts de 1855, que j'emportai imprimé. Celui des rédacteurs qui en avait fait le compte rendu dans le journal s'était servi de mon manuscrit, aussi mon travail n'avait pas paru. Je le repris et le publiai en brochure à mon retour.

Un jour, M. Foyatier, l'auteur de la statue du *Spartacus* du Jardin des Tuileries, vint me remercier de ce que j'avais fait pour lui aux États-Unis.

« Ce qui me tenait surtout à cœur, ajouta-t-il, c'était

de vous dire ce que je pense avec tout le monde sur les récompenses accordées à la suite de l'exposition de 1855. S'il y eût eu une grande médaille d'honneur à décerner, elle appartenait au groupe de *Caïn*. »

Je fus profondément touché de cette démarche d'un homme de talent à la fin de sa digne carrière, qui disait certainement sa pensée.

Au moment où ma brochure sur l'exposition était à l'imprimerie Martinet, M. Ingres, qui m'avait invité à l'aller visiter avec ma femme, ma fille et mon gendre, qu'il désirait connaître, m'avait-il dit, me fit dire, étant assis dans son salon, l'attendant avec ma famille, et cela par une femme de chambre, que lui et sa femme avaient du monde. Et cela après un rendez-vous qu'il m'avait donné, notez-le bien.

Je lui écrivis à ce sujet ; ma lettre n'eut pas de réponse.

Cette conduite, jointe à la flagornerie qu'il venait de commettre, par l'apothéose de Napoléon Ier à l'Hôtel de ville, lui valut la note si peu respectueuse de ma brochure sur l'exposition de 1855.

Je la regrette pourtant, cette note, bien qu'elle soit d'une grande vérité.

On a beau être philosophe, se barder de fer contre certaines choses sans nom ; on souffre tant, qu'il arrive une heure où, n'y pouvant plus tenir, on éclate ; et c'est ce qui m'est arrivé quelquefois dans le cours de ma vie.

J'avais, comme on l'a vu, tenté la fortune en Angleterre, et ensuite aux États-Unis, dans l'espérance de

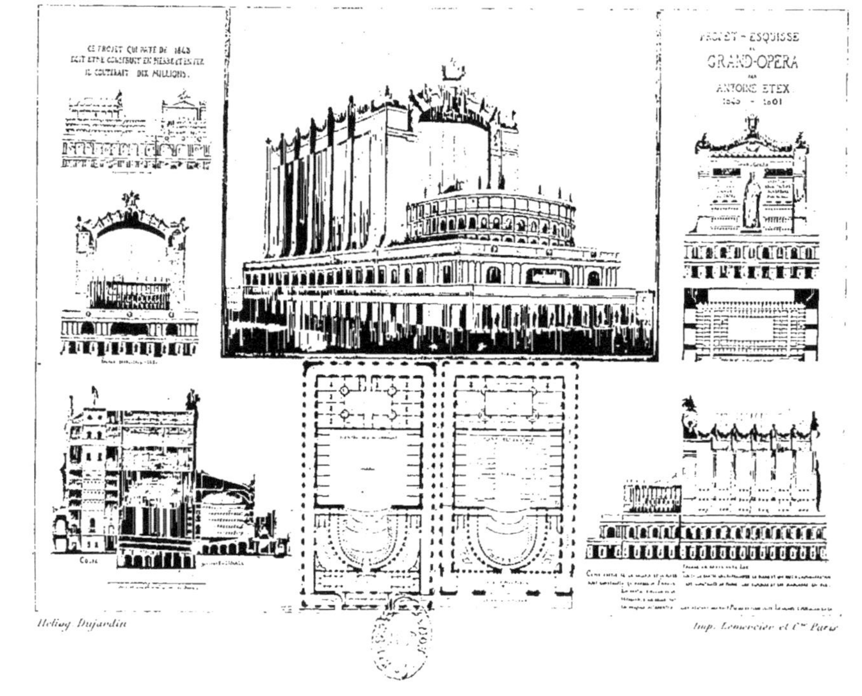

CE PROJET QUI DATE DE 1843
DOIT ETRE CONSTRUIT EN PIERRE ET EN FER
IL COUTERAIT DIX MILLIONS.
PROJET - ESQUISSE
DU
GRAND-OPERA
PAR
ANTOINE ETEX
1843 - 1861
Coupe
Héliog Dujardin
Imp. Lemercier et Cie Paris

vivre en me passant du gouvernement de Napoléon III.
Il me restait la Belgique. J'envoyai des objets d'art en
Belgique ; mais la personne qui s'occupait de leur placement m'écrivit qu'elle craignait bien que la guerre
d'Orient ne l'obligeât à tenir encore longtemps mes
objets d'art sans plus de succès.

En Belgique, comme autrefois en Angleterre, c'étaient
les Russes qui m'empêchaient de vendre mes ouvrages,
et je me disais : Mais quel est donc cet ordre social où
un artiste qui a acquis quelque notoriété est obligé de
mourir de faim ou de s'expatrier, s'il ne veut se résigner
à faire quelque bassesse, c'est-à-dire à se créer avant
tout et par-dessus tout des souteneurs, des claqueurs,
des courtiers de vente, des coulissiers d'œuvres d'art ?

Pour réussir, il suffit de fréquenter les cafés où vont
les journalistes. Les cafés ont aujourd'hui remplacé les
salons. Aussi, ce qui sort de là pour la politique et pour
l'art est véritablement *démoc-soc*, la plus ignoble des
appellations, c'est-à-dire que tout s'abaisse en attendant
que tout s'écroule.

Lorsque, jeune, je me voyais chargé de quelque travail
important, par MM. Thiers, de Rémusat, ou de Mercey,
j'avais beaucoup travaillé. C'est précisément à partir de
l'âge de quarante ans, où j'étais dans la force de l'âge
et du talent relativement, que j'ai été mis à l'index par
des hommes étrangers à la France, qui n'ont jamais su
comprendre l'art sérieux, l'art sorti du cœur. Ces
hommes m'ont détesté instinctivement. Je me disais :
Laissons passer l'orage ; et puis, me réveillant entre ces
heures de défaillance, je revenais au combat.

M. Moquard, que je rencontrai un jour à l'Opéra, me fit compliment à propos de mes deux brochures, de celle sur Pradier et de celle sur l'exposition universelle de 1855.

Ayant vu dans mon atelier le petit marbre de ma *Léda*, il m'engagea à l'envoyer aux Tuileries, disant que l'empereur en ferait certainement acquisition. Je l'envoyai, et, deux mois après, on m'écrivait de le reprendre.

L'homme de confiance de M. Moquard me dit, de ce marbre, que l'empereur seul n'avait pas vu, au moment où je le faisais enlever, que M. de Nieuwerkerke avait empêché l'empereur de voir ma *Léda*, en la masquant à ses yeux au moyen de son grand et large corps.

Baltard, l'architecte, mon ancien camarade d'école, m'ayant fait charger d'une statue du *Christ à la colonne* pour l'église de Saint-Eustache, je fis un groupe composé de deux anges, outre le Christ, pour emplir la niche, laquelle était trop grande et trop large surtout. Et le Conseil municipal ne voulut payer qu'une seule statue.

M. de Mercey me fit commander la statue de *Pâris* et celle d'*Hélène* pour les petites niches de la cour du vieux Louvre. Exposés au salon de 1859, ces travaux me valurent les injures des feuilletonnistes des journaux, et spécialement celles de M. Paul de Saint-Victor.

Ayant essayé sans succès, comme produit, de vendre mes ouvrages chez moi, je ne savais plus que faire. Alors je consentis à ce que M. Bellu, entrepreneur général, convertit mon plus grand atelier en un logement sous les combles.

Malgré sa lettre où tout était bien convenu, et par laquelle je devais le payer avec mes ouvrages, peinture et sculpture, je dus m'endetter encore pour payer cet homme avec de l'argent; sans quoi, il m'eût fallu faire un procès répugnant à ma dignité. Un artiste peut-il forcer par autorité de justice un maçon à prendre ses œuvres?

J'envoyai au salon de 1859 mon groupe en marbre : *La douleur maternelle*, qui plut à la princesse Mathilde, ce qui le fit acheter par l'État 10 000 francs et donner ensuite à la ville de Poitiers.

Étant retourné à Londres, attiré encore par l'espoir d'y gagner quelque argent, je ne fis, au contraire, qu'en dépenser encore. Je revis Ledru-Rollin que je trouvai vieilli, et avec qui je m'entretenais du parti extrême que venait de prendre le général Lamoricière, et dont parlaient tous les journaux.

« Vous serez bien plus étonné, Étex, me dit Ledru-Rollin, quand vous saurez l'histoire que je vais vous raconter :

» Un soir, que nous étions avec Kossuth réunis ici, attendant Mazzini, nous eûmes la visite du général Lamoricière qui vint offrir son épée à la cause de la république et de la démocratie. Nous nous regardions avec Kossuth, lorsque le général, s'exaltant, se mit à nous dire : « Oui, je veux f... ces scélérats du 2 décembre à la » porte de notre France ; je suis fatigué de mon inac- » tion ; j'ai besoin de me f... un coup de torchon. »

» Nous nous excusâmes en lui disant que Mazzini n'était pas là et que nous demandions vingt-quatre heures pour lui rendre notre réponse.

» Le lendemain soir, à la même heure, nous étions tous les trois réunis, lorsque Lamoricière entra en jurant et nous dit : « Je crois bien qu'hier vous ne m'avez » pas compris. Sachez donc, messieurs, que c'est avec » le drapeau rouge que je veux faire le mouvement ; et » mon centre d'opérations est l'Afrique, où j'ai mon » plan tout prêt à être exécuté et des chefs sur lesquels » je peux compter qui m'attendent. »

XLII

Plusieurs personnes de Cognac et particulièrement un brave rentier, M. Balmette, dont le fils habitait ma maison à Paris, me parlèrent d'un projet de monument de François Iᵉʳ, qui était né à Cognac et y avait vécu jusqu'à l'âge de dix-sept ans.

N'ayant rien à faire, j'allai à Cognac et je me préparais à y retourner pour y porter mes deux modèles, quand une lettre de M. Billault m'invita à l'aller voir. Il me demanda ce que voulait dire cette souscription pour un monument de François Iᵉʳ que je devais faire. Je racontai à M. Billault comment je m'étais occupé du monument de François Iᵉʳ et je lui dis que le lendemain ou le surlendemain je devais présenter aux gens de Cognac les esquisses en plâtre de deux projets que je voulais leur proposer.

M. Billault fut très-aimable avec moi et me dit qu'il désirait voir mes deux modèles avant mon départ. Le lendemain, à trois heures, il était à mon atelier.

De mes deux projets, l'un représentait François Iᵉʳ à

Marignan; l'autre, beaucoup plus simple, représentait François Ier à l'âge de seize ans, saluant de son épée ses concitoyens, les habitants de Cognac.

M. Billault, comme plus tard les membres du Conseil municipal de Cognac, préféra le premier projet.

Il était assurément le plus important; mais, suivant moi, le second projet était plus simple et convenait mieux à la ville de Cognac.

M. Billault m'envoya le soir une lettre ouverte pour le préfet de la Charente.

Arrivé à Cognac, j'exposai mes deux modèles à la mairie de la ville. Cette exposition eut le plus grand succès. Le modèle de François Ier à Marignan réunit l'unanimité des suffrages. Le Conseil municipal, dont la décision me fut remise signée par le maire, vota 20 000 francs. On m'assura que les grandes maisons d'eau-de-vie de Cognac feraient 60 000 francs, la ville 20 000; on comptait que la souscription à 10 francs par tête des trois mille pétitionnaires produirait 30 000 francs.

Fort de l'engagement du Conseil municipal et des millionnaires de Cognac, qui m'avaient dit de pousser mon travail, je revins à Paris et je me mis à l'œuvre.

Au bout de six mois, je demandai des nouvelles de la souscription. On me dit que l'idée était des plus sympathiques, mais que la récolte avait été mauvaise, qu'il ne fallait rien brusquer et remettre la souscription au printemps prochain.

Pendant l'hiver 1860-1861 je fis, à l'amphithéâtre de l'École de médecine, dix leçons aux ouvriers et à l'Association polytechnique. Je leur développai avec succès la théorie des trois arts du dessin : peinture, sculpture et architecture. Peu connu comme architecte, j'envoyai à l'exposition de 1864 un projet de théâtre moderne dont la photographie, assez bien réussie, restera là pour montrer que l'idée que j'avais d'un théâtre moderne était l'application de ce principe que tout édifice doit dire, par sa forme, ce qu'il est, à quoi il sert, quel est son but.

Le jour même où j'envoyais mon projet à l'exposition, M. Martin, ex-architecte et administrateur de l'Opéra, me disait dans mon atelier : « On va se moquer de votre projet de théâtre. Cependant, avant vingt ans, les salles de spectacles seront toutes construites sur votre modèle exposé cette année. »

Quand je vis ériger le nouvel Opéra, je m'aperçus que M. Garnier, par ordre peut-être, a pris tout ce qu'il a pu de mon projet, comme il a fouillé dans tant d'autres. Cela fait que son œuvre manque complétement d'unité.

Mais, quoi! il y a les artistes du coup d'État du 2 décembre, comme il y a les généraux du 2 décembre, les avocats, les professeurs, les évêques et les curés du 2 décembre.

Dans un des moments les plus difficiles de mon existence, je fus emmené par mon ami, M. Martinet, à sa campagne de Nomazy, près de Moulins. Un jour qu'il me menait à Vichy, dans la salle d'attente de la gare de Moulins, un abbé vint à moi et dit qu'il me connaissait; en effet, ce prêtre avait été amené à mon atelier vers 1846.

C'était le vicaire-général de l'évêché ; il me dit que M. de Dreux-Brézé désirait me connaître.

Le lendemain, je me trouvais au rendez-vous pris avec Mgr l'évêque, qui me reçut avec une grâce parfaite.

Il fut convenu que je modèlerais son buste quand il viendrait à Paris, au mois de novembre suivant; ce qui fut fait. M. Louis Veuillot, étant venu voir le buste de M. de Dreux-Brézé, en fut content et je fis le sien aussi.

L'évêque de Moulins partait pour Rome au printemps de 1862 : c'était le moment où la Rome papale, seule en Europe, résistait moralement à l'empire du 2 décembre et à ses conséquences si démoralisantes pour une nation comme la France. J'étais curieux de voir ce fait, ne fût-ce que comme étude.

Et puis, je dois le confesser, depuis ma rupture avec la philosophie positive, je sentais le besoin de me rattacher de plus près à la religion de ma mère.

Puis j'éprouvais le désir de comparer les deux républiques de Rome et de Washington : la république spirituelle et la république matérielle.

Le 20 mars 1862, je débarquais à Civita-Vecchia, épuisé par quarante années de luttes, bien résolu à étudier religieusement cette fois la Rome catholique moderne, la Rome souterraine, que je ne connaissais pas.

Je me trouvais admirablement placé pour accomplir ce pèlerinage final.

La première personne que je vis fut Mgr de Mérode, pour qui M. Louis Veuillot m'avait donné une lettre de recommandation.

Mgr de Mérode était un admirateur de Pie IX, en même temps qu'un ami dévoué à la mémoire du général de Lamoricière. Il eut la bonté de mettre à ma disposition une partie de son appartement au Vatican, pour que je tentasse de modeler le buste de Pie IX, dont Mgr de Mérode était affolé.

Le Saint-Père fut très-bon pour moi et se prêta avec complaisance à l'accomplissement de mon œuvre, sans éveiller la jalousie des artistes italiens, très-chatouilleux sur ce point.

Je commençai bientôt aussi le buste du cardinal Antonelli. Pendant les séances, je causais avec lui avec une entière liberté. Son frère, le comte Angelo, qui le plus souvent assistait à nos séances, me répétait souvent que ma franchise avait plu au Vatican.

Le cardinal me dit avoir lu mon *Cours de dessin*, et m'en cita certains passages; il ajouta que j'avais raison de ne pas séparer les trois arts, l'architecture, la sculpture et la peinture; je dois avouer que je n'ai reçu de personne une appréciation plus nette, plus juste et mieux raisonnée que celle du cardinal Antonelli, de ma théorie des trois arts.

Pour me donner l'occasion d'étudier plus librement le Saint-Père, Mgr de Mérode me mena dans sa voiture à Porto-d'Anzio.

Je dînai là avec les grands dignitaires de la cour papale, appartenant pour la plupart aux plus riches familles de l'Europe, et tous du meilleur ton.

Je me trouvais assis au milieu de la table, ayant à ma droite M. de Saisy, capitaine des zouaves pontificaux, et à ma gauche l'architecte du pape.

M. de Saisy m'invita à déjeuner le lendemain au camp et à la table de MM. les officiers des zouaves pontificaux.

Le lendemain, à huit heures du matin, arrivaient à Porto-d'Anzio le roi de Naples, François II, et sa jeune femme, *l'héroïne de Gaëte*, qui venaient faire visite à Sa Sainteté.

Après avoir baisé les pieds du Saint-Père, le jeune couple royal se rendit au camp. Là, j'assistai à la manifestation la plus ardente, la plus enthousiaste et la plus délirante que j'aie vue de ma vie.

On cria : Vive le roi! Vive la reine! Vive Henri V! Vivent les Bourbons!

Impossible de dire avec quel appétit fut dévoré le déjeuner, qui fut servi après le départ du roi et de la reine de Naples.

Au champagne, le commandant, M. de Charette, but au roi, à la reine, aux Bourbons et à Henri V. Je me levai à mon tour, et très-sérieusement, je portai un toast à la France et à la liberté.

Quelques heures après, je demandais à M⁰ʳ de Mérode ce qu'il pensait de cette manifestation légitimiste.

« Que voulez-vous que j'y fasse? dit-il, il est clair qu'ils ont crié : Vive le roi, vivent les Bourbons, vive Henri V. Il est regrettable que M. de Goyon ne fût plus là.

— Il aurait certainement fait sa partie dans ce concert, » ajoutai-je en riant aux éclats avec M⁰ʳ de Mérode.

Il me conduisit sur la terrasse jouir de cette belle vue de Nettuno allant se perdre dans la forêt de chênes verts à gauche, tandis qu'à droite se dessine et se peint la mer bleue dessinant l'admirable golfe de Porto-d'Anzio.

Tandis que, tout en dessinant, je causais avec Mgr de Mérode, arriva, tout essoufflé, un officier de zouaves pontificaux, qui venait demander à Mgr de Mérode l'ordre de prendre un navire de guerre italien avec la croix de Sardaigne. Mgr de Mérode descendit avec l'officier de zouaves, et je continuai mon dessin.

Le roi de Naples vint rouge de colère sur la terrasse et regarda un moment avec sa longue-vue. S'étant un moment approché de moi, il se mit tout à coup à me dire :

« Tenez, monsieur, ils sont peut-être cinq cents sur ce bâtiment; si je me présentais sur le pont de leur navire, quatre cent quatre-vingt-dix-neuf au moins se jetteraient à mes genoux et me baiseraient les mains. »

Le jeune roi continuait ses confidences intimes, devenant de plus en plus confiant, lorsque poliment, mais avec une certaine fermeté, je lui dis :

« Je dois vous prévenir que vous parlez à un républicain français, républicain depuis plus de trente ans.

— Merci, monsieur, répondit François II avec une présence d'esprit qui m'étonna, je suis heureux quand je sais à qui je parle. »

Il s'éloigna, puis, ayant lorgné quelques instants du côté de la mer, il se rapprocha de moi, regardant ce que je faisais.

« Certes, lui dis-je, plus que personne, vous avez le droit de dire ce que vous m'avez dit, après toutes les trahisons que vous avez dû subir. Maintenant que vous

19

savez à qui vous avez affaire, je vous avouerai que je n'aime pas plus vos ennemis que vous ne les aimez vous-même; je hais et je méprise les traîtres autant que vous pouvez vous-même les haïr et les mépriser.

— Merci, monsieur, merci, » dit le prince.

Et nous continuâmes à causer sur le pied de la plus parfaite égalité.

M. de Dreux-Brézé me proposa d'aller avec une dizaine de personnes visiter le couvent de Subiaco. Je m'y trouvai pour les fêtes de la Pentecôte. Il y avait là, outre M. de Moulins, son vicaire général, l'abbé Gibert, dom Pitra, dom Camille, deux bénédictins, M. Veuillot, M. Dulac et moi.

Des mules nous attendaient à onze heures du soir à Subiaco. Nous gravîmes la montagne au clair de lune. Nous soupâmes au réfectoire vers minuit.

Là, MM. de Dreux-Brézé, l'abbé Gibert, MM. Dulac et Veuillot furent logés dans un appartement au rez-de-chaussée. Les deux simples moines et moi, simple artiste, nous occupâmes une cellule, à deux cents pieds en l'air, au-dessus du torrent qui coulait entre les deux montagnes.

On nous conduisit le lendemain, en grande cérémonie dans toutes les parties du couvent, et l'on nous fit descendre à la grotte où saint Benoît s'était retiré.

Il y avait à l'entrée de la grotte une statuette en plâtre, un petit bonhomme tout nu, affreuse sculpture italienne, très-moderne et par trop mondaine.

« Quel est-ce bonhomme si bêtement assis? demandai-je au prieur.

—*Il nostro santo Benedetto.* C'est notre saint Benoît, répondit-il.

— Quelle horreur! Il est comme cela tout nu dans une église?

» *O signor, e prima di buttar si sopra gli spine.* Oh! monsieur, c'est avant de se jeter sur les épines.

— Mais, ajoutai-je, le sculpteur, voulant le faire tout nu, devait au moins le représenter dans les émotions de l'extase et offrant son sacrifice à Dieu. »

Personne, ni Mgr de Dreux-Brézé, ni M. Veuillot lui-même, ne comprenait ce que je voulais dire.

Dix minutes après, en visitant la bibliothèque, je m'arrêtai devant un tableau d'Albert Dürer : plusieurs saintes et saints entourés de détails qui devaient les faire reconnaître, parmi eux était une figure nue cou-chée, comme sommeillant. Autour de cette figure de jeune homme, étaient peintes des épines dont le sol était jonché comme d'autant de petites fleurs.

« Tenez, m'écriai-je, voilà l'idée du saint Benoît que je viens d'esquisser, avec cette différence que le mien souffre et vit, tandis que celui-ci dort. »

Au moment où, un quart d'heure avant, on ne me comprenait pas, j'ajoutai, en jetant mon idée sur le papier : « Je ferai cette statue. »

Mais Veuillot s'approcha et dit : « Si vous faites cette statue, on ne manquera pas de dire que vous l'avez prise à Albert Dürer. »

On préparait en ce moment, à Rome, la solennité de la canonisation des vingt-sept martyrs japonais. Sur mon indication, Mgr de Mérode fit exécuter, en plâtre, une statue colossale du saint Pierre byzantin en argent, dont le pouce du pied, est en partie usé par les baisers des idolâtres pélerins.

Plusieurs fois, dans ma vie, j'ai été pris en affection par un homme influent qui, après s'être servi de moi, m'a lâché et a mis à exécution mes idées.

Cela arriva pour Mgr de Mérode. Il y eut avec lui un premier refroidissement, précisément à l'occasion de la statue colossale de saint Pierre. Après avoir suivi mes plans pour cette fête du camp des prétoriens, il voulut me confier l'exécution du travail de la reproduction colossale de la statue : je refusai, disant qu'il y avait à Rome des artistes de talent qui mouraient de faim, et que je ne voulais pas les priver d'un morceau de pain.

Mgr de Mérode me dit que j'étais bien généreux et me désapprouva.

Je revins en France sans avoir assisté à la cérémonie de cette fête en plein air, quittant Rome à l'heure où elle avait lieu.

A Paris, je fus chargé, toujours gratuitement, du triduum que les Franciscains du Faubourg Saint-Jacques donnaient en l'honneur de trois des leurs, martyrisés avec les Japonais, ainsi que de quatre pères de la Compagnie de Jésus.

Le drame des vingt-sept crucifiés me séduisit, et je composai pour les Franciscains du Faubourg Saint-Jacques un pilori de vingt-sept croix, toutes semblables de forme, égales de hauteur, portant les vingt-sept martyrs tous égaux devant Dieu.

Étant retourné à Rome au mois de novembre, pour terminer mes trois bustes en marbre : le pape colossal, Mérode et Antonelli, je montrai à M. de Mérode la photographie de mon travail pour le triduum des Franciscains.

Comme je lui disais, sur ses critiques, pourquoi les vingt-sept martyrs étaient et devaient être dans une position égale. et sur le même plan :

« Voilà bien, me dit M. de Mérode, vos idées de 89. »

J'étais au Vatican, en 1862-1863, ce que je suis partout. M. de Mérode me confiait la clé de son appartement ; le cardinal Antonelli était charmant pour moi. Je dus cette bienveillance à mon extrême franchise, à mon désintéressement et surtout à ma loyauté.

Je soutiens, en somme, que dans la Rome moderne de 1862-1863, il y avait de la place pour tout le monde. Là point n'est besoin de naissance pour être considéré. Il suffit d'être quelqu'un, d'avoir quelque vertu ou quelque talent. La tiare n'est pas héréditaire, et c'est là sa force. C'est là aussi la cause de sa durée.

Ayant passé trois mois à Rome, novembre, décembre, janvier et quelques jours de février, au moment de repartir pour la France, mes trois bustes terminés, je rencontrai, dans l'escalier du Vatican, au moment où je montais à la galerie de Peinture dire adieu à mes amis les chefs-d'œuvre, le cardinal Antonelli, qui me donna rendez-vous pour le vendredi à onze heures ; je partais de Rome le samedi.

Lorsqu'il me reçut, le cardinal me remit aussitôt un petit écrin, dans lequel se trouvait la décoration de

l'ordre de Saint-Grégoire le Grand, puis un parchemin :
« *Al mio figlio Antonio Étex, sculpteur, architecte et peintre.* »

« Moi je n'aurais pas osé, dit-il, connaissant vos idées comme vous connaissez les miennes sur les décorations, mais le pape l'a voulu. »

Puis, il me raconta qu'un général français qui commandait à Rome lui ayant demandé la faveur de voir toutes ses décorations, il avait ordonné à son domestique de les étaler toutes et de les montrer à ce général.

« Oh! Éminence, fit ce général aussitôt qu'il les vit, oh! que vous êtes heureux! »

« Comprenez-vous ce bonheur? » disait, en éclatant de rire, le cardinal Antonelli.

Quand il m'eut attaché lui-même ma décoration, j'entrai chez le Saint-Père, qui m'attendait. Comme je le remerciais, il me dit : « Mon cher fils, une décoration, dans les conditions où je vous ai donné celle-ci, ne fait jamais de mal. Je vous bénis, vous, votre famille et tous ceux qui vous sont chers. »

Je dois noter ici un épisode qui donnera une idée assez juste de la popularité de Pie IX et des sentiments si vifs qu'il sut inspirer à ceux qui l'ont approché. Arrivé à Rome dans les premiers jours de novembre 1862, monsignor Pacca vint m'inviter, de sa part, à me rendre auprès du Saint-Père. Je me rendis au Vatican, où le Pape fut pour moi d'une bonté, d'une amabilité extrêmes; ce dont je profitai pour lui remettre certaine commission pour lui. De mon portefeuille tomba une photographie de mon petit-fils Émile ; le Pape la prit et me

dit : « Oh! le joli petit garçon. — C'est le fils de ma fille.
— Oh! qu'il est joli, je le bénis et je le garde. » Puis il
me demanda ce que franchement je pensais de son buste
en marbre, qu'il n'avait pas encore vu. Pressé par lui, je
lui dis que, bien que fort au-dessous de ce qu'il serait
si j'avais pu le faire poser comme le premier venu, ce
buste avait le cachet de mes idées du moment qui
étaient que lui, Pie IX, à cette heure, portait le monde
moral. Il est impossible à moi de redire et de rendre la
grandeur, la sublimité de cette éloquence du cœur partie de l'âme de Pie IX. C'était les larmes dans les yeux
que le grand pape me peignit le touchant tableau de ses
douleurs en parlant du monde entier. C'était plus que
beau, c'était sublime de naïveté et de grandeur!

La manière dont je fus traité à Rome par le Saint-
Père et tous ceux qui l'entouraient, en 1862-1863, a
laissé en mon cœur un sentiment de douce reconnaissance qui ne s'effacera jamais.

J'envoyai au salon de 1863 mes trois bustes du cardinal Antonelli, de Mgr de Mérode et de Mgr de Dreux-
Brézé.

Ces ouvrages servirent à consolider ma réputation
chez ceux qui, sans parti pris, veulent bien rendre justice aux ouvrages de certains artistes.

Par une coïncidence singulière, moi qui avais fait en
Afrique le premier dessin d'un zouave, en 1832,
je fus prié par Mgr de Mérode de modeler, avant mon
départ de Rome, la statuette d'un zouave pontifical.

J'eus soin de passer par Florence, qui me rappela le
souvenir des fortes impressions que m'avait procurées,

dans ma jeunesse, le génie des grands hommes de l'art italien.

Causant un jour, à la galerie *degli Offizii*, avec l'état-major du musée, de la *Fornarine* de Raphaël, je me hasardai à dire que ce portrait pourrait bien être de Giorgione.

Ces messieurs m'engagèrent à publier cette appréciation. Je les priai de me laisser étudier la question à fond, avant de publier, et de me faciliter mes études. On m'accorda la faveur de travailler seul dans la tribune.

Pendant toute la semaine du carnaval, la galerie *degli Offizii* était fermée au public. Je pus donc savourer à loisir cette belle, cette incomparable peinture du maître le plus sympathique.

Plus j'étudiais la peinture de la *Fornarine*, plus j'arrivais à me convaincre que Raphaël seul avait pu accomplir ce miracle de la peinture à l'huile. Et je me gardai de publier que cette œuvre sublime n'était pas de lui.

Mais, cette fois, Raphaël a été aussi grand coloriste qu'il est grand dessinateur.

Mon rêve était de rester à Florence, mais la brutale réalité me rappela à Paris.

XLIII

Revenu à Paris, je dus m'atteler de nouveau à ce monument de Cognac, qui n'avait fait qu'augmenter mes
dettes, et dont l'exécution menaçait de devenir tout à
fait impossible.

Dans ma position relative, j'en étais arrivé au dernier point de la détresse. Mon notaire me pressait de
payer les intérêts des hypothèques prises sur ma maison
et mes ateliers. Une nouvelle commission nommée pour
le monument de Cognac sollicitait inutilement, depuis
bientôt une année, une autorisation de loterie.

J'allai trouver M. Boittelle, qui avait refusé cette autorisation et je le priai de venir voir le monument de François Ier à mon atelier. Il voulut bien venir. Je le mis au
courant de la triste situation qui m'était faite.

Avec émotion et en écoutant la lecture que je lui fis
de la lettre du maire de Cognac, me tendant la main, il
me dit :

« La loterie de Cognac sera autorisée dès demain. »

J'étais encore une fois sauvé par une sorte de miracle.
J'allais pouvoir exécuter mon travail, et je me mis avec
ardeur à l'œuvre.

Mon monument étant entièrement terminé, je l'emballai dans des caisses pour le Havre, et j'arrivai à Cognac le 4 août 1864.

Le monument de François Ier n'arriva qu'après moi et avec de grandes difficultés du Havre à Rochefort, et de là à Cognac, par la Charente. Comme toujours, j'évitai d'assister à l'inauguration d'un travail dont j'étais à la fois le sculpteur et l'architecte, et je me sauvai à Paris.

Là, je me mis à modeler le groupe du *Bonheur maternel*, qui m'était demandé depuis 1863 par le maire de Poitiers, mais entrepris sans m'être commandé.

J'envoyai au Salon de 1866 ce groupe, qui me fut acheté pour le prix de 10 000 francs. J'avais payé le bloc de marbre 3000 francs.

Cependant la grande Exposition universelle de 1867 allait s'ouvrir. Six mois avant son ouverture, j'apprends qu'une trentaine de ces messieurs de la sculpture s'étaient admis d'emblée sans avoir à passer par l'examen d'un jury quelconque.

Parmi les trente, il y en avait de bien jeunes d'âge et de talent.

Ma dignité m'empêchant de subir l'outrage de passer, à mon âge, par l'examen de telles médiocrités, je pris le parti le plus sage : ce fut d'envoyer à chaque commission en particulier une liste de mes ouvrages, parmi lesquels les grands et les petits faiseurs de l'administration pourraient choisir dans mes ateliers.

J'avais rencontré le plus pédant et aussi le plus prétentieux de ces petits messieurs. Il m'avait dit d'un air de componction inimitable :

« C'est bien embarrassant, nous avons si peu de place ! » Mais ses amis et lui avaient bien su en trouver de la place pour eux !

Quelle chance si, par suite de leurs machinations, ils eussent pu être seuls ! C'est si commode de paraître un grand artiste quand toute comparaison est impossible !

En ce moment de lassitude et de dégoût profond, je reçus du commissariat général l'avis que le jury avait admis à l'Exposition universelle des beaux-arts les ouvrages présentés sous les titres suivants, savoir : *Les naufragés*, groupe en marbre colossal ; les bustes en marbre de Prudhon, Veuillot, cardinal Antonelli, Auguste Comte. Le seul groupe que l'on me demandait n'était pas terminé ; j'écrivis à l'administration, m'engageant à l'envoyer au Champ-de-Mars au jour qui me serait assigné. M. de Nieuwerkerke me répondit que les délais étant de rigueur, ma demande ne pouvait être accueillie.

Deux mois de plus sur mon groupe, c'était énorme. J'écrivis une nouvelle lettre où je disais savoir que d'autres artistes avaient été autorisés à remettre l'envoi de leurs ouvrages, que je réclamais la même faveur, étant Français comme eux. M. de Nieuwerkerke me répondit encore une fois que ma demande ne pouvait être accueillie.

Il était clair, d'après ces refus systématiques, que l'on voulait m'empêcher de paraître à l'Exposition universelle. Quel succès pour ces messieurs ! Depuis quinze ans, à force de volonté, j'avais travaillé, malgré la certitude que j'avais d'être traité le plus mal possible.

La veille de l'ouverture de l'Exposition, je vis arriver

plusieurs ouvrages d'artistes français, notamment le groupe de M. Carpeaux, lequel groupe n'existerait pas si je n'eusse fait auparavant le groupe de *Caïn*.

Et le mien était resté six semaines sur le chariot du charpentier, enveloppé de toiles.

Au moment où je me trouvais, la veille de l'Exposition, occupé avec mes charpentiers à mettre mon groupe à sa place, M. de Nieuwerkerke vint à passer près de moi.

« Eh bien! on le place enfin, ce groupe, dit-il.

— Oui, monsieur, après qu'on m'a empêché d'y travailler pendant deux mois; vous voilà bien avancé! »

Mais voici la dernière galanterie de M. le surintendant des beaux-arts : mon groupe en marbre français, *Bacchus et sa nourrice Ino*, ne m'ayant pas été demandé pour la grande Exposition universelle de 1867, je l'envoyai au salon annuel. Mais, par une grâce particulière, ce marbre, au lieu d'être placé, comme tous les autres marbres, sur la première ligne, fut relégué au fond avec les grands plâtres. Je réclamai. Voici l'aimable réponse que m'adressa M. le surintendant des beaux-arts :

« Monsieur,

» J'ai le regret de ne pouvoir satisfaire au désir que vous me faites l'honneur de m'exprimer par votre lettre du 19 de ce mois; car le classement dont vous vous plaigniez n'est que le résultat de ce que j'ai fait placer les œuvres, autant que possible, *par ordre de mérite*.

» Agréez, etc.

» Cᵗᵉ DE NIEUWERKERKE. »

N'est-ce pas le comble de l'audace dans l'art comme dans la politique? Comme on reconnaît bien là le cachet des familiers du 2 décembre !

Mon groupe des *Naufragés* me fut demandé pour le parc de Montsouris; mais la puissance qui faisait reléguer mes ouvrages dans l'ombre aux Expositions fut assez forte pour m'empêcher de les vendre.

Enfin, à bout de forces, ayant mis à louer mon grand atelier, ce qui est une grande douleur pour un artiste, je pris part, inutilement, à plusieurs concours, notamment à celui qui eut lieu pour le monument du Pérou, et j'envoyai un projet qui me parut le meilleur, et où la Liberté montre au monde civilisé les blessures faites à son cœur par les bombardements de Valparaiso et de Callao; mais on préféra un monument en hauteur composé d'une légère colonne, ce qui est ingénieux pour un pays à tremblements de terre; puis, à celui de Masséna, qui fut jugé à huis-clos, sans exposition publique.

Enfin, en 1868, j'offris mon dernier sacrifice à la mémoire de mon maître, M. Ingres. Avec la statue que demandait le programme et que j'avais faite très-ressemblante, trop ressemblante peut-être, j'envoyai au concours un second projet. Ce projet se composait de la statue d'Ingres assis. M. Ingres, la palette à la main, était placé devant son œuvre immortelle, l'*Apothéose d'Homère* reproduite en bas-relief.

Mon modèle fut mis hors de concours par l'Institut.

Retiré à Mers, dans la solitude, j'écrivis la lettre suivante à celui qui était en apparence le chef suprême de tout ce qui avait rapport aux beaux-arts. à M. le maréchal Vaillant :

« Monsieur le maréchal et ministre ,

» Je lis dans le *Moniteur* de ce jour le beau discours que vous avez adressé aux élèves de l'École des beaux-arts, ici, à Mers, dans un village situé au bord de la mer, où je suis exilé faute de travaux commandés en statuaire monumentale, depuis surtout que, sous votre règne, gouverne M. de Nieuwerkerke, le surintendant des beaux-arts.

» L'histoire impartiale que vous invoquez, monsieur le maréchal, l'histoire dira que dans les arts, sous Napoléon III, Antoine Étex a été rayé de la liste des artistes vivants depuis 1851, et par qui? par des impuissants qui ne pouvaient lui pardonner d'être à la fois sculpteur, architecte et peintre, à l'exemple des maîtres anciens, et d'avoir produit, en sculpture : le groupe de *Caïn* imité, depuis 1833, par MM. Garraud et Carpeaux; les deux grands groupes de l'Arc de l'Étoile ; le groupe du *Choléra ;* le monument de Vauban aux invalides ; le monument de François Ier ; le groupe colossal des *Naufragés*, ni acheté ni commandé; des statues, des bas-reliefs, des bustes, des médaillons, etc. En peinture : *Eurydice*, admis à l'exposition universelle de 1855; *Joseph* et le *Martyre de saint Sébastien*, exposés en 1844; la *Mort du prolétaire*, exposée en 1845; la *Gloire des États-Unis*, grande toile à New-York depuis 1853. En architecture : les tombeaux de Géricault, de Mme Raspail, de M. Schœlcher, du poëte Brizeux; neuf projets publiés dans la *Revue municipale*, 1858 : d'un projet d'Opéra, 1861; d'une école de natation, salon de 1864; d'une église, salon de 1855.

» L'histoire impartiale dira aussi que les réformes apportées à l'École des beaux-arts ont été dictées, en 1862, par la brochure publiée en 1860, à tel point qu'en lisant dans le *Moniteur* ces réformes apportées à l'École des beaux-arts, je cherchais au bas ma signature.

» Elle dira encore, cette véridique histoire, que la grande médaille d'honneur en sculpture, de cette année, a été donnée à un ouvrage qui était complétement inspiré par le *Saint Benoît* d'Antoine Étex, figure couchée et en marbre exposée au salon de 1865.

» Enfin, elle dira qu'en juillet dernier, au ridicule concours de la statue de Ingres, Antoine Étex, son plus ancien élève, le premier élève de son atelier, couronné à l'Institut, en 1829, avait envoyé sous le n° 4 *bis*, avec l'épigraphe *Væ Victis!* le seul monument d'Ingres, son *Apothéose d'Homère*.

» La statue de l'auteur de ce chef-d'œuvre le représentait assis devant son œuvre, non pas en costume de sénateur, mais bien en costume d'atelier, la palette à la main. Aussi, ce modèle étant le seul raisonnable, comme l'on devait s'y attendre, a-t-il été mis hors de concours.

» Mais Antoine Étex a la conscience d'avoir une fois de plus accompli son devoir en témoignant sa reconnaissance à la mémoire de son maître.

» Je vous sais homme d'esprit, monsieur le maréchal,
je vous ai connu ainsi chez le général Pelet, parent de
Mme Étex. C'est pourquoi, en m'adressant à vous directement, j'ai dû me voir autorisé, au nom de ce souvenir, à vous parler le langage énergique de la vérité.

» Agréez, etc.

» ÉTEX,
» Sculpteur, architecte et peintre,
» 2, rue Carnot. »

Le jour même où, dans ma lettre adressée au maréchal Vaillant, je lançais ainsi comme une dernière flèche
à ceux qui m'ont si longtemps martyrisé, je recevais de
l'autre extrémité de la France, de Montauban, une lettre
qui me priait d'envoyer une photographie de mes projets à la commission du monument de M. Ingres.

N'ayant pas le temps de faire photographier mes projets, je me décidai à les porter moi-même à Montauban.

La veille même de mon arrivée à Montauban, un article envoyé de Paris par l'homme le plus influent de
Montauban, dans l'affaire Ingres, avait passé dans le
journal. C'était une réclame en faveur du concurrent
favorisé de l'Institut.

En réponse à cet article j'écrivis une lettre, dont le
public apprécia la sincérité. Ma statue fut trouvée plus
ressemblante que celle choisie par l'Institut. Songeant
que j'étais peintre, architecte et sculpteur, pour donner
au public l'idée du monument, tel qu'il serait dans
l'exécution, je fis, en quelques jours, une ébauche
du monument, une sorte de décor de onze mètres de

haut sur onze mètres de large qui me fut demandé par la Commission.

Cet essai réussit au delà de mes espérances. Vingt-deux voix sur vingt-quatre votants me furent favorables.

Le vote avait eu lieu le dimanche, et le lundi j'étais de retour à Mers, auprès de ma femme.

Je me mis à l'œuvre avec ardeur. Mais la ville de Montauban oublia bien vite M. Ingres. Pour vaincre tant de mauvaise volonté, j'envoyai au salon de 1869 le modèle de mon bas-relief et de ma statue, avec un vrai décor sur toile donnant une idée de l'ensemble de l'architecture du monument.

Depuis l'exposition de mon groupe de *Caïn* en 1833, je n'avais pas obtenu pareil succès. Un traité sérieux fut signé avec la ville de Montauban. Bien que le devis, fait avec l'architecte et l'entrepreneur de la ville, s'élevât à 46 000 fr., je dus traiter pour la somme de 30 000 fr. Le fondeur, qui devait avoir terminé son travail à la fin de juin 1870, fut à peine prêt au mois de septembre. Aussi, les bronzes, mis au chemin de fer d'Orléans, durent-ils revenir à Paris, les Prussiens s'étant emparés de la ligne du Midi.

Hélas ! oui, notre malheureux pays était envahi. J'écrivis au maire du VIe arrondissement que j'arrivais à Paris, et je le priais de m'inscrire sur la liste des gardes nationaux, malgré mes soixante-deux ans.

Ne pouvant faire partie de la garde nationale active, je me fis inscrire aux vétérans de mon arrondissement, et, presque malgré moi, je fus nommé chef de mon bataillon.

Mais, peu de temps après, je fus obligé de donner ma démission ; des jeunes gens impatients, ne comprenant pas la différence des deux dates de 1792 et de 1870, amenèrent la dissolution du bataillon.

Je dois, à propos de la garde nationale, signaler un fait qui est un hommage rendu à la mémoire de l'honnête Gustave Lambert.

Il vint un jour me trouver et me dit :

« Vous pensez comme moi qu'il doit y avoir trois bans dans la garde nationale. Le premier ban doit comprendre tous ceux qui, jeunes et vigoureux, iront chercher l'ennemi partout où il sera ; le deuxième ban, celui des sédentaires, gardera les remparts ; ceux du troisième, les gardes civiques, garderont leur quartier.

» N'êtes-vous pas d'avis que l'on forme une seule légion des vingt bataillons de la garde civique ? Dans ce cas, je vous demanderais à en être le colonel, si vous consentiez à être en sous-ordre avec moi. »

Je répondis qu'aussitôt que la garde civique serait formée, je m'empresserais d'en faire partie comme simple garde.

Le pouvoir refusa de reconnaître cette garde ; Gustave Lambert s'engagea comme simple soldat, et mourut des suites de la blessure qu'il reçut à l'affaire de Buzenval, qui causa tant de larmes aux familles parisiennes et donna si peu de gloire aux généraux de notre armée.

Atteint d'une fausse fluxion de poitrine, gagnée à une faction de nuit de deux heures, par un froid de quinze degrés, je demandai que l'on me laissât monter

en ballon, et mourir à l'endroit qui me serait assigné.
On ne voulut pas de moi.

L'armistice du 28 janvier fit ce que n'avaient pu faire
pendant vingt jours et vingt nuits les obus sifflant au-
dessus de ma tête. Rien ne me découragea !

Voici la circulaire que je laissais imprimée et distri-
buée à Paris avant mon départ pour Montauban :

CITOYENS,

La leçon est rude, elle est cruelle, elle est terrible !... Nous
servira-t-elle, ô Français au cœur léger ? Espérons-le... Si notre
vanité native, notre fol orgueil, l'intérêt d'une dynastie, — et
quelle exécrable dynastie que celle des Napoléons ! — ont poussé
par la guerre la nation française aux abîmes, que la paix et ses
bienfaits dans sa grandeur viennent tarir à jamais la source
impure des révolutions violentes ! Trop de ruines jonchent le sol
de la France depuis 1793. Combien de nouvelles infortunes, que
de larmes, quelles souffrances, que de douleurs !... Que de cris
de blessés, que de morts !... Et les mères qui sanglotent depuis
cette horrible guerre ; et les pères qui n'ont plus de larmes ; et
les veuves et les orphelins !... Hélas ! nos malheurs présents sont
bien grands, et nos armées décimées, et nos glorieux marins
vaincus !...

Mais ils peuvent être réparés, à condition toutefois que nous
voulions bien ne pas oublier les fautes commises, et faire *tous*, et
d'un commun accord, notre *meâ culpâ*.

Que la nation française se recueille en cette heure solennelle ;
que chacun apporte avec fierté sa part d'abnégation, sa part de
dévouement, et notre régénération est faite. Pour cela, nous avons
de bien grands devoirs à accomplir.

Arrière la foule empirique d'ambitieux de bas étage, hommes
sans vertus, comme ils sont sans talents. Esclaves de leurs vices,
ils se vendent à tous les gouvernements, suscitant à l'occasion le
désordre pour pêcher en eau trouble et s'élever sur nos ruines.

C'est au moment néfaste qu'ils apparaissent et qu'ils grimpent sur leurs échasses de tribuns : car ils veulent être à tout prix des hommes politiques de profession... Arrière ces gens-là !...

Que les bons citoyens se rapprochent, qu'ils serrent leurs rangs, et qu'ils fassent une guerre à outrance à tous ces charlatans de toutes nuances, de toutes couleurs. Sus à cette horde parasite de voraces éhontés des faveurs et des emplois publics ; haro sur ce tas de fainéants qui vont mendier de porte en porte les suffrages de leurs concitoyens, promettant *tout* avant l'élection, pour ne s'occuper ensuite, et dès qu'ils sont nommés, que d'eux-mêmes et de leurs petits intérêts personnels, oubliant ceux de la patrie !

Certes, ce ne sont pas ceux-là qu'il nous faut nommer, si nous voulons, en relevant le drapeau national, arriver aux réformes radicales de notre budget. Que de gaspillages, que de choses, que d'*emplois à supprimer !*

Électeurs de la France ! si le mal est profond, le remède est en vos mains. Faites vos affaires vous-mêmes, citoyens : choisissez vous-mêmes vos représentants, n'attendez pas qu'on vous les impose.

Cherchez avec soin vos candidats, scrutez profondément leur vie, qu'elle soit pure et sans tache, et *surtout laborieuse*. Comprenez toute l'importance de ce que vous allez faire en nommant vos constituants. Songez à l'importance morale de l'Assemblée que vous allez nommer. C'est elle qui va traiter souverainement avec vos plus cruels ennemis ; de vos députés vont dépendre les destinées futures de notre France. Ce sont eux, les députés, qui vont faire la paix ou la guerre ; ce sont eux qui vont faire notre Constitution.

Citoyens français, mes chers concitoyens ! nous voici arrivés à l'une de ces heures suprêmes des nations vaincues. Pensez-y, réfléchissez... *Cherchez et vous trouverez ;* mais, de grâce, prenez la peine de chercher ; ce qu'il nous faut avant tout, et dans une pareille crise, ce sont des caractères et des mieux trempés, des hommes désintéressés et sans attache avec le passé, des hommes libres, sincères dans leur virilité, de vrais braves en un mot, qui aient conscience du lourd devoir qui leur est imposé ; se sentant d'autant plus forts pour accomplir la grande tâche, la

grande œuvre du sauvetage de la nation, que, sérieux mandataires
de leurs concitoyens sans l'avoir sollicité, ils seront vraiment élus
par eux. Alors ils se sentiront de force à lutter avec l'aide de
Dieu, et d'affirmer, par leur exemple, l'honneur de la France, la
noblesse de son cœur même dans sa défaite, dans sa profonde
douleur ; mais aussi leur foi dans l'avenir d'une France régénérée
les aidera puissamment à fonder la *République* d'une façon iné-
branlable par l'ordre, le progrès, la liberté, le devoir, la solida-
rité, sur la base immortelle et immuable de la justice dans l'humanité ! Sinon, la République est impossible en France.

> *La patrie avant tout !*

> Salut et fraternité,
>
> ANTOINE ÉTEX.

A la suite de la page écrite à mes concitoyens, dans
la nuit du 28 janvier, j'entendis la voix du devoir vibrer
en moi. Je me dis : Les Allemands nous ont vaincus par
la guerre. Montrons-leur que la France vit encore par
son travail, par son industrie et par son art. Il y a un
homme qui les a rudement battus, ces bons Allemands,
à l'Exposition universelle de 1855 : c'est notre maître à
tous, M. Ingres. Allons à Montauban lui ériger un monument digne de lui ; et l'Europe saura que la France
ne demande qu'à prouver au monde entier qu'elle a pu
être vaincue, mais qu'elle est encore pleine de vie, puisqu'elle élève des monuments à ceux qui l'ont illustrée
dans les arts de la paix.

Fort de cette pensée, je traversai les légions prus-
siennes, et un homme de cœur, M. Solacroup, directeur
du chemin de fer d'Orléans, trouva le moyen de me
faire arriver à Montauban, avec ma statue d'Ingres en
bronze et mon bas-relief de l'*Apothéose d'Homère*.

Rien n'était prêt, mais je me mis à l'œuvre, et le 25 mai, le travail était reçu par la commission.

J'étais à ce moment avec Mme Étex et dans sa famille, du côté de Toulouse.

J'appris à mon retour qu'une dépêche venait d'arriver, qui disait que Paris brûlait.

J'accourus à Paris, pour relever mes ruines; l'explosion de la poudrière du Luxembourg avait causé d'horribles ravages à ma maison et à mes ateliers. Je me remis au travail le plus promptement possible. Je complétai mon tableau de *l'Expiation* auquel de douloureux événements donnaient un vif intérêt d'actualité.

Tandis que mes ateliers s'effondraient avec mes œuvres, le groupe de *la Résistance* à l'Arc de l'Étoile était massacré par les obus qui venaient de Neuilly et du Mont-Valérien.

J'étais ainsi frappé aux deux extrémités de Paris.

Souvent, dans mes *Souvenirs*, il m'est arrivé de ne pouvoir retenir le cri de mes douleurs.

Eh bien! je reste convaincu que presque tous les artistes contemporains diront : « De quoi se plaint-il? Et nous donc? »

A cela je leur répondrai qu'en racontant sincèrement ce qui m'est arrivé, j'ai cru servir leur cause, celle des jeunes artistes surtout, en leur prêchant d'exemple le travail et la persévérance. Et je trouve très-naturel qu'ils puissent se dire presque tous : Nous accepterions volontiers l'épreuve aux mêmes conditions que lui. Ce qui me fait dire, en terminant, que peut-être je ne suis et n'ai été malheureux que par ma faute. A d'autres de mieux faire. Quant à moi, j'ai fait tout ce que j'ai pu. Tout en me défendant, j'aurais bien voulu ne faire à mon prochain aucune blessure.

En 1872, poussé par des réclamations de payement d'hypothèques, j'allai trouver à son cabinet M. Jules Simon, ministre des beaux-arts, à qui je portais en même temps les mémoires des entrepreneurs à payer pour les réparations de ma maison et de mes ateliers de la rue Carnot. M. Jules Simon envoya à mon atelier M. de Ronchaux, chargé de voir ce qui serait digne d'être acquis par l'administration des beaux-arts.

Mon groupe de *Bacchus et Ino* fut indiqué par lui au ministre, qui voulut bien en faire l'acquisition. Je lui en fus tout à fait reconnaissant.

M. Thiers eut la bonté de se souvenir que, depuis 1833, il avait été pour moi un père. Mais M. Charles Blanc me fut des plus hostiles, en souvenir de 1848 sans aucun doute. M. de Chennevières, aide de camp de M. de Nieuwerkerke après le 2 décembre, qui le remplaça à la direction des beaux-arts, quand je vins lui demander du travail, me répondit tout de suite : « Rien, rien, rien. »

Voilà où j'en suis, obligé, à l'âge de soixante-huit ans bientôt, de changer d'état, de faire de la peinture presque exclusivement, avec l'espoir de vendre un jour mes toiles.

Qui pourrait dire ce qui m'attend !

J'aime toujours l'art sous toutes ses formes, dans toutes ses manifestations. Lorsque, la palette à la main, je me trouve devant la nature, je me sens plus jeune et

plus amoureux que jamais du beau et du vrai. Je sens
que je vois mieux. Souvent la fatigue me prend ; mais
cela ne m'empêche pas de désirer de faire encore, de
faire toujours, et de faire de mieux en mieux. Quand
je passe à la sculpture, où souvent le dégoût me prend,
à cause de la fatigue matérielle et des ennuis qu'elle
m'a causés, je me prends à trouver que ce bel art est
supérieur à la peinture.

Quant à l'architecture, je pense que c'est l'art de l'âge
viril de l'artiste. Un grand architecte ne peut être
qu'un homme d'une expérience consommée.

Aussi, la vie de Michel-Ange reste-t-elle la vie d'artiste la plus admirable et la plus complète.

Michel-Ange sculpte et peint dès sa jeunesse, mais il
n'a l'occasion de bâtir qu'à la belle époque de sa matu-
rité. Aussi, l'immense basilique de Saint-Pierre reste-
t-elle la dernière page du testament que ce sublime
artiste a légué aux hommes.

Aucun artiste ne peut être comparé au grand Michel-
Ange. Il n'y a eu et il n'y aura qu'un Michel-Ange. Il
faut dire la même chose de Raphaël, de Rembrandt, de
Vélasquez et de Rubens comme de Beethoven. Tout ce
que nous pouvons faire, c'est de suivre l'enseignement,
la tradition des œuvres de ces grands génies, en ayant
soin de fouiller en nous-mêmes lorsqu'il s'agit de produire un ouvrage.

Les seuls artistes qui comptent sont ceux qui portent
leur part d'originalité, et la vraie originalité, c'est la
naïveté dont La Fontaine est l'exemple le plus saisissant.

Avec de la sincérité, de la bonne foi et beaucoup de travail, on peut se poser carrément en face de n'importe qui, sans avoir à baisser les yeux. Et je le sens par moi-même, malgré la vie péniblement laborieuse que je viens d'esquisser, à l'heure où je viens rendre compte aux hommes de ma conduite, avant de comparaître devant Dieu, dont on m'épouvante depuis que je suis au monde.

Je tiens à dire que je meurs sans crainte, ayant vécu sans reproche, pour les choses importantes de la vie.

FIN

PARIS. — IMPRIMERIE DE E. MARTINET, RUE MIGNON, 2.

PRINCIPAUX OUVRAGES

DE

ANTOINE ÉTEX

EN PEINTURE, EN SCULPTURE ET EN ARCHITECTURE, AVEC QUELQUES NOTES COMPLÉMENTAIRES

1828. Tableau de chevalet, une baigneuse exposée à la salle Lebrun, au profit des Grecs.

1829. Statue de Hyacinthe mourant, premier deuxième grand prix de Rome, commandé par M. de Turpin, en marbre, en bronze par le baron Gérard. En marbre au Musée d'Angers, en bronze au Musée de Marseille.

1830-1832. Voyage en Italie, études à Pise, à Florence, à Venise, à Rome et à Naples. Le tableau des Médicis, le modèle du groupe de Caïn. Visité la Corse, l'Algérie et l'Espagne.

1833. Exposition du groupe de Caïn, en plâtre, avec la statue de Hyacinthe, en marbre, et le médaillon en bronze d'Albert Lenoir. Exécution du modèle du buste de M. le duc d'Orléans.

1834. Exposition des deux bustes en marbre de Mme A. Tastu et de M. Ch. Lenormant. Exécution des modèles des grands groupes de l'Arc de l'Étoile.

1835. Au Salon de 1835, la statue en marbre de Léda, puis les deux bas-reliefs, également en marbre, des Médicis et de Françoise de Rimini ; le buste d'un jeune garçon, en marbre, de Mme Ch. Lenormant, et celui du docteur Rostan, également en marbre.

1836. La statue en marbre de sainte Geneviève, donnée par le gouvernement à M. Dupin aîné, aujourd'hui à Clamecy ;

le buste en marbre de M. Thiers, refusé par le jury de l'Institut, aujourd'hui dans le Midi. M. Ingres aimait tant ce buste qu'il le fit mouler à ses frais.

1837. La statue de Blanche de Castille, en marbre français, au Musée de Versailles ; le buste en marbre de Dupont de l'Eure.

1838. La statue colossale, en marbre, de saint Augustin, à l'église de la Madeleine ; la statue, en marbre, de la Damalis, d'André Chénier.

1839. Le marbre du groupe de Caïn, au Musée de Lyon ; le tombeau de Mme Schœlcher, au Père-Lachaise, architecture et sculpture. Tableau peint du groupe la *Douleur maternelle.*

1840. Le buste en marbre de Charlet, qui excita l'enthousiasme de Théophile Gautier : « *Ce buste,* s'écrie-t-il, *est tout simplement un chef-d'œuvre* ; » le buste en marbre de Mme Eugénie Garcia, de l'Opéra-Comique. A ce même Salon furent refusés quatre bustes, parmi lesquels se trouva celui d'Alfred de Vigny, qui fut acclamé par le même jury de sculpture l'année suivante (1841), et que Théophile Gautier n'a pas craint de proclamer « *le plus irréprochable morceau de la statuaire contemporaine* ».

1841. Le tombeau de Géricault, architecture et sculpture. Ce tombeau se compose : de la statue en marbre de Géricault couché sur son lit de mort, la palette à la main ; d'un bas-relief en bronze, reproduction de son tableau de la *Méduse,* sur la face du piédestal, de chaque côté sont sculptés, en un simple trait, son chasseur et son cuirassier. Par-derrière sont gravés les noms des signataires de la souscription pour le monument ; les trois quarts n'ont pas payé leur souscription, sans doute parce que personne ne la leur a réclamée. Il fut donné par l'auteur au Musée de Rouen pour sa conservation. Il a été remplacé au cimetière du Père-Lachaise par un simple stèle d'architecture et en marbre, fait aux frais de l'auteur.

1842. La Pologne enchaînée implore ses libérateurs, convertie
     par ordre administratif en Olympia, exposée en marbre
     au Salon de 1842, aujourd'hui à Trianon. Le buste de
     Lablache.

1843. La statue de Rossini modelée d'après le maëstro, en plâtre,
     à la salle Ventadour. Les modèles du monument de
     Vauban. Les bustes en marbre de Louis Vitet et de
     Mme Vitet. Deux grands médaillons en marbre de M. VITET
     père. Le buste en marbre de Mme Napoléon Duchâtel.

1844. Le tableau du martyre de saint Sébastien donné au Musée
     de Rouen, exposé au Salon de 1844 avec le tableau de
     Joseph expliquant les songes à ses frères, aujourd'hui
     dans la galerie de feu M. Aubry. Buste en marbre du gé-
     néral Pajol, de M. le vicomte d'Abancourt.

1845. Le groupe de Héro et Léandre, grandeur naturelle et en
     marbre ; le buste de Mme Barrot ; le tableau de la mort
     du Prolétaire, de l'homme de génie incompris.
     Deuxième voyage d'Italie : modèle et exécution en marbre
     à Rome de la statue de la jeune Héro, les études pour le
     tableau du Christ prêchant sur le lac de Génézareth,
     buste de Pierre Leroux, etc.

1846. La Grèce tragique : compositions à l'eau-forte d'après les
     tragédies d'Eschyle, de Sophocle et d'Euripide, Promé-
     thée, Électre, les Phéniciennes et Hippolyte. Eurydice,
     tableau donné au Musée du Luxembourg en 1872.

1847. Bustes de MM. de Rémusat, de Vivien, le marbre d'Ernest
     Pelet, buste d'enfant donné au Musée de Montauban
     avec le tableau des Médicis.

1848. La révolution de février prend une bonne partie de l'année ;
     le modèle du tombeau de Mgr Affre, archevêque de Paris.

1849. Exposition de Bond-Street, à Londres : le portrait peint de
     miss Nissen, les bustes de M. Philips, du docteur X*** et de
     Louis Blanc, les médaillons de Levraud, d'Étienne Arago,
     de Caussidière, de Ledru-Rollin, de Martin Bernard, etc.

1850. Exposition de la statue en marbre de la jeune Héro, au
     Palais-Royal. Deux petits tableaux d'amateurs, la Petite
     Glaneuse, la Petite Gitana, parus dans le journal *l'Artiste*.

1851. Publication de mon cours élémentaire de dessin; le coup d'État du 2 Décembre. Déménagement de l'Institut; tous les modèles de mes grands ouvrages placés à l'atelier qui m'était concédé à l'île des Cygnes sont brisés par ordre de l'administration pour débarrasser l'atelier.

1852. Exposition de mon groupe colossal en marbre de la ville de Paris implorant Dieu pour les victimes du choléra, au Salon de cette année 1852, qui a lieu au Palais-Royal, Outrage à mon honneur et à ma réputation d'artiste, par l'étonnant procédé de construire une muraille de planches parfaitement close, pour masquer au public cette œuvre importante. Grand portrait, peint à mi-corps, de Mme Arnaud de l'Ariége.

1853. L'auteur termine son grand tableau allégorique de la Gloire des États-Unis, qui lui est demandé pour l'Exposition de New-York, et qu'il envoie à l'Exposition universelle de cette ville avec d'autres ouvrages en sculpture : notamment sa Damalis en marbre, son groupe de Caïn et celui d'Hercule étouffant Antée, en bronze. Au Salon de 1853, qui a lieu aux Menus-Plaisirs, l'auteur expose son groupe colossal en plâtre des Naufragés (*le Dévouement*), le buste en bronze de M. Chaillou des Barres, le modèle du tombeau de Pradier et deux tableaux : une femme de la campagne de Rome, et le tableau d'Eurydice qui est au Musée du Luxembourg, après avoir figuré honorablement à l'Exposition universelle de 1855. L'auteur dut renvoyer un plâtre de son groupe de Caïn à cette Exposition, avec les bustes choisis par la commission : Dupont de l'Eure donné avec celui de Cavaignac, en marbre, à l'Assemblée nationale, et pour lesquels bustes l'auteur n'a jamais pu obtenir un reçu. Celui d'Alfred de Vigny, de Charlet, de Pierre Leroux et celui du jeune Ernest Pelet. Voyage aux États-Unis.

1855. Pendant qu'avait lieu l'Exposition universelle de Paris, l'auteur part pour New-York pour réclamer ses ouvrages et ceux de ses compatriotes. Il modèle à New-York le buste du maire Fernando Wood, et à Washington, celui du président Pierce, le médaillon du même ainsi que

ceux de Benton et de Marcy, ministre des affaires étrangères, celui de mistress Frémont, ainsi que son portrait
en peinture. Comme tant d'autres de ces œuvres, celle-ci,
comme tout ce qu'il a fait et laissé aux États-Unis, ne
lui a pas été payée.

1857. Les bustes en marbre de Virginie, celui de Mme Cambardi
(des Italiens), en plâtre, de Louis Jourdan, et celui d'Augustin Thierry pour la bibliothèque de l'Institut. Le modèle fondu en bronze du monument de Mgr Affre. Quatre
tableaux, une Danaé; le grand portrait, peint à mi-corps,
de M. Édouard de Conny; une grande figure peinte,
panneau décoratif, représentant l'Asie. Isaac bénissant
Jacob, petit tableau.

1858. Essai de vente de mes ouvrages, peinture et sculpture,
dans mon atelier; peu de réussite. Divers projets d'embellissements de Paris, publiés par la *Revue municipale*
(architecture).

1859. Un groupe en marbre représentant la *Douleur maternelle*,
aujourd'hui au parc de Blossac, à Poitiers; deux figures
en marbre, Pâris et Hélène, à droite et à gauche du
Musée des Antiques, cour du vieux Louvre.

Ragazzino et Ragazzina, deux tableaux peints sur bois.

1860. Des conférences gratuites et publiques, sur les trois arts du
dessin, peinture, sculpture et architecture.

1861. Un groupe en marbre : l'Amour piqué par une abeille. Une
fontaine monumentale composée d'un groupe en plâtre,
modèle de cinq mètres de hauteur, représentant le Génie
du xixe siècle ayant vaincu les éléments par la vapeur
et par l'électricité. L'auteur croyait que ce modèle devait
trouver sa place naturelle, et dans de très-grandes proportions, à notre Exposition universelle de 1878. On n'en
a pas voulu. Au même Salon de 1861, il avait son projet
d'Opéra, dont l'avant-projet, gravé, est publié dans ce
volume. Le public pourra juger combien il a été emprunté
à ce projet pour l'érection du nouvel Opéra.

1862. Troisième voyage en Italie : le buste colossal, en marbre,
du pape *Pie IX* au Vatican; les modèles de M. de Mé-

rode et du cardinal Antonelli, le buste en marbre de Mgr de Dreux-Brézé, et en peinture : les deux tableaux de Jacob allant trouver Joseph en Égypte, et les funérailles de Jacob (ces deux tableaux se font pendant).

1863. Projet d'une École de natation pour les bois de Boulogne et de Vincennes (architecture). Projet très-remarqué par Napoléon III à l'Exposition de 1863.

1864. La Vierge immaculée, à l'église de Passy, modelée à Rome, en 1862, avec saint Benoît, tous deux en marbre.

Le buste de Louis Veuillot, en sculpture; en peinture, les Fils de Joseph bénis par Jacob ; et en architecture, le projet d'église que j'ai dû arranger pour le concours de l'église de Montmartre, dite du Sacré-Cœur.

1865. Une statue en marbre de saint Benoît, au Musée du Luxembourg, un buste en marbre d'Eugène Delacroix, deux peintures décoratives : l'esclave antique et l'esclave moderne.

1866. Une statue en marbre de sainte Madeleine, un groupe en marbre, le Bonheur maternel, au Blossac, de Poitiers.

1867. Le groupe en marbre de Bacchus et Ino. Ce groupe, ainsi que celui des Naufragés colossal et en marbre, fut envoyé avec quatre bustes à l'Exposition universelle de 1867.

1868. Le buste de Berryer. Deux modèles pour le concours du monument de Callao.

1869. Le modèle en plâtre du monument de Ingres et le buste en marbre de Ferdinand de Lesseps. Salon 1869.

1870. Le Plébiscite, allégorie, groupe en marbre. Le bas-relief en marbre d'une captive; le modèle du monument de Masséna, pour Nice.

1871. Le monument de Ingres a été inauguré le 25 mai 1871 à Montauban; toute la statuaire est en bronze et toute l'architecture en granit gris de Carcassonne; une belle mosaïque, entourée d'une grille, heureusement trouvée comme forme, complète ce monument.

Nous devons mentionner, en outre, comme œuvres monumentales, en statuaire : la statue de Charlemagne, au palais du Luxembourg; celle de Michel Adanson au Mu-

séum d'histoire naturelle; celle de sainte Aure à l'église
Saint-Paul; le groupe en pierre de l'*Ecce Homo* à l'église
Saint-Eustache; le tombeau du poëte Brizeux à Lorient; le monument de Lecourbe à Lons-le-Saunier :
statue et bas-relief en bronze; le monument de François Ier à Cognac, architecture et sculpture par Antoine
Étex : ce travail a été présenté par la ville de Cognac
pour concourir au prix de 100 000 francs; le monument
de Vauban aux Invalides; saint Louis, colossal et en
bronze, barrière du Trône.

En peinture : des Jeux d'enfants, deux sujets se faisant
pendant; Faust et Marguerite, collection Martinet; les
Quatre-Saisons, quatre panneaux décoratifs; la Présence
d'esprit d'une petite fille de sept ans, son courage pour
sauver son petit frère tombé dans la Marne; le Baptême
et la communion de l'enfant Adéodatus, de saint Augustin
et d'Alypius, son ami, par l'évêque Ambroise, de Milan;
la mort de l'enfant Adéodatus, le pendant (Salon 1875).

Un Drame en mer, grand tableau de chevalet. Un petit
tableau, Danaé; un petit tableau, Fille d'Hercule, Abia,
se reposant au bord d'une eau profonde dans les bois;
une négresse, une blonde, une brune, une rouge, quatre
panneaux décoratifs pour orner un salon de bain.

Le Cataclysme de Jérusalem; le Christ *Hosanna :* le
Christ *Fiat voluntas tua*, peinture. Ève dans le paradis
terrestre est tentée par le serpent, grand cadre décoratif.

Enfin, en architecture, les dix projets publiés par la
Revue municipale, en 1858, embellissements de Paris.
Les tombeaux de la famille Liouville, de Martinet, de
Armand Marrast, de Mme Raspail, de François Huet, du
peintre d'Aligny, de Mlle Jobit.

Diverses publications littéraires ayant trait à la politique et aux beaux-arts. La Grèce tragique. Le Dante,
illustré en 1853. Revue synthétique de l'Exposition universelle de 1855, suivie d'un coup d'œil jeté sur l'état des
beaux-arts aux État-Unis; une Notice sur l'exposition de
Paul Delaroche parue dans le *Siècle;* une autre brochure
sur la vie et les ouvrages d'Ary Scheffer; une Notice sur
la vie et les ouvrages de Pradier, 1860. Cours public fait

à l'amphithéâtre de l'École de médecine pour l'Association polytechnique, adressé aux élèves des écoles et aux ouvriers, 1861.

Brochure à propos de l'Exposition de 1863. Des conférences sur David d'Angers, sur Eugène Delacroix, sur Phidias, ainsi qu'un travail sur le même paru en 1876. Une conférence sur le peintre Gros, une autre sur Géricault; enfin, la dernière faite quelques mois avant la guerre de 1870 sur Michel-Ange, sans compter des articles de journaux sur la politique et les beaux-arts.

Un grand tableau allégorique (le Ciel et la Terre), non terminé, au magasin de l'État, à l'île des Cygnes, avec celui, de même grandeur, du Christ prêchant sur le lac de Génézareth. *Menus-plaisirs*, tableau de chevalet, dessus de porte d'un boudoir, composé d'une vingtaine de figures costumées, avec paysage important dans le fond. *L'Expiation*, tableau navrant, triste épisode de la Commune de 1871. Prométhée, cloué au rocher par Vulcain; la Force et la Violence. Les Promis (*Promessi Sposi*) de Manzoni, le Jaloux, deux petits sujets italiens modernes. Une jeune Anglaise. Une jeune Italienne. Une Famille italienne à Piscinesco. Une femme blonde accroupie au sortir du bain, une autre debout. Grandes études de Norma, de Moïse au Sinaï, beaucoup d'autres études peintes. Portraits, académies, paysages. Une centaine de bustes en plâtre, deux à trois cents médaillons.

1873. Bas-relief en marbre représentant Danaë et Jupiter, la pluie d'or;

1874. L'enfant endormi, symbole de l'Humanité, statue en marbre.

1875. Buste en marbre de M. Solacroup, portraits peints de ses enfants; Suzanne surprise au bain, statue en marbre.

1876. Les bustes en marbre de Émile de Girardin et de Marinoni. Le buste en marbre de Franqueville. Daphnis et Cloé, groupe en marbre.

1877. Portrait de l'auteur peint par lui-même, au Salon de cette année, gravé et placé à la tête de ce volume.

PARIS. — IMPRIMERIE DE E. MARTINET, RUE MIGNON, 2

LES

SOUVENIRS

D'UN ARTISTE

PARIS. — IMPRIMERIE E. MARTINET, RUE MIGNON, 2.

LES
SOUVENIRS
D'UN ARTISTE
UN DERNIER CHAPITRE

AVEC DEUX GRAVURES

LE MONUMENT DE INGRES

LA FONTAINE DU GÉNIE DU XIXᵉ SIÉCLE

PAR

ANTOINE ÉTEX

PARIS

E. DENTU, ÉDITEUR

LIBRAIRE DE LA SOCIÉTÉ DES GENS DE LETTRES

PALAIS-ROYAL, 17 ET 19, GALERIE D'ORLÉANS

1878

Heliog. Dujardin
Imp. Lemercier et Cie Paris.
MONUMENT D'INGRES
ÉRIGÉ A MONTAUBAN

UN DERNIER CHAPITRE

Depuis le Salon de 1877, une grande solennité se préparait, l'Exposition universelle devait avoir lieu à Paris en mai 1878. Dès que la loi fut votée, je m'occupai de cette solennité. Et pour commencer bien avant le concours, avant que les projets fussent exposés, je publiai une lettre dans le journal *le Siècle*, où je proposais, chose raisonnable, que, le terrain adopté et choisi, on en fit le partage aux nations suivant leur importance relative, en tenant compte aussi de l'espace par elles demandé.

C'est le seul moyen de sortir de la banalité d'un bazar. Dans ce cas-là, chaque nation apporte dans la portion de terrain qui lui est concédée, son caractère, sa physionomie, son originalité. Que de choses imprévues, amusantes et quelquefois belles ! Cette idée n'étant pas encore assez mûre pour être comprise ne fut pas adoptée; comme toujours, on se traîna dans l'ornière du plan général officiel.

Pourtant, il y avait quelque chose à faire d'assez grand en réunissant le Champ-de-Mars au Trocadéro. Et ce sera là le grand effet, le succès de l'Exposition universelle de 1878, son *attraction*, comme disent les Anglais, et aussi le dernier mot de ce genre d'Exposition.

Le plan arrêté par le Gouvernement, je crus de mon devoir de proposer l'exécution en plâtre et dans des proportions colossales de mon modèle de la fontaine du *Génie du XIXe siècle*.

Le premier projet de cette fontaine date de 1839. Trois administrations, le ministère de l'intérieur, la préfecture de la Seine et la compagnie du chemin de fer de Saint-Germain, s'étaient associées pour ériger un monument à la place de l'Europe. Appelé au cabinet de M. Cavé, au ministère, le 26 novembre à midi, je lui parlai de ce que je comptais faire : un monument dont le sujet aurait trait à cette nouvelle puissance, la vapeur, et à cette nouvelle route du monde, les chemins de fer. Celui de Saint-Germain était le premier qui fût fait à Paris.

L'idée plut. Mais M. Émile Pereire, au nom des propriétaires de la place de l'Europe qui devaient souscrire pour un tiers avec la Compagnie du chemin de fer, demandait une statue de Napoléon pour leur place. Cette lettre de M. Émile Pereire, datée du 7 décembre 1839, est assez curieuse à lire ; car elle donne une idée assez nette de la situation.

Compagnie du chemin de fer de Paris à Saint-Germain.

« MONSIEUR ,

» Je suis fâché de n'avoir pu vous parler pendant la visite de M. Cavé. Voici ce qui s'est passé. J'ai trouvé M. Cavé très-prévenu contre la statue de Napoléon. Nous avons été ensemble chez le ministre pour l'engager à se rendre avec nous à votre atelier. Mais M. Duchâtel était appelé au conseil pour les affaires d'Alger et n'a pu venir ; il m'a promis de vous voir dans la semaine.

» M. Cavé, après avoir vu votre esquisse, était mieux disposé.

» Je n'ai pu vous voir depuis ni m'occuper de l'affaire, ayant

eu sur le dos une assemblée générale des actionnaires et des for-
malités à remplir pour l'achèvement de réparations et la réouver-
ture du chemin de Versailles.

» Mille compliments.   » Émile Pereire. »

Ce fut un grand succès à mon atelier que cette esquisse de
Napoléon gravissant le monde et y portant notre drapeau national.
M. Vivien amena M. Dufaure : tous les deux étaient ministres,
l'un à la justice, l'autre aux travaux publics. Un soir, j'étais allé
voir M. Thiers chez lui, à la place Saint-Georges, pour lui parler
de ce monument; il me dit ces paroles prophétiques : « Mon cher
Étex, ils sont trop c... pour placer en ce moment un Napoléon Ier
sur une place publique; c'est ensemble que nous ferons ce monu-
ment-là, mais plus tard. Il sera le frontispice de mon *Histoire
de Napoléon*.

Effectivement, le jour même, au conseil des ministres, le roi
Louis-Philippe arrêta au premier mot M. Duchâtel, ministre de
l'intérieur. « J'ai assez de Napoléons sur nos places publiques. »
Ce qui ne l'empêcha pas, l'année suivante, d'envoyer à la tribune
de la Chambre M. de Rémusat, successeur de M. Duchâtel, pour
annoncer, comme un coup de tonnerre, le retour des cendres de
Napoléon de Sainte-Hélène à Paris.

J'en fus pour mes frais et pour mes six mois d'études passés à
exécuter gratuitement des projets pour les trois administrations
toutes-puissantes, l'intérieur, la ville de Paris et la compagnie du
chemin de fer de Saint-Germain.

Il resta de ces études deux projets importants : celui de *la
Vapeur*, qui plut tant à l'architecte Henri Labrouste, qu'il m'obligea à l'envoyer au concours de la Fontaine de Nîmes. Celui de
Napoléon gravissant le monde portant notre drapeau national fut
arrangé par moi et envoyé au concours du Tombeau de Napoléon Ier
pour les Invalides. Ce projet a été publié dans la *Revue d'Architecture* de Daly.

Dans ma candeur, dans ma raison, je trouvais que le
modèle exécuté dans des proportions colossales répondait
on ne peut mieux à l'idée même de l'Exposition. Ce

modèle existe, de cinq mètres de hauteur; une partie
déjà en a été exposée, j'y travaille depuis 1839 : il se
compose de la figure principale qui représente le *Génie
du XIXe siècle* ayant vaincu les éléments en découvrant
la vapeur et l'électricité, les dominant, il leur dicte des
lois. Aux quatre angles du socle qui le porte triomphant
sont représentés, par quatre figures allégoriques, ces
mêmes éléments coopérateurs obéissant à la science qui
leur donne ses ordres. Les quatre grands médaillons de
Salomon de Caus, de Denis Papin, d'Ampère et de Volta
se dessinent en relief sur la plinthe de la statue du *Génie*.
Sur le piédestal circulaire qui les porte sont sculptés les
nouveaux instruments de l'agriculture, de la navigation,
de l'industrie. Sur l'arête de ce piédestal se découpent les
médaillons et les noms de chacun des grands inventeurs
placés au-dessus de ces merveilleux instruments. L'eau
et le feu sont les moyens d'effet de ce monument. Au
sommet de la tête du *Génie du XIXe siècle* brille une
étoile éclairée par la lumière électrique, le gaz fait le
reste, combiné avec l'eau qui sort d'abord de la plinthe
circulaire où posent les pieds de la statue du Génie. De
la main droite, il s'appuie sur une cheminée de loco-
motive ; de la gauche, il touche à la machine électrique.
Sur chaque face, et au-dessous d'un bas-relief qui
représente l'emploi de l'élément, s'ouvre une large
bouche d'où sort une nappe d'eau, qui décrit une
courbe en sortant du piédestal entre les statues des
immenses colosses ramassés sur eux-mêmes. Cette
masse d'eau tombe dans un vaste bassin de forme circulaire. Une rangée de cygnes aux cols gracieux est

adossée au piédestal circulaire qui porte les éléments. Ces cygnes aux ailes déployées viennent égayer cette base au style sévère en jetant l'eau par leurs becs ouverts. Quatre énormes sphinx couchés complètent l'ensemble de cette fontaine vraiment monumentale. Ils rappellent que l'Égypte est le berceau de la science et de l'art; ils portent sur leur échine une belle colonne grecque du style le plus pur, d'où la lumière jaillit du haut des colonnes, ce qui rappelle que de l'Égypte la science comme l'art sont passés par la Grèce, puis ensuite par l'Italie, la France et l'Europe entière.

Le mur d'appui du grand bassin s'élève à un mètre du sol d'un large trottoir : une marche de quarante centimètres de hauteur porte ce mur du bassin. En quelques mots j'ai cru pouvoir donner au lecteur l'esquisse de cette fontaine monumentale ; je proposai d'exécuter pour rien en plâtre ce monument, offrant mes soins et mon temps gratuitement et laissant à l'administration le soin de payer les frais de cette exécution en plâtre. Que risquait l'administration en payant les frais de cette décoration. Peu de chose, et il y avait pour elle la chance d'avoir une œuvre capitale sérieusement étudiée. Si l'œuvre avait eu du succès alors, on l'eût commandée, soit en granit, soit en pierre, ou en fonte de fer. En somme, c'était pour elle une bien faible dépense.

Ayant cru avoir fait les démarches nécessaires auprès de qui de droit, j'attendis le résultat de mes offres de services, et voici la réponse toute aimable que je reçus de M. le commissaire général, à qui j'avais remis avec mon plan mes dessins et devis de la fontaine du *Génie* *du XIXe siècle*, diverses brochures, afin qu'il pût juger à qui il avait à faire en me lisant.

Cabinet du Commissaire général.

« Paris, le 5 décembre 1876.

» Laissez-moi vous exprimer d'abord ma reconnaissance pour l'envoi tout gracieux que vous m'avez fait de vos œuvres didactiques.

» Après avoir remercié l'écrivain et le professeur, je veux parler à l'artiste au nom de l'affectueuse estime que je dois à son talent et à sa personnalité. Le commissaire général n'est pas plus avancé que ses agents du Champ-de-Mars et du Trocadéro pour définir, quant à présent, les emplacements qui conviendront le mieux à votre fontaine monumentale dans les parcs ou dans les jardins. Des projets nouveaux sont à l'étude pour arrêter le plan général des espaces découverts qui nous restent et dont tant de variantes ont déjà été mises sur le papier pour répondre à une répartition intelligente des édifices accessoires qui ne cessent d'être proposés. *Vous serez averti par moi* du jour où un parti définitif aura été pris. *(Je n'ai pas été averti.)*

» Je ne veux pas me retrancher absolument dans l'exiguïté de mon budget pour vous faire envisager toutes les difficultés de confection soit de la silhouette à grandeur et exécution, soit du groupe lui-même. J'aurais là un motif assez sérieux pour que vous ne le qualifiiez pas d'excuse ; j'aime mieux vous dire franche-

ment qu'il m'est impossible d'entrer dans une voie absolument réservée à l'administration des beaux-arts. Je
sais que vous y avez rencontré des déceptions fâcheuses ;
mais vous comprendrez tout le premier que je ne peux
créer des précédents ; des artistes moins recommanda-
bles que vous ne manqueraient pas de les invoquer et
les exploiteraient comme un reproche à l'adresse du
ministère ou du directeur des beaux-arts.

» Tout ce qui sera en mon pouvoir, sans que j'aie à
sortir de mes attributions, je le ferai pour vous être
agréable et vous témoigner ma sympathie. Veuillez
agréer, cher monsieur Étex, l'assurance de mes sentiments les plus affectueux.

» *Le sénateur, Commissaire général,*

» N. KRANTZ. »

Voici une lettre datée de 1876, pleine de bienveillance
qui me laissait espérer que de ce côté-là je ne serais pas
tout à fait écarté. Aussi, quelle ne fut pas ma surprise
lorsque je vis cette multitude d'artistes appelés à concourir à la partie statuaire et décorative du Champ-de-Mars
et du Trocadéro. Encore une fois, je vis des noms d'artistes étrangers prendre la place de nos artistes nationaux et s'attabler à notre budget. Je ne sais où nous
allons. Mais je sais bien positivement qu'en France l'état-
major administratif dévore le principal du budget des
beaux-arts, et que je trouve d'une bouffonnerie qui met
le comble à nos sottises en entendant proclamer dans
nos feuilles publiques la nécessité de créer un ministère

des beaux-arts après avoir créé une chaire d'esthétique
au Collège de France.

Et tout cela au nom de la République française une et
indivisible. Je voudrais bien savoir ce qu'apprendra aux
artistes le professeur d'esthétique du Collège de France.
De même que je demanderai au futur ministre des beaux-
arts ce qu'il compte faire pour relever l'art français qui
va toujours en s'abaissant.

Créera-t-il un nouveau musée des copies, demandera-
t-il un plus gros budget afin d'en doter des dames ou
demoiselles artistes, ou conviera-t-il à la curée des
commandes officielles ses amis amateurs? Si c'est là son
idéal et son but, nous trouvons qu'il n'y a plus rien à
faire; dans ce genre tout a été usé, usé à tel point que
l'administration des beaux-arts en est à l'agonie, *que
l'art s'abaisse*, et que ce n'est pas le monde officiel, l'ennemi naturel de ceux qui cherchent et qui osent, et ce
n'est pas non plus la bureaucratie qui aura la puissance
de relever l'art en France. Il est vrai que l'Europe entière
ne se porte pas mieux; elle suit la mode de Paris, et, pour
être de bonne foi, il n'y a pas une si grande différence
que l'on veut bien le dire entre eux et nous : ils montent
et nous descendons. Voilà tout, le talent court les rues
en France, mais il ne s'élève pas aujourd'hui à la hauteur
du génie.

Mais, hommes sans cervelle, vous n'y pensez pas,
votre égoïsme et votre vanité vous aveuglent. Pourvu
que vous soyez applaudis, adulés et rentés, surtout
rentés : tout va bien pour vous. Vive la République!
qui vous a fait un puissant personnage. Je veux bien

croire que vous vous mentez à vous-même avant de
mentir aux autres, sans quoi vous seriez sans excuse.
Mais, de grâce, pensez-y sérieusement, avant de poursuivre votre déplorable entreprise. Non, vous foulez
aux pieds toute pudeur, et effrontément vous vous jetez
à corps perdu dans ce mensonge de faire toujours de
plus en plus un *grand nombre d'artistes médiocres*.
Mais vous n'y pensez pas, vous avez sous les yeux cette
masse de malheureux bohémiens de l'art qui se poussent
et se repoussent, s'exècrent, veulent le même os à ron-
ger. Et pour obtenir cet os, que d'efforts surhumains,
que d'intrigues. Ils sont obligés de courir des bureaux
des beaux-arts aux journaux, sans compter les bassesses
aux puissants du jour. Et vous croyez qu'avec une vie pareille, passée dans un pareil milieu, on peut créer des
chefs-d'œuvre ! Vous ne voyez donc pas que, pour l'art
statuaire surtout, il faut de la dignité, de la grandeur...
Et qu'il y a bien plus de producteurs que de consom-
mateurs, ce qui ne vous empêche pas de réclamer la
création de nouvelles écoles d'art. Des écoles profession-
nelles tant que vous voudrez, cela se comprend, elles
ont un but déterminé, utile ; mais des écoles d'art pour
faire des milliers d'artistes médiocres, c'est insensé.
Avez-vous oublié qu'un homme de génie dans l'art suffit à
un siècle (1) ?

Est-ce que notre belle patrie a besoin de tant d'artistes ?

_____

(1) Voir là nullité des dessins faits par les élèves de nos écoles
départementales à l'Exposition universelle.

Auguste Comte avait mille fois raison lorsqu'il disait que le devoir de tout gouvernement devait être de décourager les artistes, des vaniteux qui prétendent créer des chefs-d'œuvre.

Comme si les chefs-d'œuvre étaient choses si communes, si faciles à créer.

On ne sait qu'inventer pour pousser des malheureux à se faire artistes : des prix avec argent, des médailles d'or que l'on vend ; on fait même des pensions. Et depuis cette profusion de récompenses, compte-t-on un seul homme de génie? non, toujours des faiseurs, des habiles que l'on ne compte plus tant ils sont nombreux ces hommes d'un certain talent incontestable, si inutiles pourtant et si funestes à l'ordre social.

Je ne sais, mais il me semble que plus l'art se vulgarise, plus il perd de sa sublime ferveur. Et j'ajouterai que, malgré nos sophismes, le rare et le beau resteront éternellement l'apanage, la noblesse, la royauté incontestée du chef-d'œuvre qui ne se commande pas.

Évidemment, chez nous la mode tourne à la caricature, dans l'architecture et dans la sculpture statuaire monumentale. Il y a tel groupe, tel sujet sculpté, tel édifice même qui ont l'air de faire un *pied-de-nez* aux passants.

Aurions-nous donc perdu toute notion du beau, du simple et du vrai !

Depuis quatre ans, depuis ma visite à M. lé directeur des beaux-arts, M. de Chennevières, où il m'avait dit avec conviction son fameux : rien, rien, rien; au moment où ce malheureux directeur était tout fier de sa belle idée de faire peindre des sujets plus ou moins catholiques sur les murs du Panthéon et d'y placer des statues, comme si l'œuvre de Soufflot pouvait supporter pareille impertinence décorative, ils ne savent qu'inventer pour amoindrir et dénaturer nos monuments. Mais revenons à notre Exposition universelle de 1878, l'heure était venue pour moi de décider si je devais tenter encore une fois l'aventure de mettre à une exposition dont le jury m'était comme toujours des plus hostiles.

Je n'avais pas la moindre illusion à me faire de la manière dont les académiciens et les membres de n'importe quel jury me traitaient depuis cinquante ans ; l'incroyable conduite à mon égard des jurys successivement nommés par les artistes depuis 1848 ; l'outrecuidance des prétendus jeunes qui font de l'art si vieux le plus souvent, art sans pensée, sans caractère, sans style et sans goût ; et sans le moindre tempérament, tout cela m'écœurait. Fallait-il encore une fois affronter les outrages de pareils juges?... C'était dur ; ma famille, mes rares amis me conseillaient de m'abstenir.

Mais il y avait ma foi vive en ma valeur relative, puis un devoir patriotique à accomplir. Les Allemands nous avaient vaincus sur les champs de bataille en 1870.

En 1855, les Kaulbach et les Cornélius à l'Exposition universelle de Paris avaient reçu une fameuse leçon par l'œuvre exposée par notre maître Ingres. Leur placer sous les yeux la statue de leur vainqueur dans l'art, c'était selon moi une belle revanche que tous les industriels français se sont empressés de prendre cette année à l'honneur de notre patrie.

Néanmoins, malgré nos succès, je conseillerai la modestie à nos nationaux. Malgré l'éclatant succès de notre Exposition universelle de 1878, soyez modestes, citoyens, soyez modestes.

Je le répète, il n'y a pas une si grande différence que vous le voulez bien croire entre vos œuvres et celles des artistes et des industriels étrangers. Pour revenir à ce qui me concerne, je me décidai donc à envoyer quelques marbres au jury de sculpture; les vieux, mes ennemis implacables par l'envie et le mal qu'ils n'ont cessé de me faire; les jeunes, la plupart mes imitateurs et mes élèves, me refusèrent mes marbres; mais ils demandèrent le monument de notre maître Ingres, croyant peut-être que, du monument érigé à Montauban depuis 1871, les modèles en étaient détruits depuis sept ans.

Dans tous les cas, supposant que la statue du maître et le bas-relief de l'apothéose d'Homère en plâtre soient conservés, l'architecture était restée à Montauban.

Devant cette nouvelle avanie du refus de mes marbres par un jury que je finis par prendre en pitié, j'hésitai...

La voix du devoir patriotique prenant le dessus, je me mis à l'œuvre, je restaurai de mon mieux un bas-relief dont le plâtre était en assez mauvais état, je modelai les accessoires et ornements, puis je m'entendis avec le charpentier et le maçon pour construire le monument au Champ-de-Mars.

J'allai trouver à son bureau l'architecte M. Hardy qui me désigna une place à l'extérieur, j'avisai les entrepreneurs pour commencer immédiatement les travaux sur place. Mais cela ne se passait pas ainsi au Champ-de-

Mars : je fus un mois à courir pour avoir l'autorisation de commencer. Le 4 mars 1878, voyant que le temps pressait, j'écrivis à M. le commissaire général, qui voulut bien me répondre le 7 mars 1878 la lettre que voici :

« MONSIEUR,

» Une indisposition assez grave m'a empêché de répondre plus tôt à votre lettre du 4, je vous prie de vouloir bien agréer mes excuses.

» Avant de donner l'autorisation que vous demandez, j'aurais besoin d'être complétement assuré que le monument de Ingres sera terminé pour le 25 avril, *terme de rigueur*. Également que mon budget n'aura à subvenir en quoi que ce soit à sa mise en place.

» Comme je ne puis, en l'absence de ces renseignements, prendre aucune détermination, je vous prie de vouloir bien me la faire parvenir dans le plus bref délai possible.

» Veuillez agréer l'assurance de mes sentiments les plus distingués.

» N. KRANTZ. »

Je répondis sur l'heure et de la façon la plus positive ; enfin le 22 mars, après mille courses faites du bureau de l'architecte au bureau de l'administration, je reçus de M. le commissaire général la lettre que l'on va lire :

« Paris, le 22 mars 1878.

» MONSIEUR,

» Je m'empresse de vous faire connaître ma réponse

définitive au sujet de la demande que vous avez formée.

» La statue de Ingres qui est la partie capitale de votre œuvre a été admise par le jury des beaux-arts et sera exposée par ses soins : je ne doute pas qu'il lui soit attribué une place vraiment digne d'elle. Je me vois obligé, par contre, de vous demander de renoncer à l'exposition du reste du monument. Il me semble matériellement impossible de procéder à son installation d'ici au 25 avril, et je veux éviter, par-dessus tout, d'avoir à faire interrompre et démolir un travail inachevé. Je vous prie d'agréer, Monsieur, avec tous mes regrets, l'assurance de ma considération la plus distinguée.

» Le sénateur, commissaire général,

» N. KRANTZ. »

Je dois avouer qu'à la réception de cette lettre le découragement me prit tout à fait et que j'allais une bonne fois renoncer pour toujours à envoyer n'importe quoi à aucune exposition.

Mais poussé à bout, fort de mon droit, la colère me prit, et, pour en finir, j'envoyai une double sommation, et à M. de Chennevières, le directeur des beaux-arts, qui me devait une place, et à M. le commissaire général, qui me découpait mon monument.

Avant de donner l'ordre à l'huissier de poursuivre, je me rendis au Palais de l'industrie. Je vis le procès-verbal du jury d'admission, qui demandait le monument dans son entier, architecture et sculpture.

La sommation par huissier disait que, si dans les
vingt-quatre heures, une place ne m'était pas donnée
soit à l'intérieur, soit à l'extérieur, l'administration
aurait à me payer 20 000 francs d'indemnité. M. de
Chennevières se décida enfin à s'occuper de me trouver
une place, puis je recevais une nouvelle lettre de M. le
commissaire général, où il se montre tout entier. Préa-
lablement, sur le conseil de M. Hardy, l'architecte du
Champ-de-Mars, j'avais retiré ma sommation.

« Paris, 30 mars 1878.

» Mon cher Monsieur,

» Les discussions entre nous ne doivent pas aboutir
à du papier timbré ; mais je suis heureux que vous ayez
retiré votre assignation.

» Si le comité, quand il a admis votre œuvre magis-
trale, avait bien voulu me faire connaître sa décision et
me demander un emplacement en dehors des salles destinées aux beaux-arts, aucune difficulté ne se serait
élevée entre nous.

» Je vais examiner la question sur place et vous
rendre réponse aujourd'hui même.

» Mille amitiés.

» N. KRANTZ. »

Avant d'avoir reçu cette lettre, j'avais été appelé le
dimanche matin au cabinet de M. le commissaire
général ; là, je lui expliquai ce que je comptais faire. Il
me donna rendez-vous le jour même dans l'après-midi

au Champ-de-Mars, avec mes deux entrepreneurs; il fut convenu que l'on construirait le monument en pan de bois et sur pilotis. Il fallut huit jours au charpentier pour préparer ses bois. Devant avoir tout terminé avant le 25 avril, j'eus donc deux semaines, pas de mouleur pour m'aider, pas un seul praticien; ils étaient tous occupés aux deux expositions des beaux-arts, l'annuelle et l'universelle. Pas de praticien! pas de mouleur! il me fallut me mettre avec les maçons à gâcher du plâtre, travailler à ciel ouvert, au soleil, à la pluie, surtout à la pluie. Je croyais en être arrivé à ma dernière heure par excès de fatigue.

Et, le 23 avril, je remis avec joie et fierté ma carte chez M. le commissaire général, en le remerciant et lui annonçant que le jardinier pouvait se mettre à l'œuvre; dès le lendemain 24 avril, à partir du moment où j'eus l'autorisation de placer mon monument, je ne rencontrai plus la moindre difficulté. Je n'ai pas revu M. Krantz depuis, je suis obligé de croire que cette fois encore mes fatigues et mes ennuis me sont venus encore du côté des beaux-arts; de même, si cela avait dépendu de M. Krantz seul, je suis persuadé même que, ma fontaine n'ayant pas été exécutée, au moins on m'eût demandé quelques autres morceaux de sculpture statuaire décorative.

Aujourd'hui le fait est consommé, l'Exposition universelle de Paris de 1878 dépasse en succès ce que l'on pouvait rêver de plus heureux, au point qu'il sera impossible d'en recommencer une nouvelle dans de semblables conditions.

Il n'y aura donc plus dans ce temps-là, si cela est possible, qu'à faire appel aux nations. Après avoir choisi le lieu, il suffira de partager le terrain aux diverses nations qui désireraient prendre part à ce nouveau tournoi intellectuel.

Puis, le terrain partagé, chaque nation y bâtira ce qui lui plaira.

Je serais vraiment curieux de voir ces merveilles ; sera-ce assez pittoresque, assez instructif, assez amusant... Voyez le quartier d'Alger au Trocadéro, et imaginez ce que serait une exposition où, en traversant une rue, en passant par une simple barrière de bois, vous vous trouvez en Russie, puis dans l'Inde, en Laponie, etc.

Mais laissons le rêve et revenons à la réalité. Si plus d'un demi-siècle de luttes couronnées quelquefois de succès, si l'effet produit par le modèle du monument de Ingres à l'Exposition de cette année, ne sont pas des titres à l'estime publique, il faudrait désespérer de l'humanité.

Je viens donc, fort de mon passé, demander que cette place plantée d'arbres, que ce bassin placé devant le palais du Trocadéro du côté du Bois de Boulogne, de Passy, reçoivent ma fontaine du *Génie du XIXe siècle*.

Le modèle est fait de cinq mètres de hauteur ; plus on en grandira l'échelle du modèle, plus l'effet sera saisissant.

Je réponds du succès, seulement que l'on en essaye le modèle de la grandeur que je crois être indispensable à un pareil sujet. Il me semble avoir surabondamment prouvé mes qualités en statuaire monumental. Ils sont donc si communs ceux qui ont donné de pareilles preuves?

O ma chère France, ô ma patrie! donne-moi donc cette nouvelle occasion de te servir d'une façon plus éclatante que je ne l'ai pu faire jusqu'ici. Après tant d'années sans travail, après un ostracisme qui a duré pendant le règne de Napoléon III, la République, que j'ai servie, me doit bien cette réparation.

Qu'est-ce que je demande? du travail; je n'ai jamais sollicité d'autre faveur.

Je ne demande à la République française que de mourir en la servant et en travaillant pour elle. Et c'est dans l'art statuaire monumental, aujourd'hui que la République est fondée, que je puis lui rendre le plus de services; car, quoi que l'on en puisse dire, j'ai pris une *place* dans ce grand art si difficile de la statuaire appliquée à l'architecture et faisant silhouette, saillie, dessin avec elle; se mariant tellement bien ensemble, que l'harmonie qui en résulte atteste que c'est le même artiste qui est à la fois l'architecte et le sculpteur du monument que le passant regarde. Tel a été, toute ma vie, le but de mes efforts, chaque fois que j'ai été honoré d'un travail.

Il semblerait que c'est justement à cause de cela que je me trouve exclu de toute participation à l'exécution de ce qui a été commandé en sculpture monumentale depuis plus de trente ans. L'ostracisme va-t-il durer? Ai-je fait un pacte éternel avec la mauvaise fortune. Et tant d'hommes me feraient-ils encore longtemps expier

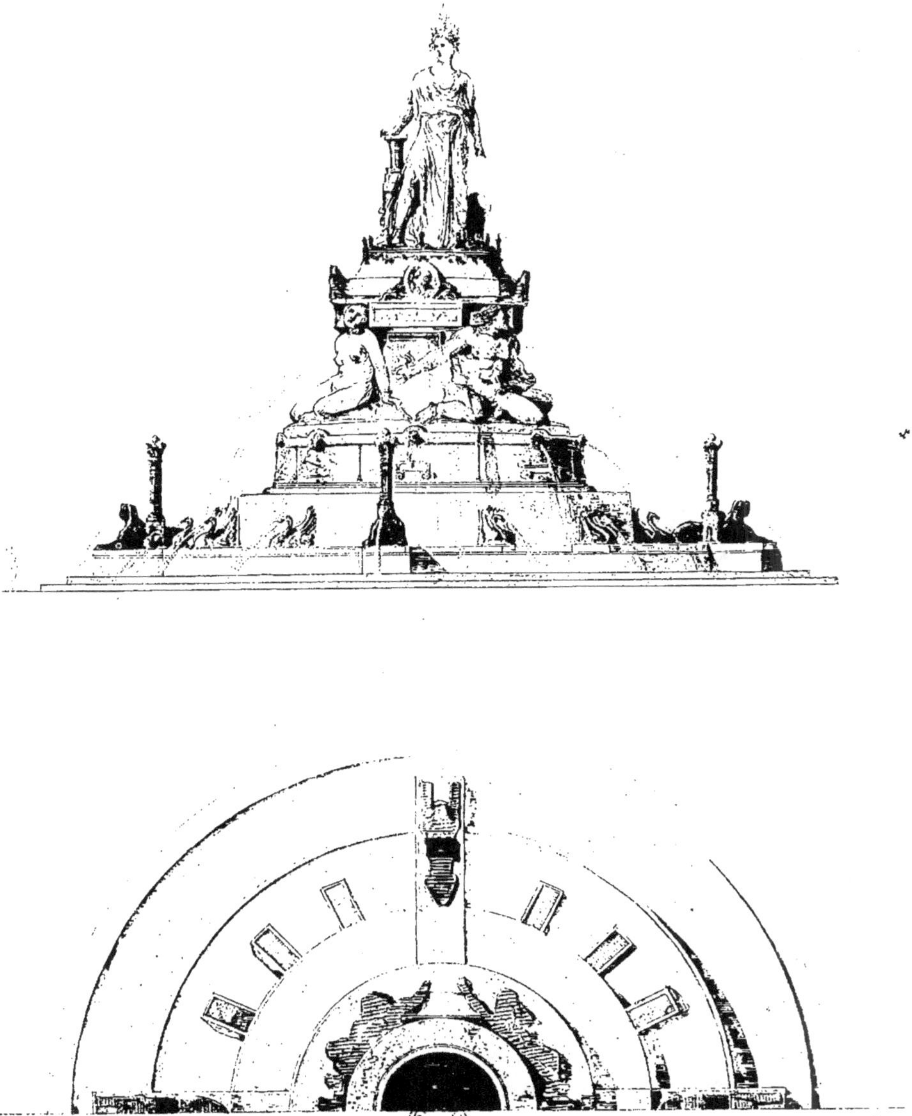

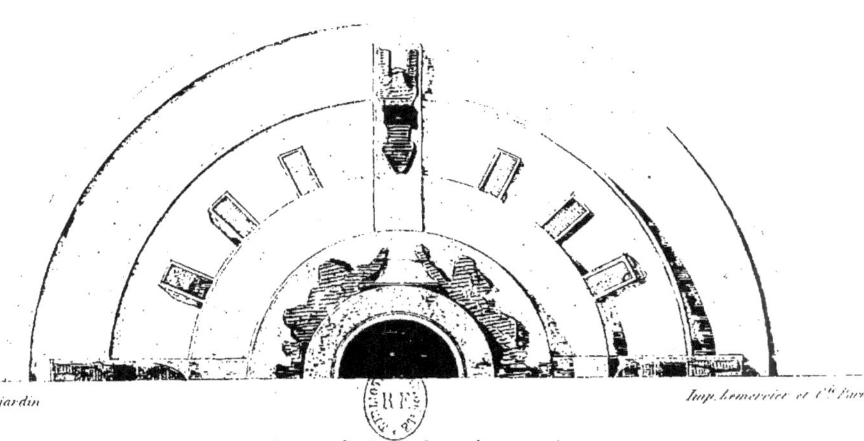

Héliog. Dujardin

Imp. Lemercier et Cie Paris.

0 50 1 2 3 4 5 6 7 8 9 10 mètres

LE GÉNIE DU XIXème SIÈCLE A VAINCU LES ÉLÉMENTS EN DECOUVRANT LA VAPEUR ET L ÉLECTRICITÉ

PROJET DE FONTAINE MONUMENTALE PAR ANTOINE ETEX 1839 – 1861 – 1876

le crime de ne pas leur ressembler? C'est ce que les événements vont m'apprendre.

LETTRE ADRESSÉE A MESSIEURS :

Le *Président de la République;*
Le Président du Sénat et les Sénateurs;
Le Président de la Chambre des Députés et les Députés;
Le Ministre de l'intérieur;
Le Ministre des beaux-arts; le Ministre des travaux publics;
Le Ministre de l'agriculture et du commerce et tous les ministres;
Le Préfet de la Seine;
Le Président du Conseil général et les Conseillers généraux;
Le Président du Conseil municipal et les Conseillers municipaux.

« Paris, le 20 juillet 1878.

» Messieurs,

» Je viens vous demander de vouloir bien m'aider, en ce qui vous concerne, à me faire commander, pour être érigée au milieu de la place du Trocadéro et sur le terrain du bassin circulaire, ma fontaine du *Génie du XIXe siècle*, dont le dessin est annexé à cette brochure avec les explications du sujet, qui fait de ce monument le résumé de la grande Exposition universelle de 1878.

» J'espère avoir suffisamment prouvé par mes œuvres mes aptitudes toutes spéciales pour ce genre de travail et que vous ne me refuserez pas votre concours dans une manifestation aussi française qu'elle est universelle.

» Dans cet espoir, j'ai l'honneur d'être, messieurs, votre très-humble et très-obéissant serviteur.

» A. ÉTEX. »

12240. PARIS. — IMPRIMERIE E. MARTINET, RUE MIGNON, 2.